本书由
中央高校建设世界一流大学（学科）
和特色发展引导专项资金
资助

中南财经政法大学“双一流”建设文库

创｜新｜治｜理｜系｜列｜

供应链中断情境下协同创新能力对供应链弹性的影响研究

刘 璠 著

中国财经出版传媒集团
中国财政经济出版社

图书在版编目（CIP）数据

供应链中断情境下协同创新能力对供应链弹性的影响研究 / 刘璠著. -- 北京：中国财政经济出版社，2019. 12

（中南财经政法大学“双一流”建设文库. 创新治理系列）

ISBN 978 - 7 - 5095 - 9413 - 1

Ⅰ. ①供… Ⅱ. ①刘… Ⅲ. ①企业管理 - 供应链管理 - 研究 Ⅳ. ①F274

中国版本图书馆 CIP 数据核字（2019）第 246119 号

责任编辑：武志庆　　　　责任校对：徐艳丽

封面设计：陈宇琰

供应链中断情境下协同创新能力对供应链弹性的影响研究

GONGYINGLIAN ZHONGDUAN QINGJINGXIA XIETONG CHUANGXIN NENGLI DUI GONGYINGLIAN TANXING DE YINGXIANG YANJIU

中国财政经济出版社 出版

URL：http：//www. cfeph. cn

E - mail：cfeph @ cfemg. cn

社址：北京市海淀区阜成路甲 28 号　邮政编码：100142

营销中心电话：010 - 88191537

北京财经印刷厂印装　各地新华书店经销

787 × 1092 毫米　16 开　14. 75 印张　236 000 字

2019 年 12 月第 1 版　2019 年 12 月北京第 1 次印刷

定价：67. 00 元

ISBN 978 - 7 - 5095 - 9413 - 1

（图书出现印装问题，本社负责调换）

本社质量投诉电话：010 - 88190744

打击盗版举报热线：010 - 88191661　QQ：2242791300

总 序

“中南财经政法大学‘双一流’建设文库”是中南财经政法大学组织出版的系列学术丛书，是学校“双一流”建设的特色项目和重要学术成果的展现。

中南财经政法大学源起于1948年以邓小平为第一书记的中共中央中原局在挺进中原、解放全中国的革命烽烟中创建的中原大学。1953年，以中原大学财经学院、政法学院为基础，荟萃中南地区多所高等院校的财经、政法系科与学术精英，成立中南财经学院和中南政法学院。之后学校历经湖北大学、湖北财经专科学校、湖北财经学院、复建中南政法学院、中南财经大学的发展时期。2000年5月26日，同根同源的中南财经大学与中南政法学院合并组建“中南财经政法大学”，成为一所财经、政法“强强联合”的人文社科类高校。2005年，学校入选国家“211工程”重点建设高校；2011年，学校入选国家“985工程优势学科创新平台”项目重点建设高校；2017年，学校入选世界一流大学和一流学科（简称“双一流”）建设高校。70年来，中南财经政法大学与新中国同呼吸、共命运，奋勇投身于中华民族从自强独立走向民主富强的复兴征程，参与缔造了新中国高等财经、政法教育从创立到繁荣的学科历史。

“板凳要坐十年冷，文章不写一句空”，作为一所传承红色基因的人文社科大学，中南财经政法大学将范文澜和潘梓年等前贤们坚守的马克思主义革命学风和严谨务实的学术品格内化为学术文化基因。学校继承优良学术传统，深入推进师德师风建设，改革完善人才引育机制，营造风清气正的学术氛围，为人才辈出提供良好的学术环境。入选“双一流”建设高校，是党和国家对学校70年办学历史、办学成就和办学特色的充分认可。“中南大”人不忘初心，牢记使命，以立德树人为根本，以“中国特色、世界一流”为核心，坚持内涵发展，“双一流”建设取得显著进步：学科体系不断健全，人才体系初步成型，师资队伍不断壮大，研究水平和创新能力不断提高，现代大学治理体系不断完善，国际交流合作优化升级，综合实力和核心竞争力显著提升，为在2048年建校百年时，实现主干学科跻身世界一流学科行列的发展愿景打下了坚实根基。

“当代中国正经历着我国历史上最为广泛而深刻的社会变革，也正在进行着人类历史上最为宏大而独特的实践创新”，“这是一个需要理论而且一定能够产生理论的时代，这是一个需要思想而且一定能够产生思想的时代”①。坚持和发展中国特色社会主义，统筹推进“五位一体”总体布局和协调推进“四个全面”战略布局，实现“两个一百年”奋斗目标、实现中华民族伟大复兴的中国梦，需要构建中国特色哲学社会科学体系。市场经济就是法治经济，法学和经济学是哲学社会科学的重要支撑学科，是新时代构建中国特色哲学社会科学体系的着力点、着重点。法学与经济学交叉融合成为哲学社会科学创新发展的重要动力，也为塑造中国学术自主性提供了重大机遇。学校坚持财经政法融通的办学定位和学科学术发展战略，“双一流”建设以来，以“法与经济学科群”为引领，以构建中国特色法学和经济学学科、学术、话语体系为己任，立足新时代中国特色社会主义伟大实践，发掘中国传统经济思想、法律文化智慧，提炼中国经济发展与法治实践经验，推动马克思主义法学和经济学中国化、现代化、国际化，产出了一批高质量的研究成果，“中南财经政法大学‘双一流’建设文库”即为其中部分学术成果的展现。

文库首批遴选、出版二百余册专著，以区域发展、长江经济带、“一带一路”、创新治理、中国经济发展、贸易冲突、全球治理、数字经济、文化传承、生态文明等十个主题系列呈现，通过问题导向、概念共享，探寻中华文明生生不息的内在复杂性与合理性，阐释新时代中国经济、法治成就与自信，展望人类命运共同体构建过程中所呈现的新生态体系，为解决全球经济、法治问题提供创新性思路和方案，进一步促进财经政法融合发展、范式更新。本文库的著者有德高望重的学科开拓者、奠基人，有风华正茂的学术带头人和领军人物，亦有崭露头角的青年一代，老中青学者秉持家国情怀，述学立论、建言献策，彰显“中南大”经世济民的学术底蕴和薪火相传的人才体系。放眼未来、走向世界，我们以习近平新时代中国特色社会主义思想为指导，砥砺前行，凝心聚

① 习近平：《在哲学社会科学工作座谈会上的讲话》，2016年5月17日。

力推进“双一流”加快建设、特色建设、高质量建设，开创“中南学派”，以中国理论、中国实践引领法学和经济学研究的国际前沿，为世界经济发展、法治建设做出卓越贡献。为此，我们将积极回应社会发展出现的新问题、新趋势，不断推出新的主题系列，以增强文库的开放性和丰富性。

“中南财经政法大学‘双一流’建设文库”的出版工作是一个系统工程，它的推进得到相关学院和出版单位的鼎力支持，学者们精益求精、数易其稿，付出极大辛劳。在此，我们向所有作者以及参与编纂工作的同志们致以诚挚的谢意！

因时间所囿，不妥之处还恳请广大读者和同行包涵、指正！

中南财经政法大学校长

前　言

全球化进程中，商业环境的不确定性和复杂性日益增加，因难以抗拒之力而引发的供应链中断越来越多，已成为组织间突出的风险。2018 年 4 月 16 日，美国商务部发布了对中兴通讯出口权限的禁令，宣布在 7 年内禁止美国企业向中兴通讯出售芯片等零部件，消息一出，中兴通讯董事长殷一民当即在新闻发布会上表示“这样的制裁将使公司立即进入休克状态”；2017 年 9 月，德国汽车零部件巨头舍弗勒，其唯一滚针供应商因环保问题被上海政府勒令停产，导致滚针供货缺口超过 1500 吨，致使全球 49 家汽车整车厂的 200 多个车型 300 多万辆汽车从 9 月 19 日开始陆续全面停产，产值损失超过 3000 亿元人民币。面对中断风险时供应链弹性的强弱将严重影响到供应链整体绩效。由此引发思考：面对供应链中断，供应链该如何提高抵抗风险冲击的能力，预防和应对中断事件可能造成的供应链断裂呢？事实上，随着近年来发生的一系列中断事件如 911 事件、SARS 等，如何应对供应链中断已成为供应链安全运营领域的一大挑战。

那么，供应链弹性作为应对供应链中断的有力工具，如何做才能提高供应链弹性，最大限度地规避风险并降低损失？为此，我们试图从以往研究中寻找答案，结果发现以往学者倾向将事前防御、事中控制和事后应急分开研究，较少将事前、事中和事后作为一个整体给予系统关注；倾向于按照供给方、生产方和需求方三条思路分别进行研究，较少将其整合，探讨整个供应链的协同应对；侧重于供应链内部静态资源，而非动态能力，如企业创新在供应链中断情境下对供应链弹性的影响研究。基于此，在以往研究的基础上，本书从供应链中断事前、事中和事后整个过程出发，整合供给、生产和需求三方，从动态能力视角，围绕供应链中断情境下企业创新对供应链弹性的影响展开研究。

本书尝试回答以下问题：协同创新能力与供应链弹性的关系是怎样的？协同创新能力受何种因素影响？协同创新能力对供应链弹性影响的过程是怎样的？其影响机理是怎样的？通过何种路径可以提升供应链弹性？这些研究结论和成

果将丰富供应链弹性管理理论，它对提升供应链弹性，改善供应链绩效，提高供应链竞争力具有重要意义。

本书基于动态能力理论，将“协同创新能力”视为企业应对环境不确定性的一种动态能力，动态能力是企业适应动态变化的一种行为模式定位能力，会对供应链中断情境下企业的行为模式产生影响，而企业的行为模式又会对供应链弹性产生影响。因此，可以通过分析协同创新能力对行为模式的影响，进而分析其对供应链弹性的传导影响以及具体的作用机理，从而达到分析“协同创新能力”对“供应链弹性”影响研究的目的。因此，本书以动态能力理论为基础，深入分析供应链中断情境下，协同创新能力对供应链弹性影响的过程，辨识协同创新能力对供应链弹性的影响机理，提出供应链弹性的提升路径，从而提升企业在供应链中断情境下抗风险能力。本书的内容主要分为四大部分：

第一部分：主要阐述了本书的背景以及供应链中断风险的形成、识别与评估，包括第一章至第四章，研究内容及结论如下：

(1) 对以往学者有关供应链弹性管理的理论研究进行了汇总与梳理，了解国内外研究动态，开展供应链弹性与协同创新能力内涵的研究，并探索以动态能力理论为研究的理论基础，进一步深入把握协同创新能力与供应链弹性的关系。

(2) 协同创新能力是使得企业更加迅速、敏捷和柔性地应对供应链中断要求的一种动态组织能力，包括探索吸收、转化整合、变革创新和网络协同四个子能力，协同创新能力能使企业和外界动态的商业环境进行实时匹配。

(3) 供应链弹性主要是指供应链面对中断时的一种自我恢复能力，是对复杂动态的内外部环境的一种适应能力。中断可能是需求中断，也可能是供给中断，面对当今复杂的商业环境，供应链中断时常发生，增强供应链弹性对企业来说就显得尤为重要。

第二部分：主要研究了协同创新能力影响供应链弹性的作用机理，包括第五章、第六章，研究内容及结论如下：

(1) 协同创新能力与企业行为模式的选择、企业行为模式与供应链弹性之间的关系分析。结合前人的研究成果以及典型企业的案例分析对协同创新能力与企业行为模式的选择、企业行为模式与供应链弹性之间的关系以及企业行为模式在协同创新能力与供应链弹性之间的中介作用进行分析，构建了协同创新能力、企业行为模式和供应链弹性三者之间作用的研究模型，并进行实证研究。

(2) 供应链弹性受到企业协同创新能力的正向影响，其中探索吸收能力、转化整合能力和网络协同能力对供应链弹性的影响显著；多源供应模式、战略库存模式、延迟制造模式和产品替代模式均是保持或者恢复供应链弹性的有效行为模式，这些行为模式在一定程度上均能提升供应链的弹性和增加冗余。

(3) 企业能力的不同会影响企业行为模式的选择，探索吸收能力和网络协同能力强的企业在供应链中断的时候更倾向于选择探索吸收模式和战略库存模式；转化整合能力强的企业更倾向于选择产品替代模式和延迟制造模式；变革创新能力在中断时在行为模式的选择没有表现出很强的倾向性。行为模式在协同创新能力和供应链弹性之间表现出部分中介作用，协同创新能力可以通过选择有效地行为模式来应对供应链中断，来维持供应链的弹性。

第三部分：主要研究了基于供应链中断的供应链企业决策思维模式。本部分为第七章，研究内容及结论如下：

(1) 本部分阐述了供应链中断是供应链利益分配的重要影响因素，提出考虑供应链中断的供应链利益分配机制。通过对不同情形、不同类型下的供应链群体博弈的均衡解的求解，即供应链成员企业的行为决策，得出了各个类型的供应链中博弈主体最终将获得的效益量。这些决策代表了各企业在供应链中断下的心理活动和预期行动。在大多数情况下，供应链成员的这一行动与供应链整体利益相互违背，与对方成员存在冲突。

(2) 本部分将供应链系统设置为动态的、随机的、开放的系统，研究基于供应链中断的供应链企业决策思维模式，即动态供应链协调机制。给出了动态供应链系统的随机微分博弈模型，并在保证整体努力水平的前提下，设置一个机制，使得各个节点企业的努力水平趋于平衡，从而达到供应链协调的目的。

(3) 动态供应链系统的利润取决于各个节点企业的努力水平，为了确定基于节点企业努力水平的动态供应链系统最优协调策略，首先构造了节点企业努力水平与动态供应链系统的随机微分合作博弈模型，并将这一模型的最优解转化为偏随机微分方程的解。获得各个节点企业的最优决策策略——节点企业的努力水平；然后针对节点企业独立决策与动态供应链系统决策的差距，通过动态 Shapley 分配方案，给出了动态供应链系统相应的协调机制，包括暂静态的分配机制及激励补偿机制，获得缩小其差距的最优协调策略。

第四部分：主要研究了应对供应链中断的供应链弹性提升路径问题，为第八章至第十一章，研究内容及主要结论如下：

本部分在分析协同创新能力影响因素的基础上，探讨协同创新能力的培育策略，并结合案例分析提出了一套供应链弹性综合优化路径选择的方法和策略。

本书结论和成果将丰富供应链弹性管理理论，对提升供应链弹性，改善供应链绩效，提高供应链竞争力具有重要意义。从企业微观层面看，研究结论有利于指导我国企业供应链运营实践，有助于企业预防和应对中断事件造成的供应链断裂；从供应链中观层面看，研究结论有利于提高供应链应对风险冲击的能力，促进供应链在风险事件中维持平稳运营；从国家宏观层面看，研究结论有利于维护市场供应平稳、保障社会稳定和经济繁荣，契合国家治理能力现代化的要求。

本书得到了国家自然科学基金青年项目（71803197）、教育部人文社科青年基金项目（18YJC630094）、中国博士后科学基金面上项目（2015M582318）、中南财经政法大学中央高校基本科研业务费专项资金项目（31511910801）的资助，在此表示感谢。由于作者水平有限，文中难免出现谬误，希望广大学者专家批评指正。

目 录

第一章 绪 论

第一节 研究背景与研究意义

一、研究背景

全球化进程中，供应链的范围和复杂性日益增加，工业界通常采用的精益生产、全球采购等策略，在提高供应链效率的同时也导致了供应链面临更高的风险发生概率（Azad，N. et al.，2013；HU H et al.，2017），供应链上任何环节的“中断”都将影响整个链的运行（Oguzhan K，2016；Noel J.，2013）。

案例一：2018 年 4 月 16 日，美国商务部发布了对中兴通讯出口权限的禁令，宣布在 7 年内禁止美国企业向中兴通讯出售芯片等零部件，消息一出，中兴通讯董事长殷一民当即在新闻发布会上表示“这样的制裁将使公司立即进入休克状态”。分析师 Joel Ying 表示，截至 2017 财年，美国产零部件占中兴通讯原材料总成本的 10%—15%，而由于在短期内难以找到替代零部件供应，如果禁令在整个七年内实施，该公司的供应链可能会中断。（资料来源：https：//zh.wikipedia.org/wiki/美国封杀中兴事件）。

案例二：2017 年 9 月，德国汽车零部件巨头舍弗勒，其唯一滚针供应商因环保问题被上海市政府勒令停产，导致滚针供货缺口超过 1500 吨，致使全球 49 家汽车整车厂的 200 多个车型 300 多万辆汽车从 9 月 19 日开始陆续全面停产，产值损失超过 3000 亿元人民币。（资料来源：http：//www.xinhuanet.com/2017－09/29/c_1121742934.htm）。

由此引发思考：面对供应链中断，供应链该如何提高抵抗风险冲击的能力，预防和应对中断事件可能造成的供应链断裂呢？事实上，随着近年来发生的一系列中断事件如911事件、SARS等，如何应对供应链中断已成为供应链安全运营领域的一大挑战（Hu，Hui et al.，2016）。供应链弹性（Resilience）正是在这种情况下孕育而生，引起企业界和学术界的高度重视（王宇奇等，2017），它的最基本假设就是：不是所有的供应链中断都可以避免，并力图发展一套适应能力，使供应链能以最低的成本，快速有效地从供应链中断中恢复（Juttner U et al.，2011；赵林度和王新平，2013）。

那么，供应链弹性作为应对供应链中断的有力工具，如何做才能提高供应链弹性，最大限度地规避风险并降低损失？为此，我们试图从以往研究中寻找答案，结果发现以往学者研究视角：（1）倾向将事前防御、事中控制和事后应急分开研究（Schmitt A & Mahender S，2012；马卫民，2015；Knemeyer A M，2009），较少将事前、事中和事后作为一个整体给予系统关注；（2）倾向于按照供给方、生产方和需求方三条思路分别进行研究（舒彤，2015；Sawik T，2015；刘家国等，2012），较少将其整合，探讨整个供应链的协同应对；（3）侧重于供应链内部静态资源（Hayes，2014；Xiao，Yuming，2015），而非动态能力。但上述研究同时表明协同创新和供应链弹性之间存在一定关系，例如有学者敦促商业人士采用创造性思考和行动提高供应链弹性，以克服企业所面临的风险（Ismail G & Serhiy Y P，2013），由此为研究协同创新能力与供应链弹性之间关系指明了方向。

当竞争的焦点从企业转向供应链后，创新能力不仅仅是对单个企业的能力要求，更是对供应链发展的整体要求。本书尝试回答以下问题：协同创新能力与供应链弹性的关系是怎样的？协同创新能力受何种因素影响？协同创新能力对供应链弹性影响的过程是怎样的？其影响机理是怎样的？通过何种路径可以提升供应链弹性？这些研究结论和成果将丰富供应链弹性管理理论，它对提升供应链弹性，改善供应链绩效，提高供应链竞争力具有重要意义。

二、研究意义

本书的研究结论不仅有重要理论意义，而且也有现实指导意义。

1. 理论意义

（1）为供应链弹性管理理论提供新成果。当竞争的焦点从企业变为供应链后，创新能力不仅仅是单个企业的能力要求，更是供应链发展的整体要求。本书尝试回答以下问题：协同创新能力与供应链弹性的关系是怎样的？协同创新能力受何种因素影响？协同创新能力对供应链弹性影响的过程是怎样的？其影响机理是怎样的？通过何种路径可以提升供应链弹性？这些研究结论和成果将丰富供应链弹性管理理论，它对提升供应链弹性，改善供应链绩效，提高供应链竞争力具有重要意义。

（2）突破了传统定性研究供应链弹性影响机制，采用定量方法研究供应链弹性的影响机制。构建供应链中断情境下协同创新能力对供应链弹性的影响系统动力学模型，分析其影响机制。具体地，通过刻画供应链中断情境下协同创新能力与供应链弹性的基本反馈结构，厘清协同创新能力与供应链弹性的动态耦合机制，在综合分析框架下，构建模型以揭示供应链中断情境下协同创新能力对供应链弹性的影响机制。这一思路可为今后同类研究提供建模方法的借鉴。

2. 现实意义

（1）从企业微观层面看，研究结论有利于指导我国企业供应链运营实践，有助于企业预防和应对中断事件造成的供应链断裂；

（2）从供应链中观层面看，研究结论有利于提高供应链应对风险冲击的能力，促进供应链在风险事件中维持平稳运营；

（3）从国家宏观层面看，研究结论有利于维护市场供应平稳、保障社会稳定和经济繁荣，契合国家治理能力现代化的要求。

第二节　国内外研究现状及发展动态分析

一、国内外研究现状

本部分首先对以往学者对供应链中断研究视角的文献进行了梳理，并对其进行评价分析，找出本书的研究视角；其次，从供应链中断情境下，供应链弹性影响机制研究，分析出本书的研究空间；最后，结合动态能力理论，对协同创新能力与供应链弹性相关研究进行阐述。

1. 供应链中断应对研究

结合供应链管理实践所提出的新问题，对以往学者的研究成果进行了回顾与梳理，发现面对供应链中断，有关供应链中断应对的研究视角主要有以下三个方面：

（1）供应链中断应对时间。按照供应链中断时应对时间的不同，供应链中断应对可以分为事前防御、事中控制和事后应急三种形式。

事前防御是指在中断事件发生前即采取相应行动吸收其所引发的部分扰动，以降低该事件最终导致供应链中断的概率。事前防御的形式之一即保持合适的库存及能力冗余。刘浩华（2007）认为通过建立原材料和最终产品的安全储备以及保持额外能力和作业人员的方式保持冗余有利于中断发生后企业继续运作，但这同时也会导致企业运营成本的上升。孙琦等（2009）提出通过建立联盟库存来应对供应链运行中的中断事件，并通过模型构建和算例分析证实联盟应急准备库存可以提升企业处理突发事件的能力。Kamalahmadi 等（2017）将三种类型的冗余实践（预定位库存，备用供应商和受保护的供应商）纳入公司供应链管理，定量地展示了如何以不同的形式向供应链添加冗余，以及应急计划，可以帮助企业减轻供应链中断的影响。在多源供应方面，刘希龙等（2007）建立了考虑成本的供应网络模型，借助单供应商供应量限制参数实现多源供应，最终构建了一个考虑供应商可靠性的弹性供应网络模型。Ni－na 等（2010）在考虑偏差成本的基础上，运用博弈论构建了一个供应链优化模型，并通过数值计算验证了多源供应作为一种弹性预防措施的有效性。姚卫新等（2015）在研究了供应链压力测试中可能出现的各种情形的基础上，同样提出保持适量库存冗余、实施多源供应等应对供应链中断的事前防御建议。在考虑中断的供应链网络设计方面，Schmitt A. J. 等（2012）通过在供应链网络中设计存货放置和备份方案，减少因供应和需求波动导致的中断风险，进而提升供应链整体抵御风险的能力。研究证明供应链网络的优化和提前预防将有效减少中断风险的影响。马卫民等（2015）考虑在供应端的不确定性（存在节点中断的可能性）和需求端的不确定性（需求存在数量上的波动性）的基础上，研究了一个包含供应点、中转点和需求点的三级可靠供应链网络设计问题。Kim Y 等（2015）借助图论的思想比较了四种基本供应网络结构，以帮助理解供应网络中断和恢复能力，研究表明供应链的网络结构显著决定了中断的可能性，当结构关系遵循幂律时，供应链弹性将得到改善。Jabbarzadeh 等（2018）提出了一种随机稳健优化模型，用于闭环供应链网络设计，使其在面临中断时保持弹性。在建立供应链风险预警系统方面，Zhang K 等（2011）研究了食品生产供应链的生产质量，在分析可追溯系统中存在的质量监控缺陷后提出了一种异常诊断算法，对整个供应链的所有检测数据进行及时监测并预先警告。

事中控制主要集中在应急计划的实施，包括进行需求管理、使用后备供应源等。需求管理是指在风险发生后，企业通过调整产品价格等形式将顾客需求导向库存充足的替代商品，以减少市场对于中断商品的需求压力，最小化企业缺货损失。Gan X 等（2005）研究了同时拥有两个销售同一类产品的品牌的企业，当原材料供应中断导致其中一个品牌向市场提供商品的能力受限时，企业可通过对产品结构和价格的调整，引导消费需求向不受限的品牌转移。Tomlin B（2009）在双产品不同的背景下评估了 12 种应对供应链中断的管理策略，认为供应商多元化、或有采购和需求转换是一个季节内销售多种产品的公司的中断管理策略的关键组成部分。使用后备供应商是指在中断事件发生后，采购方转向后备供应商进行应急采购，以满足由中断引发的需求空缺。Kouvelis P 等（2008）研究了后备供应商分别作为双源采购供应商之一以及只作为应急采购供应商的情形，研究了两种情形下不确定的采购提前期对采购方可能产生的影响。Namdar J 等（2018）研究了单源采购、多源采购、后备供应商、现货采购等采购策略在应对供应链中断时对供应链弹性的作用，并发现买方的警告能力在提高供应链弹性方面起着至关重要的作用。

事后应急即在供应链中断出现后迅速实施响应、恢复行动，防止供应链出现永久性中断或是崩溃。Oloruntoba R（2010）针对澳大利亚气旋拉里事件，提取事件处理链和事件处理中的成功因素，指出人性化供应链中断恢复应采取的方法。蔡政英等（2014）在对不同灾害事件的交互影响机制进行探究的基础上，建立了一个具有可变结构的弹性制造模型，并对供应链中断风险下的弹性恢复机制进行了定量分析。卢梦飞等（2014）设计了同时存在供应和需求不确定性的中断修复供应链，并在此基础上引入鲁棒优化概念和应急策略组合，确定了在不同场景和时段下的最优供应商选择和分配决策。Schmitt T G 等（2017）调查了包括组件销售、采购、组装、配送的四级供应链订单活动调整，模拟实验表明，破坏的影响取决于其位置，由于接近最终消费的梯队中断而产生的成本更高且持续时间更长，研究发现动态订单上行策略作为加快干预措施的替代方案，能帮助供应链更好地应对中断并从其中恢复。Darom N A 等（2018）提出了一个两阶段连续供应链的恢复模型，该供应链受到供应中断的影响，同时考虑到安全库存和碳排放，这一模型帮助制造商和零售商确定新恢复计划、最佳安全库存水平以及恢复期间的碳排放成本影响。Paul S K 等（2018）开发了一种定量的供应链中断缓解方法，考虑了一个可能出现供应中断的，包含多个供应商、单一制造商和多个零售商的三层供应链系统，研究开发了一种有效的启发式方法来解决单个中断的模型，以在发生中断后生成恢复计划。同时，研究还考虑了发生多次中断的情形，其中新的中断对早期中断的恢复计划的影响是随机的，对于这一情形，研究开发了一种新的动态数学和启发式方法，能够在每次中断发生后，实时处理多次中断。

以上有关供应链中断应对时间研究视角的文献汇总结果如表 1 - 1 所示：

表 1 - 1　　供应链中断应对时间研究视角文献汇总表

代表作者（年份）	局限性
事前防御：刘浩华（2007）；孙琦等（2009）；Kamalahmadi 等（2017）；刘希龙等（2007）；Ni - na 等（2010）；姚卫新等（2015）；Schmitt A. J. 等（2012）；马卫民等（2015）；Kim Y 等（2015）；Jabbarzadeh 等（2018）；Zhang K 等（2011） 事中控制：Gan X 等（2005）；Tomlin B（2009）；Kouvelis P 等（2008）；Namdar J 等（2018） 事后应急：Oloruntoba R（2010）；蔡政英等（2014）；卢梦飞等（2014）；Schmitt T G 等（2017）；Darom N A 等（2018）；Paul S K 等（2018）	重局部时间，较少关注整体时间

资料来源：根据相关文献梳理。

可以看出，在供应链中断情境下，以往学者在研究供应链应对时，倾向于将事前、事中和事后分离开来，对事前防御、事中控制和事后应急分开研究，而较少将事前、事中和事后三者作为一个整体给予系统关注。由此可见其研究结论的应用将会造成牵一发而“动”全身，但并未回答如何才能够“动”的协调一致。因此，这一问题亟待进一步探讨。

（2）供应链中断应对主体

中断事件对供应链的冲击主要集中在三个环节，即供应过程、内部运营和需求方面（Sheffi 2005），而这三个环节的主要参与主体即供给方、生产方和需求方。因此，可以按照供应链中断应对主体的不同，将供应链中断应对主体划分为供给方、生产方以及需求方三方。

从供给方角度看，Li J 等（2010）研究了在供应中断情境下供应链中两个供应商的定价策略，并设计了一个协调机制以实现供应商利益最大化。Knemeyer A M 等（2009）通过整合与风险管理相关的各种研究成果，开发了一个主动规划灾难性风险事件的流程，并对流程中的关键位置提出了设备迁移、购买保险等缓解措施。Kamalahmadi M 等（2016）针对一个面对供应风险和环境风险的供应链构建了一个两阶段混合整数规划模型，用于研究供应商的需求优化配置以及中断下的采购策略制定，研究结果表明，利用供应商生产能力的灵活性制订应急计划是企业减轻中断严重程度的有效策略。Sawik T（2016）提出了一种双目标随机混合整数规划方法，用于联合选择供应商，并在受当地和区域中断风险影响的多级供应链中进行供应商生产和分配的安排。两个相互矛盾的目标是最小化成本和最大化服务水平。

从生产方角度看，Tang C 等（2008）提出了五个程式化模型，提出生产商可以采取灵活的生产流程实现供应链敏捷性，以缓解供应链中断风险。Wieland A 等（2013）收集了德国、奥地利和瑞士小型、中型和大型的制造公司数据，借助结构方程模型对数据进行分析，最终验证企业间的沟通和合作对供应链弹性的构建存在正向推动。Cao E 等（2015）研究了由一个制造商和多个竞争零售商构成的供应链，提出在出现市场需求和生产成本中断的情况下，应修订为初始生产计划设计的协调方案。王静等（2019）针对存在供应链中断风险的制造商风险应对问题，基于分层决策、综合决策两种不同的供应链风险管理决策方式，分析了由保留冗余产能、储备库存和启用备选制造商等风险应对策略所构成的中断风险应对方案。Ivanov D（2019）基于现实案例研究，将生产和分销网络设计与涟漪效应考虑因素相匹配，以显示供应链管理人员通过实施主动和被动策略以及在恢复和中断后阶段综合考虑生产订单决策来提高供应链弹性。Leat P 等（2013）通过对苏格兰猪肉供应链的案例分析，提出生产者之间开展横向合作，如共同控制价格、保障食品安全，有助于提高供应链弹性，以应对供应链风险。舒彤等（2016）采用多目标萤火虫算法求解供应链中断下的生产效率与稳健性的权衡问题，提出企业可以根据生产效率与稳健性权衡的近似帕累托前沿图选择合适的生产效率与稳健性以促进企业的持续发展。Matsuo H（2015）对 2011 年日本东北地震时丰田汽车微控制器单元的供应中断进行了案例研究，研究结果显示需要在丰田供应链协调机制中添加直接控制功能以减轻中断风险并确保关键部件和材料的供应。张广胜等（2018）借助能力期权理论来研究物流服务供应链供给风险，研究通过建立物流服务集成商利润函数模型，根据集成商期望利润最优得出单源主要供应商、应急双源采购及单源备份供应商等采购策略的临界条件、最优能力订购、最优能力预订及最优利润。

从需求方角度看，Leat P 等（2013）在苏格兰猪肉供应链进行案例研究的基础上，提出零售商间开展纵向合作，包括保障产品供应、加强沟通交流等会提升供应链弹性。Xiao T 等（2007）研究了需求中断情况下，存在一个制造商和两个竞争零售商的供应链协调机制，并对生产偏差成本分别由制造商和零售商造成的情况分别进行了研究，提出了不同情境下的供应链协调机制。朱传波等（2014）基于随机产出模型，研究了由一个风险中性的供应商和一个风险规避的零售商组成的供应链中的报童问题，研究在风险价值度量准则下，构建了一个具有风险规避特性的零售商的决策目标函数，分析了零售商的风险规避系数和保留利润构成的风险因子组合对零售商订货策略的影响。Xiao T 等（2006）开发了一种具有双垂直整合渠道的间接进化博弈模型，研究零售商在均质商品的数量设定双寡头形势下的进化稳定策略，并分析需求和原材料供应中断对零售商的影响。Kumar M 等（2018）研究了零售商在与具有更可靠供应链的另一个零售商竞争时如何在中断风险下使用定价决策和采购策略。研究发现零售商在享受采购成本优势和更高的市场潜力时，专注于可靠的供应，而且较少进行价格调整；而随着采购成本优势和市场潜力转移到竞争对手，零售商选择更便宜但风险更高的供应，并依赖于大幅调整价格。

以上有关供应链中断应对主体研究视角的文献汇总结果如表 1－2 所示：

表 1－2　　供应链中断应对主体研究视角文献汇总表

代表作者（年份）	局限性
供给方：Li J 等（2010）；Knemeyer A M 等（2009）；Kamalahmadi M 等（2016）；Sawik T（2016）； 生产方：Tang C 等（2008）；Wieland A 等（2013）；Cao E 等（2015）；王静等（2019）；Ivanov D（2019）；Leat P 等（2013）；舒彤等（2016）；Matsuo H（2015）；张广胜等（2018） 需求方：Leat P 等（2013）；Xiao T 等（2007）；朱传波等（2014）；Xiao T 等（2006）；Kumar M 等（2018）	重单边利益，较少关注多边利益

资料来源：根据相关文献梳理。

可以看出，以往学者倾向于按照供给方、生产方和需求方三条思路分别进行研究，即重视单边利益，较少将其整合，探讨整个供应链的协同应对。如此研究结论势必影响到其他主体的行为和绩效，无法同时兼顾多方利益，并未尝试探讨整合多方立场来解决这一问题。

（3）供应链中断应对路径

供应链中断发生时，使用有形的资源去解决供应链中断带来的一系列问题，这一应对路径被认为是静态资源的利用（Wildgoose Nick，2012；Noel J 等，2013）。而供应链中断的应对，除了可以利用供应链的静态资源这一应对路径之外，还可以利用动态能力来迅速、敏捷和柔性地响应供应链中断（Eisenhardt K M 等，2000）。因此，可以按照供应链中断应对路径的不同，将供应链中断应对路径划分为静态资源利用和动态能力利用。

从静态资源利用角度看，这方面有着丰富的研究成果，例如提高供应链的冗余水平、设施选址、重新认识供应链等，但这或会导致运营成本的急剧上升。Schmitt（2012）通过构建一个多级供应链中断模型，在其中实施不同备货策略，提高库存冗余水平以应对供应链中断。Son J Y 等（2013）检查供应链中的供应中断，并分析两种库存策略——维护战略库存策略（R－policy）和使用大订单策略（Q－policy）在减轻供应中断影响方面的有效性，研究证明了维护战略库存策略在产品可用上的优越性。MacKenzie C A 等（2014）研究了在出现严重中断导致供应商生产设施摆停的情况下，供应商将生产转移到备用设施时的最优决策。李景峰等（2014）以中断概率为切入点，加入随机需求扰动因素，建立其需求扰动下的系统动力学模型，用以测试供应模式的抗干扰能力，并提出不同环境下选择不同供应模式的理论依据。研究发现双源供应策略对需求扰动有显著抑制作用。Fujimoto T 等（2014）则提出“虚拟双源”的观点，即面临供应链中断的制造商选择快速恢复损坏的生产线，或将关键设计信息传输到替代生产线以保证供应链的竞争力与稳健性。Azadegan A 等（2018）认为供应链弹性构成要素有三类：第一种为固有的弹性，其来自已经拥有的资源的力量，是永久性的，与供应链本身不可分割；第二种是预期的弹性，是有目的地开发以应对危机和破坏的弹性，这些是以资源冗余、业务连续性计划或保险政策形式出现的预备资源；第三种类型是适应性弹性，它可以以协作能力、集体决策和领导力的形式出现。Tan W J 等（2019）提出了一个使用图论的供应链网络概念模型用于测量供应链网络的结构冗余和评估供应链弹性，尤其侧重于供应链网络对中断的抵御能力，通过案例研究证明了该模型的适用性，并表明增加供应链网络的结构冗余可以帮助抵御中断。

从动态能力利用角度来看，刘璠（2015）对企业创新性、创新程度、中断严重程度、供应链弹性四者之间的关系提出假设，探究了供应链中断风险管理与创新管理之间的关系。研究对武汉地区多个领域企业实施了问卷调查，实证数据发现企业创新性以及创新程度与供应链弹性呈现出正相关的关系。Sang M L 等（2016）提出双元性即利用现有资源的适应性与攫取新机会并存的动态能力，其通过问卷调查进行实证研究说明双元性如何通过动态能力建设供应链弹性，验证了供应链双元性能够有效缓解供应链中断所带来的负面影响并提高业务绩效。Parast M M 等（2019）回顾了企业创新能力和企业对供应链中断的抵御能力的前因，通过系统的文献回顾确定了企业创新可以提升企业对供应链中断的响应能力，并将领导力、信息共享和协作确定为改善企业创新和企业应对供应链中断的能力的实践。

以上有关供应链中断应对路径研究视角的文献汇总结果如表 1－3 所示：

表 1－3　　供应链中断应对路径研究视角汇总表

代表作者（年份）	局限性
静态资源：Schmitt（2012）；Son J Y 等（2013）；MacKenzie C A 等（2014）；李景峰等（2014）；Fujimoto T 等（2014）；Azadegan A 等（2018）；Tan W J 等（2019） 动态能力：刘播（2015）；Sang M L 等（2016）；Parast M M 等（2019）	重静态资源，较少关注动态能力

资料来源：根据相关文献梳理。

可以看出，以往学者侧重于从供应链的静态资源而非动态能力角度研究供应链中断的应对策略。由以往学者的研究结论可以清楚地看出当前对于供应链中断的应对路径探究主要集中在对多源供应商、应急库存等静态资源的研究，较少探索动态能力的应对路径，而尝试针对这一前人所忽视的研究空间进行分析和探讨供应链应对策略是具有一定意义的。

2. 供应链弹性影响机制研究

Ponomarov 等（2009）在“如何理解供应链弹性”一文对供应链弹性作出了如下定义：为应对供应链中断，保持并恢复到预定水平的连续运作的能力，以及这种控制全局的结构和功能。事实上，供应链弹性概念是多维的、多学科的融合，学者们从材料学（Peter M.，2014）、生态学（Westman & Oleary，1986）和心理学（Loganathan P. et al.，2015）等多学科角度阐述了供应链弹性的概念及内涵。

供应链弹性的状态良好与否是多种供应链自身固有属性综合影响的结果，许多学者已经对这些供应链弹性的驱动因素进行了系统探究。多数学者均对 Francesco 和 Tuncer（2008）所提出的观点表示了认同，即灵活性、敏捷、速度、可见性、冗余资源是影响供应链弹性的重要因素。Noel 等（2013）认为灵活性、速度、可见性、协作性是供应链弹性固有的组成因素，研究基于对英国 2007 年铁路失事重建的案例分析，对铁路经理、承包商等人员实施半结构化访谈以搜集数据，对社会资本在提升供应链弹性方面的作用进行了探究。Qsaro 等（2014）对马来西亚制药行业进行了案例分析，提出供应链弹性的决定性因素为供应链脆弱性与供应链能力，供应链脆弱性包括动荡程度、外部压力、敏感性、连通性；供应链能力维度包括灵活性、可见性、合作、储备能力、供应商分散性、适应性。Mandar 等（2016）借助归因分析，提出供应链弹性是按内部与外部、主动与被动两个维度实施的。基于文献计量学方法，供应链弹性受到多重因素的影响，从统计结果来看，学者们认为协作性、灵活性（Francesco & Tuncer，2008）、节点库存能力、信息共享水平等是对供应链弹性影响较大的因素（王宇奇，2017）。各因素间相互关联、相互作用的结果最终将反映在供应链的弹性水平上。

现有对供应链弹性影响机制的研究往往从其影响因素着手，表现为从某一视角或重点从某一因素来论述，且多采用定性方法研究。Christopher（2004）最早总结了供应链弹性四大影响因素：供应链重构、供应链合作、供应链敏捷性、供应链风险管理文化的营造，并详细阐述了各因素的作用：

（1）供应链重构就是增强供应链弹性最常用的方法：提高供应链冗余水平、重新认识供应链等，但这可能带来运营成本的大幅增加（Sheffi，2002，2005），如 Schmitt（2011，2012）构建的多级供应链中断模型，应用不同备货策略提高库存冗余应对供应链中断；

（2）供应链合作主要包括供应链合作计划和供应链智能；

（3）供应链敏捷性包括供应链的可视性（Md M. H. C.，2016）和速度（Nils - Ole H.，2015）；

（4）供应链风险管理文化的营造多指供应链弹性设计中的团队文化和人的因素，这一点往往被研究者忽视（Kirstin S.，2014）。此后，不少学者从不同角度强调了供应链弹性不同的驱动因素：Pettit 等（2010，2013）认为供应链能力即供应链物流能力（Anoop K. S.，2017）能增强供应链弹性，供应链脆弱性则降低供应链弹性，这与 Quilty（2011）的研究结论相似。

3. 协同创新能力与供应链弹性相关研究

当竞争的焦点由企业转向供应链后，创新能力不再仅仅是对单个企业的能力要求，更是对供应链发展的整体要求（Mikihisa，2013；Teece，2007）。从供应链整体来看，供应链的动态能力是一个跨组织间获取的一种活动模式（Clifford D C，2010）。借由这一活动模式，供应链中的参与成员共同实现了对整体的新能力的创造或是对已有能力的改进（Helfat，2009）。而供应链的动态能力中的知识分享、共同演进等也促进了供应链企业间的协同创新能力。协同创新能力属于组织动态能力的一种（Bertrand，2013）。已有学者研究表明协同创新和供应链弹性之间存在一定关系，例如有学者敦促商业人士采用创造性思考和行动提高供应链弹性，以克服企业所面临的风险（Ismail G & Serhiy Y P，2013），由此为研究协同创新能力与供应链弹性之间关系指明了方向。

此外，已有许多研究文献都讨论了供应链协同创新能够获取成功的要素，即协同创新能力的关键影响因素。如 Rosell 和 Lakemond（2012）在讨论供应商协同创新能力时指出，供应商的能力、技术的不确定性、模块化、地理位置的接近、信任和协作关系都会影响整体的协同创新绩效。根据对已有研究文献的梳理可以看出，当前对于协同创新能力的关键影响因素的探讨主要集中在对企业内部的相关要素的分析，而对供应链整体的相关要素的关注度较低（Helfat, 2009），如企业内部的要素包括对于知识的管理，对于独占性资源的保护，企业的学习能力、领导力以及过去的协作经验等。

二、研究现状的评述

第一，根据供应链弹性研究视角相关文献，发现以往学者倾向将事前防御、事中控制和事后应急分开研究；倾向于按照供给方、生产方和需求方三条思路分别研究，无法同时兼顾多方利益，探讨整个供应链的协同应对；侧重于供应链内部静态资源，对“动态能力”关注不够。

第二，根据供应链弹性影响机制相关文献，发现以往学者倾向于采用传统定性研究供应链弹性的影响机制，较少运用定量方法解析供应链弹性的影响机制，尤其缺少对供应链弹性影响机制的深入刻画与分析。

第三，根据协同创新能力与供应链弹性相关文献，发现以往学者对供应链弹性的提升路径侧重于增加静态资源投入，较少关注动态能力提升。虽然也有少数学者考虑供应、生产和需求方在动态能力方面的整合利用，却忽视了其在协同创新能力方面的融合，即较少有人沿着“协同创新能力—供应链弹性”这条路径，探究协同创新能力对供应链弹性的影响。

第三节　研究方法与技术路线

一、研究方法

（1）实地访谈。实地访谈贯穿本书模型构思、系统分析、路径设计等多个环节，特别是在开展供应链中断情境下协同创新能力影响因素分析时，主要运用该方法。在具体访谈方法上，主要运用开放式和半结构化实地访谈方法，如在供应链协同创新能力影响因素调查过程中，所有关键影响因素事先通过文献调研方式整理妥当，提供给被调查者和专家参考，对这些指标通过实地调研，用所调研企业的案例研究进行验证。

（2）案例研究。在开展供应链中断情境下协同创新能力影响因素分析和提升路径研究中运用案例研究方法，其中，影响因素分析以探索性案例研究为主，侧重研究假设；提升路径研究以解释性案例研究为主，侧重理论检验。在对案例对象典型性与案例分析可行性进行综合考量的基础上，本书选择武汉光谷地区长飞光纤光缆股份有限公司、烽火通信科技股份有限公司、武汉凡谷电子技术股份有限公司、武汉天喻信息产业股份有限公司、武汉华中数控股份有限公司、武汉奋进智能机器有限公司、武汉萨普汽车科技有限公司、武汉施耐德装备有限公司等企业作为案例研究对象。

（3）问卷调查。在开展供应链中断情境下协同创新能力形成机理研究时，本书通过发放封闭式调查问卷的方式收集数据。由于本书是在供应链层次上对协同创新能力问题进行探究，而供应链中企业的高、中层管理人员对这一问题具有整体性的了解，因此，该类人员是主要的问卷发放对象。

（4）统计检验。在开展供应链中断情境下协同创新能力形成机理研究时，对收集上来的数据利用探索性因子分析、验证性因子分析、结构方程模型（SEM）等统计分析方法进行分析，通过 SPSS16.0 和 AMOS7.0 软件对概念模型及研究假设进行计算分析，验证概念模型与假设是否成立，并对模型进行验证、调整与优化。

二、技术路线

本书在把握协同创新能力与供应链弹性关系基础上，深入分析供应链中断情境下协同创新能力对供应链弹性影响的过程，辨识协同创新能力对供应链弹性的影响机理，提出供应链弹性的提升路径。首先，通过文献研究供应链弹性与协同创新能力内涵，分析供应链中断风险的形成及其识别品股，探索以动态能力理论为研究的理论基础，进一步深入把握协同创新能力与供应链弹性的关系，找出本书的研究空间；接着，提炼并分析供应链中断情境下协同创新能力影响因素，为后续研究奠定分析基础；继而，对供应链中断情境下协同创新能力形成机理进行实证研究；进一步，构建供应链中断情境下协同创新能力对供应链弹性的影响模型，揭示供应链中断情境下协同创新能力对供应链弹性的影响机制；最后，提出供应链弹性的提升路径。

本书采用的技术路线如图 1－1 所示：

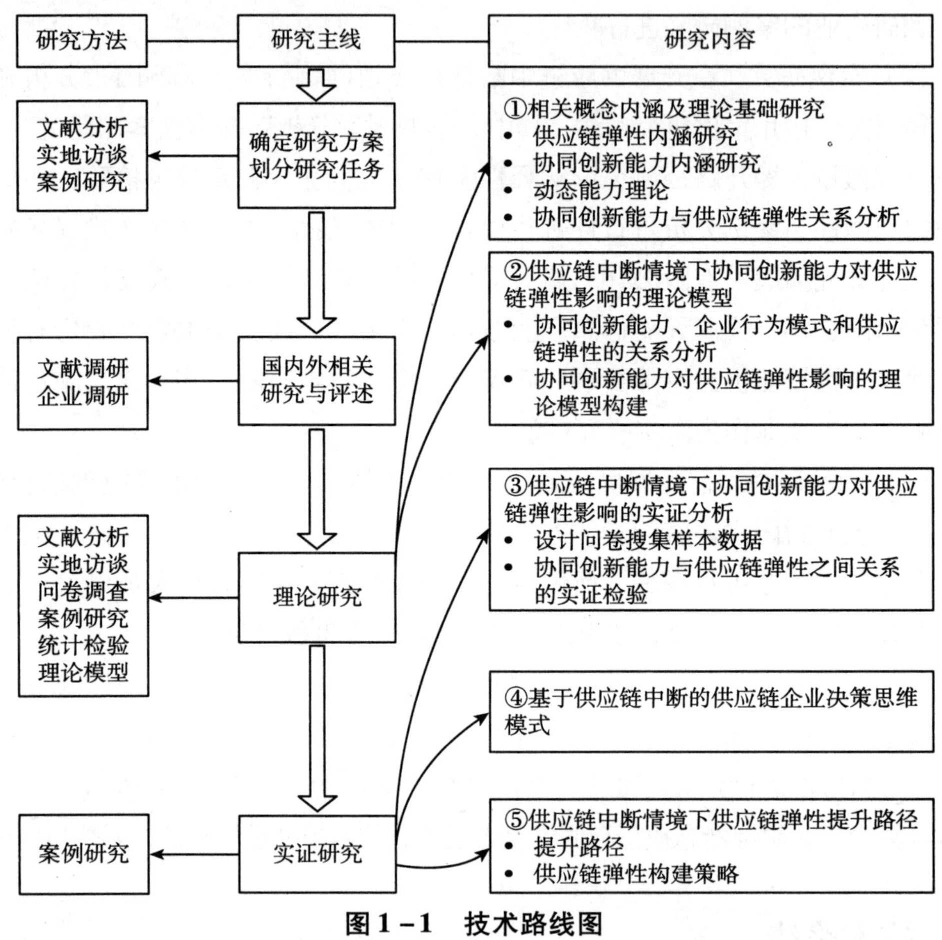

图 1－1　技术路线图

第四节　研究的主要内容及创新之处

一、研究的主要内容

本书以动态能力理论为基础，深入分析供应链中断情境下，协同创新能力对供应链弹性影响的过程，辨识协同创新能力对供应链弹性的影响机理，提出供应链弹性的提升路径，从而提升企业在供应链中断情境下抗风险能力。本书的内容主要分为四大部分：

第一部分：主要阐述了本书的背景以及供应链中断风险的形成、识别与评估，包括一至四章，研究内容及结论如下：

（1）主要梳理以往学者有关供应链弹性管理理论研究，了解国内外研究动态，开展供应链弹性与协同创新能力内涵的研究，并探索以动态能力理论为研究的理论基础，进一步深入把握协同创新能力与供应链弹性的关系。

（2）协同创新能力是使得企业更加迅速、敏捷和柔性地应对供应链中断要求的一种动态组织能力，包括探索吸收、转化整合、变革创新和网络协同四个子能力，协同创新能力能使企业和外界动态的商业环境进行实时匹配。

（3）供应链弹性主要是指供应链面对中断时的一种自我恢复能力，是对复杂动态的内外部环境的一种适应能力。中断可能是需求中断，也可能是供给中断，面对当今复杂的商业环境，供应链中断时常发生，增强供应链弹性对企业来说就显得尤为重要。

第二部分：主要研究了协同创新能力影响供应链弹性的作用机理，包括五至六章，研究内容及结论如下：

（1）协同创新能力与企业行为模式的选择、企业行为模式与供应链弹性之间的关系分析。结合前人的研究成果以及典型企业的案例分析对协同创新能力与企业行为模式的选择、企业行为模式与供应链弹性之间的关系以及企业行为模式在协同创新能力与供应链弹性之间的中介作用进行分析，构建了协同创新能力、企业行为模式和供应链弹性三者之间作用的研究模型，并进行实证研究。

（2）供应链弹性受到企业协同创新能力的正向影响，其中探索吸收能力、转化整合能力和网络协同能力对供应链弹性的影响显著；多源供应模式、战略库存模式、延迟制造模式和产品替代模式均是保持或者恢复供应链弹性的有效行为模式，这些行为模式在一定程度上均能提升供应链的柔性和增加冗余。

（3）企业能力的不同会影响企业行为模式的选择，探索吸收能力和网络协同能力强的企业在供应链中断的时候更倾向于选择探索吸收模式和战略库存模式；转化整合能力强的企业更倾向于选择产品替代模式和延迟制造模式；变革创新能力在中断时在行为模式的选择没有表现出很强的倾向性。行为模式在协同创新能力和供应链弹性之间表现出部分中介作用，协同创新能力可以通过选择有效地行为模式来应对供应链中断，来维持供应链的弹性。

第三部分：主要研究了基于供应链中断的供应链企业决策思维模式。本部分为第七章，研究内容及结论如下：

（1）本部分阐述了供应链中断是影响供应链利益分配的重要因素，提出考虑供应链中断的供应链利益分配机制。通过求解了不同情况、不同类型的供应链群体博弈的均衡解，即供应链成员企业的行为决策，最后得出了各个类型供应链中博弈主体最终将获得的效益量。这些决策代表了各企业在供应链中断下的心理活动和预期行动。在大多数情况下，供应链成员这一行动与供应链整体利益相互违背，与对方成员存在冲突。

（2）本部分将供应链系统设置为动态的、随机的、开放的系统，研究基于供应链中断的供应链企业决策思维模式，即动态供应链协调机制。给出了动态供应链系统的随机微分博弈模型，并在保证整体努力水平的前提下，设置一个机制，使得各个节点企业的努力水平趋于平衡，从而达到供应链协调的目的。

（3）动态供应链系统的利润取决于各个节点企业的努力水平，为了确定基于节点企业努力水平的动态供应链系统最优协调策略，首先构造了节点企业努力水平与动态供应链系统的随机微分合作博弈模型，并将这一模型的最优解转化为偏随机微分方程的解。获得各个节点企业的最优决策策略——节点企业的努力水平；然后针对节点企业独立决策与动态供应链系统决策的差距，通过动态 Shapley 分配方案，给出了动态供应链系统相应的协调机制，包括暂静态的分配机制及激励补偿机制，获得缩小其差距的最优协调策略。

第四部分：主要研究了应对供应链中断的供应链弹性提升路径问题，为八至十一章，研究内容及主要结论如下：

本部分在分析协同创新能力影响因素的基础上，探讨协同创新能力的培育策略，并结合案例分析提出了一套供应链弹性综合优化路径选择的方法和策略。

二、研究的创新之处

本书的特色与创新之处如下：

第一，对供应链中断事前、事中和事后过程的整合研究。以往学者的研究大多集中于某一个时间点，然而，这样的研究结论，从整个时间维度（事前—事中—事后）上来看并不一定适用。而本书将提高结论在时间维度应用的系统精确性。

第二，供应链中断情境下，研究对象由单边转向多边。以往学者对供应链弹性的研究，大多是站在单边视角（即供给、生产或需求方），其研究结论无法兼顾多方的利益；而本书则站在多边视角（即供给、生产和需求方），借助协同创新能力来解决这一问题。

第三，供应链中断情境下，协同创新能力对供应链弹性影响研究，是一个崭新的视角。以往学者侧重于研究静态资源对供应链弹性的影响，忽视了对动态能力，尤其是供给、生产和需求三方协同创新能力的研究。而本书的成果，则将是对以往研究的有益补充和丰富。

第二章　相关概念和研究的理论基础

第一节　相关概念

一、供应链企业协同创新能力

在以往的研究中，有学者认为协同创新能力是一种强化企业对资源进行创新和协同的能力。在战略愿景驱动下，企业把资源进行创新性融合和重新创造，这种能力不仅仅是资源的简单叠加，而是资源的并购和重组，是一种系统的协调能力（吴道友等，2016）。协同创新能力属于组织动态能力的一种表现（Bertrand，2013），它是使得企业更加迅速、敏捷和柔性地响应供应链中断风险的一种组织能力（Eisenhardt & Martin，2000）。

吴道友等（2016）在研究中归纳总结到，协同创新能力的六个构成维度分别为塑造企业愿景、识别发展机会、组织变革创新、内外部资源整合、合作共赢和组织间承诺。识别发展机会是指搜寻、探索市场活动，识别有用的信息、技术和资金等资源。合作共赢和组织间承诺是构建网络协同的重要因素。因此，借鉴以往学者对协同创新能力的维度构成研究，再结合供应链企业的特点，从组织水平层面抽取能力的共同特征并以此作为组织能力的结构维度，协同创新能力的构成维度从匹配的视角界定为：探索吸收能力、转化整合能力、变革创新能力和网络协同能力。供应链中断情境下，企业的搜索吸收能力对企业在动态的环境中继续保持核心竞争力具有重要的作用（Woiceshyn & Daellenbach，2005），具有较高搜索吸收能力的企业，在供应链中断情境下更容易搜索对企业响应中断有力的信息、技术、资金等资源，因而更容易适应剧烈变化的供应链中断环境。转化整合能力强调对自身所拥有的资源与能力等进行最大限度地整合与开发，从外部搜索吸收的信息、技术、资金等资源必须转化为企业自身所拥有的能力，才能成为企业应对供应链中断的有效能力（Wang & Ahmed，2007）。变革创新能力更多强调的是在供应链中断情境下，尤其面临严重的中断时，企业往往需要进行“创新性破坏”来快速适应中断环境。对每一个企业来说，都是处于在一定网络系统中的，他们所进行的每一项活动都是在一定的网络背景下发生的，而不是孤立进行的。网络协同能力是企业最大限度开发、利用和整合自己所拥有的网络资源的能力，是企业应对供应链中断的重要手段。可见，搜索吸收能力和网络协同能力主要倾向于企业与外部供应链中断环境的匹配，而转化整合能力和变革创新能力侧重于企业内部要素的匹配协同。

1. 探索吸收能力

探索吸收能力是供应链企业在动态环境中获得信息、技术、资金等资源，同时加以吸收和利用，从而帮助组织适应环境转变的能力，是一个对知识和信息资源进行处理的能力。探索吸收能力其实是一个动态的、不断反馈的过程，是企业学习能力的一个不可分割的一部分，企业可以获取、消化、整合和利用外部知识。探索吸收能力包括三个过程：识别和理解新外部知识、内化有价值的新外部知识、应用内化的新外部知识（Lane et al.，2006；Zahar & George，2002；Todorovo & Durisin，2007；陈艳艳、王国顺，2010）。本书的探索吸收能力主要侧重于在供应链中断情境下，企业所具有的从供应链其他企业中知识获取和信息资源共享的能力，这种能力强调企业对信息的敏感性和对知识的吸收、利用能力。探索吸收能力可以提高供应链企业之间利用互补资源的效率，提高企业之间的协同，从而更好地应对供应链中断的风险。

2. 转化整合能力

转化整合能力强调企业把探索吸收的资源进行加工转化并利用的能力。整合的过程中需要企业根据自身的情况进行知识、信息、技术等资源的转化和融合，这其实是一个从局部到整体的过程。在进行整合之前，资源基本都是零散的，企业需要运用科学的方法，将不同来源、不同效用的资源进行识别、获取、协调、配置和优化，只有将内部资源和外部机会动态匹配的时候，才能提高企业应对供应链中断风险的能力（Tzabbar，2013；董保宝等，2012）。本书在探讨转化整合能力的时候，主要考虑到供应链中断的情境下，这种能力是企业在应对供应链中断风险的时候所具有的对一切资源整合配置的能力，中断之前充分搜索吸收外部信息和知识，和动态的供应链环境相匹配来防止中断；中断之时，整合内外部资源，找到相应的措施，来提高这种应对中断风险的动态能力；中断之后，启动应急措施，利用自己已有的资源积极应对。

3. 变革创新能力

外部环境发生变化时，企业为了适应变化的环境，需要不断地进行组织变革、扩展、重构、创新内外部资源、更新组织结构。组织的变革创新能力指企业在面临新的市场环境和竞争模式时，组织勇于突破传统模式和固有思想，主动进行组织内部人员、技术和资金等资源改进的能力。变革型领导一般会通过设立一种企业愿景来对员工的思考方式或者是需求状况进行转换，并对设立的企业愿景与员工沟通，同时接纳员工的意见和建议，并且鼓励他们集思广益积极适应变革，充分开发员工的能力，以促进组织创新与变革（Avolio & Bass，1999）。变革创新能力一般是指企业的领导者所具有的捕捉新事物、发现新机遇、提出新设想、改造新设备等的能力。在知识视角下，企业变革创新能力主要包括对环境变化的认知能力、信息识别和处理能力、战略的形成和执行能力、战略执行效果的反馈能力，以及管理战略首创性的能力（项国鹏，2008）。变革创新能力作为动态能力的一种，在供应链中断环境下，为了适应外部动态的环境，企业更可能会通过调整组织结构、资源配置、转化战略方案来匹配动态环境。

4. 网络协同能力

随着创新管理从单个创新管理、组合创新管理，迈向全面创新管理的同时，企业也渐渐注重开放式创新发展，无论是内部要素的重新组合，还是外部的网络都在共同进化，企业也越来越注重对内外部资源的聚集、整合和重新配置，从而来应对快速变化的环境（许庆瑞，2009；郑刚，2010）。对企业来说，通过网络协同，可以弥补资源差距，提升自身内部能力（Vareska vande Vrande，2009；池仁勇，2009），网络协同能力，更多的是强调网络成员间的联系，以及供应链企业间的知识、信息等资源的溢出，需要组织具有更高的柔性。在快速变化的外部环境中，企业需要有这种网络协同能力来应对供应链中断的风险。

综上分析，本书认为协同创新能力是包括企业的探索吸收能力、转化整合能力、变革创新能力、网络协同能力的在内一种动态适应能力。

二、供应链企业行为模式

企业行为模式（Enterprise Behavior Model）一方面包括企业各项行为的总体目标，各个目标所包括的具体内容，以及他们之间的关系，也包括对企业行为提出的指导性和战略性的总体行为原则；另一方面包括企业对于外部环境的变化和挑战所应采取的对策行为，它是企业在市场经营活动中对各种事件，特别是突发性事件的反应等（魏丽华，1999；张贵荣，2005；王志远，2011）。在面对突发状况时，企业的行为模式受到多种因素的影响，企业的组织结构、企业的变革、学习、知识吸收、信息传递、响应性水平等因素的影响。行为模式要与供应链企业的协同创新能力相匹配，并且不断地调整自己的行为模式来适应动态的环境。本书侧重于企业对动态环境、突发性事件所采取的决策。

有相关学者提出：鲁棒性的供应链运作模式是应对供应链中断的一种关键方法。在供应链上构建冗余是这种运作模式的本质，冗余主要包括产品或者零部件供应渠道的冗余（多源供应）、库存上的冗余（战略库存）、供应商的冗余（后备供应商）、供应链上每个环节的应急措施（柔性供应链）以及多种措施之间的组合（李彬、季建华，2013）。同时延迟制造模式、延迟供应模式和产品替代、柔性运输等都是企业应对供应链中断的有效行为模式（李新军，2015）。

1. 多源供应模式

多源供应模式主要是指企业选取多个供应商来对同一种产品或零部件进行供应的一种运作模式，这样产品或者零部件的供应渠道就避免了单一性，当遇到突发事件，其中的供应商对产品或者零部件无法做出及时供应时，企业可以选择其他的供应商来保证产品或者零部件的及时供应。这种方式，可以减少中断的损失，更好地提高企业的订单满足率。

2. 战略库存模式

战略库存是在供应链的某一个或某几个关键节点对重要的产品或零部件进行储备。在突发事件发生以后，供应链伙伴或某一区域的多个经营点运用战略库存渡过难关。只有当中断比较严重时或者大规模发生时，才能用它来保证正常的生产经营，它是一种应对供应中断的有效办法，同时也是一种比较常用的方法。

3. 延迟制造模式

延迟制造是利用生产或流程设计概念，如标准化、基础性、模块设计和运营逆转等，来延迟产品差异化的时间。这一模式要求公司先生产产品的基础性产品，即统一的通用产品，然后再根据订单的需要进行差异化定制。在中断发生之后，企业可以采用延迟制造模式来获取恢复运营的时间，这种应急方案可以最大限度地为企业带来成本效益和时间效益，为企业赢得重新进行资源配置的时间。

4. 产品替代模式

产品替代模式主要是借助柔性生产方式，当一种原材料出现短缺时，企业可以将生产模式进行转换，减少使用这种原材料生产的产品的生产，增加相应替代产品的生产，然后采用促销的形式加大替代品的宣传和售卖，这样就可以使企业的损失降到最低，同时又满足客户的需求。

结合以上的分析，本书归纳出供应链企业在应对供应链中断时，常用的行为模式主要有多源供应、战略库存、延迟制造和产品替代四种。

三、供应链弹性

弹性可以促使企业识别潜在的中断风险，供应链企业通过增强企业的动态能力来不断适应外界环境的变化，选择合适的对策以提高供应链的弹性进而降低其脆弱性。供应链弹性被视为一种企业从供应链中断中恢复的动态能力（Ponomarov S Y，Holcomb M C，2009）。综合以上的分析，本书认为供应链弹性主要是指供应链面对中断时的一种自我恢复能力，是对复杂动态的内外部环境的一种适应能力。中断可能是需求中断，也可能是供给中断，面对当今复杂的商业环境，供应链中断时常发生，因此，增强供应链弹性对企业来说就显得尤为重要。

增强供应链弹性可以从提升供应链的协同创新能力，以及采取有效的行为模式来着手：敏锐地观察到外界环境的变化，从外界收集信息、资金和技术，并对这些信息、技术、资金等资源进行转化整合，调整自己的生产线来适应外界环境的变化。企业应尽量根据自己的协同创新能力来选择有效的行为模式，例如采用多源供应，建立后备供应商库、产品零部件标准化、保持适当的战略库存、柔性的生产方式等来应对供应链中断的风险，从而增强供应链的弹性。

第二节 研究的理论基础

一、供应链动态能力理论

随着互联网的高速发展和产业竞争的日益加剧，市场环境瞬息万变，灵活应对市场的变化成了企业可持续性发展的关键。从供应链管理的视角看，对单一企业来说很难在这种互联网浪潮中独善其身，企业之间的合作和信息交流异常重要。因为根据动态的环境做出实时的调整和匹配不单单发生在企业内部，而且很大程度上是发生在企业与企业之间，或者是企业与客户、企业与供应商之间，有时甚至是整个供应链链条上的企业之间。因此，一方面，企业为了适应市场环境的变化，做到可持续发展，不但需要进行持续变革，不断调整企业内部的生产计划、生产方式，更需要不断地与其他企业之间加强合作和交流，组建外部的关系网络，换句话说就是不断地对供应链网络进行改变和重新构造以适应环境的需要（Defee C C & Fugate B S，2010）；另一方面，供应链伙伴间的网络关系也增强了他们之间的合作交流和相互依赖性，所以，对市场变化的改变和调整已经不仅仅是单个企业的事情，也超出了单个企业具有的能力范围，需要整个供应链网络协同一致，共同调整，当然这需求企业具有共同的目标和追求（Freytag P V，Munksgard K B，Clarke A H，et al.，2016）。通过上述的分析，可以看出，为了适应外界环境的变化和市场动态性的要求，就需要整个供应链网络在共同的愿景和追求目标下，根据市场的需要对整个供应链网络结构、资源、流程等进行动态的调整，由此来打造网络的动态能力。

1. 动态能力

动态能力理论（Dynamic Capabilities Theory，DCT）是在企业能力理论的基础上发展起来的，企业能力理论强调的是企业的核心能力、战略能力、关键能力和企业特有的能力等，而动态能力理论主要强调了企业核心能力具有动态性并且由于能力的动态性会导致企业的核心竞争力不断变换。动态能力理论是一种对传统资源观点的提升，随着经济的全球化和互联网社会的发展，单个的企业在市场上很难生存，所以企业之间的合作交流、资源的共享和充分利用成为发展的趋势，因此对资源的挖掘、吸收、整合和创新创造成为比较关键的一部分。企业必须加大力度发展自己的动态能力，对信息、技术和资金等资源进行创造性的整合和利用，来应对市场变化和企业快速发展所带来的挑战。

关于动态能力的研究比较多，Teece 是这方面最优秀的代表人物之一，动态能力这个概念首次提出是在 1994 年被提出的（Teece，Pisan，1994）。之后，在 1997 年，Teece 等认为动态能力是企业通过搜寻、整合、配置和应用资源以适应不断变化的市场环境的能力。Teece（2012）将动态能力分为：确认和评估机会的感知活动；调动资源以利用机会、并从中获取价值的捕捉活动以及持续更新的转型创造活动这三类。Cepeda 和 Vera（2007）认为动态能力是一种高阶能力，这种高阶能力通过创造和改变基础能力来提升企业的核心能力和对快速多变的环境的匹配能力；董保宝等（2011）对动态能力的维度进一步做了详细的划分，主要为资源整合能力、资源重新配置能力、组织的学习能力、企业的适应能力和创新创造能力。李京文、袁业（2017）在对企业家动态能力的影响因素研究中，主要结合动态能力和静态能力的特征从风险和不确定两个角度出发，认为动态能力更适合处理不确定问题，动态能力能够整合、构建和重新分布企业内外部资源，以应对变化的商业环境，也就是利用现有的组织能力和管理能力来抓住环境中的机遇和创新性地应对市场中的挑战和威胁。

总的来说，动态能力是一种对外界的信息、技术、资金等资源的搜索、吸收、整合、利用和创造的能力，这种能力能使企业创新性地应对外界环境的变化，维持企业的经营和发展。

2. 供应链动态能力

相比企业动态能力，供应链动态能力主要强调供应链中的各个企业为了维持整条供应链的运作，而共同创造的适合供应链整体发展的新能力。供应链上各个企业为了与动态的环境进行实时的匹配，就需要进行不断地协同创新，因为供应链上涉及的企业数量偏多，需要各个企业的协同，所以这也是一个复杂的过程。

供应链动态能力是多种基础能力的集合，是一种系统的能力。但是，目前对这种能力的确定和衡量还没有统一的观点，总的来看，对这种能力的理解主要有以下两类：

（1）借助企业动态能力的理论来研究供应链动态能力，将供应链动态能力分为感知能力、抓住机会的能力以及重构能力（Mikihisa，2013；麦影，2014）；

（2）企业动态能力主要考虑的是单个企业内部所具备的动态能力，主要发生在组织内部，但是供应链动态能力需要供应链上各个企业之间的共同努力才能形成，主要体现在供应链企业与企业之间的日常合作交流中。相比企业动态能力，供应链动态能力还应该具有协同创新的知识学习能力、交流能力（Defee & Fugate，2010）。

综合以上的研究，供应链动态能力是在企业动态能力的基础上强调了协同能力，也是为适应复杂多变的外部环境，供应链企业在企业内部和组织间对信息、技术和资金不断地探索吸收、转化整合、变革创新的能力。

二、供应链风险管理理论

供应链风险管理是供应链各节点企业为了规避或者消除风险独自或者是以合作的方式所进行的一系列不间断的活动，这些活动的实施，或者规避和消除了供应链中断风险所造成的损失，或者为供应链成员企业带来了更大的效益。

1. 供应链风险

现在，对于供应链风险的研究，重点是针对供应链风险的不确定性展开的，这在研究领域基本上达成了统一的意见，不确定性和传递性是供应链风险的基本特征。供应链风险的基本含义如下：①风险来源的不确定性，自然灾害、恐怖袭击、人为因素等都会给供应链带来风险；②供应链上企业之间的相互依赖性，导致了风险具有传递性。就供应链风险的形成原因来说，主要分为外部环境的不确定性和内部因素的不稳定性。自然灾害、政治、经济等这些都是外部因素；信息交流的不通畅、企业文化的差异性、经营管理的可持续性等都是内部因素。一般来说风险有以下几个特征：

（1）风险的客观性。风险的形成因素导致了风险具有客观性，风险可能出现在供应链节点的各个位置，风险的客观性也决定了供应链成员企业是无法避免风险的，企业只能采取相应的措施来预防、应对风险，使其造成的危害降到最低。因此，对企业来说就要找到合适的方法，适合企业的能力来应对供应链风险。

（2）风险的不确定性。因为风险本身就处在不断变化的过程中，所以人们很难准确地把控风险是否发生、发生的位置以及发生的时间，企业所做的就是在关键节点对关键的产品和零部件进行预防和采取应急措施。

（3）风险的隐藏性。风险具有不易发觉性，因为供应链企业协同创新遇到的风险比普通供应链遇到的风险更加复杂，这种风险受到更多因素的影响，除了体现在供应链企业之间，还体现在供应链协同创新的整个过程中，供应链网络的复杂性和系统性决定了风险被察觉的艰难性，企业必须加大对风险的观察力度，及时识别风险并采取相应的措施。

（4）风险的转化性。在供应链成员在协同创新的过程中，可能风险出现在某一环节或者某个节点上，但是采用相应的措施解决这一环节的风险之后，可能又造成了风险的转化或者转移，使这一风险在其他的环节体现出来，或者形成新的风险问题。所以解决风险时要具有针对性。

（5）风险的传递性。在供应链网络中，上下游企业之间是相互依赖的，链条上的企业具有牵一发而动全身的作用。随着上下游企业之间的活动，风险就会随之传递。

2. 供应链风险管理

供应链风险管理的主要含义是，通过对风险的识别与量化，用科学有效的方法来对风险进行控制和处理，并且用合适的方法模型来对处理之后的结果进行监控与反馈。供应链风险管理有三个目标：一是事前尽可能地避免风险的发生，二是事中尽量地降低损失，三是事后尽快地弥补损失并恢复事先状态。

供应链风险管理可以分为四个环节：

（1）识别供应链风险。供应链风险管理者在供应链风险发生之前对供应链的关键节点或者是关节产品、零部件进行识别，对可能出现风险的位置进行识别和预测，通过调查来检测风险发生的概率；通过归类汇总和分析，判断风险发生的条件和成因。

（2）量化供应链风险。对供应链风险有可能造成的损失进行估量和计算，准确的量化风险，这样才有利于风险管理者选择有效的措施来应对风险，才能做到用最小的成本取得最大的效用。

（3）处理供应链风险。如何处理供应链风险是供应链风险管理的核心环节。识别和度量供应链风险是处理供应链风险的基础。供应链风险回避、供应链风险控制、供应链风险转移和供应链风险自担是处理供应链风险的常用方法。

（4）监控与反馈供应链风险。在风险处理的过程中，要对风险处理的效果进行实时的监督和反馈，这样方案一旦出现问题，可以及时地做出改变，避免损失继续进行下去。供应链风险的监控与反馈可以将出现的风险进行汇总和分析，这样可以避免风险的再次出现。

第三章　供应链中断风险分析

第一节　供应链中断风险含义及特点

一、供应链中断风险含义

随着现代经济环境和社会环境的日益动态化和复杂化，供应链中断风险成为供应链系统中的突出风险。如 2015 年 8 月，天津港发生大爆炸，爆炸中断了铁矿石运输和港口运作，直接损失约为 700 亿元；2018 年 9 月，丰田汽车公司受到日本北海道南部地震的影响，位于北海道的零部件工厂受损并发生停电事故，造成连锁反应，引起供应链中断，迫使丰田日本本土的 16 家工厂暂时停产。诸如上述的供应链中断风险一旦发生，将会给企业带来很大的损失，并且波及范围非常广。

国内外学者对供应链中断风险已经有了一定的研究，但是供应链中断风险的定义还没有被统一和明确化。其中一种定义重点阐述了供应链中断风险的产生原因，Sunil Chopra（2004）认为导致供应链中断风险的因素是自然灾害、恐怖袭击、供应商失效等，他认为中断风险是供应链正常运作的最大威胁，但对于供应链中断风险导致的后果并没有进行详细界定。Kleindorfer 和 Saad（2005）认为供应链中断风险是由于人为破坏或自然因素而导致的供应链运行大幅度偏离正常运作状态的一种风险，他们将自然灾害、运营事故、恐怖主义及政治不稳定性归为供应链中断风险的来源。Christopher S. Tang（2006）在以往学者研究基础上，将供应链中断风险含义总结为由于自然灾害如地震、洪水或人为因素等导致的供应链中断。李彬等（2011）认为供应链中断风险具有积累性，中断风险因素不断累积，达到临界点后就会引发供应链中断；供应链外部环境因素和内部因素均会引起供应链中断风险。Torabi（2015）认为供应链风险主要包括两类：运营风险与中断风险，他将供应链中断风险定义为：自然因素、人为因素或技术因素等造成的供应链中断。基于以上学者的观点，导致供应链中断风险的原因可以总结为意外的人为破坏或自然灾害事件。

另一种定义重点说明了供应链中断风险造成的影响。Clausen（2001）认为供应链中断风险是在供应链运作过程中，由于相关因素的影响，原计划无法实现，从而不得不对原计划做出调整。Roshan Gaonkar 和 Viswanadham（2004）基于风险对供应链的影响程度，把供应链风险分成偏差、中断和灾难，他们认为中断风险不同于只产生细微影响的一般性风险，也不同于带来毁灭性打击的灾难性风险，中断风险最大的影响就是违背初始目标，改变供应链的整体结构。刘浩华（2009）认为供应链中断风险是指某些意外事件影响供应链物料或产品的正常或预期流动，造成供应链各环节无法顺利完成从而影响正常运行。以上学者重点阐述了供应链中断风险对供应链各环节以及供应链整体带来的影响。

较为全面的定义从原因和影响两方面进行说明：郭茜等（2011）认为供应链中断风险即突发事件导致实际的质量或成本与预期目标发生偏离及供求失衡。这个定义既包含引发供应链中断风险的内在或外在原因——突发性事件，同时又指出了供应链中断风险的影响——数量、质量或成本与预定管理目标显著偏离。李学飞（2013）认为供应链中断风险是由于自然灾害或意外的人为事件导致供应链在一定时间内无法满足最低经营活动要求。这种定义相对比较全面，既解释了导致供应链中断风险的原因，也阐述了供应链中断风险会给供应链整体以及供应链中的企业带来的影响。

根据上述分析，我们可以看出学者们基于不同角度对供应链中断风险进行了定义。但是，由于供应链系统的复杂多样，学者们对供应链中断风险的概念还没有统一的定义。基于国内外学者们对供应链中断风险的研究，本书认为供应链中断风险是由于内外部突发事件导致的供应链在一定时间内偏离正常运作状态，无法继续满足经营活动目标，从而给供应链上的所有成员企业和整个供应链系统带来不可挽回的损失的风险。

二、供应链中断风险特点

基于对供应链特点、供应链中断风险的含义及诱发因素的分析，供应链中断风险有五个主要特征，分别是突发性、传递性、层次性、多样性和高损失性。

1. 突发性

供应链中断风险是由内部协调失效或外部环境突变引起的，大多数的突发事件短期内无法预测发生的具体时间、地点、规模等，这些突发事件具有不可预测性和不可控性，因此供应链中断风险也具有突发性。

自然灾害的发生是不可预测的，如 2016 年的日本地震不仅造成巨大的人员伤亡，而且严重影响了该地区一些产业的正常运营，在熊本市设立工厂的索尼、本田等制造商陷入慌乱之中，同时也使全球供应链陷入随时中断的困境。由于这次地震的影响，九州岛配件供应短缺，丰田在日本的汽车工厂被迫启动临时的停产措施，关闭了位于九州岛的三家工厂。丰田公司表示，在 4 月 18 日到 23 日之间，该公司会逐步暂停日本国内其他装配厂的生产线。这一措施将影响包括凯美瑞、卡罗拉和普锐斯在内的大批车型。与此同时，由于输送链断裂，零售和餐饮行业部分店铺也被迫停止营业，4 月 17 日，永旺暂时关闭了旗下 27 家超市，罗森暂时关闭了 141 家中的约三成店铺，15 家位于熊本县和大分县的日本最大的家庭餐厅连锁企业云雀（Skylark）一度停止营业。

物流方因素的突然变化也会导致供应链中断风险，如 2018 年 2 月 16 日，英国肯德基出现“鸡”荒事件，英国肯德基的 900 家特许经营门店中约有 750 家关店。截至北京时间 2 月 21 日，400 余家肯德基门店仍然无法恢复营业，此次中断事件造成了每天约 885 万元人民币的损失。据悉，肯德基英国 2 月初将其物流合作伙伴从本地专业公司换成了国际物流巨头敦豪航空货运公司（DHL）。此次中断的原因是肯德基新物流合作伙伴 DHL 操作系统出现故障，蜂拥而至的物流车辆造成附近高速公路的全面堵塞，使全英国门店所需的堆放在拉格比镇的鸡肉滞留在仓库，无法输出。

2. 传递性

传递性是由供应链自身结构特点所决定的。供应链在众多节点企业的共同参与下产生了物流、信息流、资金流，涉及原材料采购、产品生产制造、产品存储销售配送等诸多过程。供应链各环节环环相扣，任何一个环节失效都会导致供应链中断风险，并波及供应链上的其他企业，影响整个供应链的正常运作。

供应链中断风险会通过供应链链条在供应链节点企业间传递，供应链中任一节点企业的中断风险都会影响供应链中的其他企业，在风险传递过程中也会产生各种变化，从而使得整个链条存在更大的潜在中断风险，给节点企业所在供应链或者其他相关供应链带来致命的打击。传递性使供应链中断风险成为一种潜在的威胁，给上下游企业以及整个供应链带来损失。

2015 年 8 月 12 日天津港发生特大爆炸事故，天津港是全球最大的港口之一，也是中国北方重要的综合性港口和对外贸易口岸。据《商业日报》报道，数百家跨国公司的货物都存放在天津港内，天津港爆炸导致两个码头暂停作业，货运中断对产品制造、零售等产生影响，随后长期的各种货运混乱，可能会带来更大的损失。这次爆炸发生在瑞海国际物流有限公司的一栋仓库，据财经新闻网站 Quartz 报道，这家公司经营了经天津港运往世界各地的大部分危险化学品，由于此次爆炸的影响，多种工业材料价格上涨，电子产品与医疗保健行业受到的影响尤为严重。

3. 层次性

网络化和层次化是供应链的结构特点，供应商、制造商、零售商和消费者等各类实体组织共同参与到供应链系统运作中。处于不同层次的供应链成员如核心企业、供应商、生产商、销售商等在供应链中具有不同的作用，供应链中断风险存在于供应链不同层次的供应链企业中，对处于供应链系统不同层次的供应链企业具有不同程度的影响。由于供应链的层次化特征，供应链中断风险也呈现出层次性特点。

2005 年初我国发生了“苏丹红”事件，以其为食品添加剂的生产商损失惨重，同时，与之相关的原材料商、产品分销商和零售商也都遭受了不同程度的损失。其中，肯德基在中国的 1200 家店至少损失 2600 万元，广州的亨氏美味源食品公司为缴纳各种费用和解决纠纷也损失了 1460 余万元，湖南的辣椒类产品销售额也因此降低了四成左右。此次“苏丹红”事件给供应链上不同层次的企业带来了不同程度的影响。

4. 多样性

供应链中断风险对供应链企业和供应链整体都会带来多重负面影响。供应链系统中不同的中断事件所导致的供应链中断风险是不同的，导致供应链中断风险的因素多种多样，因此供应链中断风险也具有多样性。

每年中国的自然灾害事件频繁发生，由于自然灾害导致的供应链中断风险难以预测且一旦发生影响严重，如 2008 年的南方雪灾、2008 年 512 汶川地震、2010 年的青海玉树地震、2013 年的雅安地震和余姚水灾等，这些自然灾害往往会引起交通系统瘫痪，运输中断，导致原材料无法按时送达，影响整条供应链运作。传染病、食品安全、动物疫情等突发公共卫生事件如2008年的三鹿奶粉事件、2013年的H7N9型禽流感事件影响食品安全，导致消费者心理恐慌，影响相关产品需求量，导致需求中断风险。经济安全事件如2008年的全球金融危机影响供应链系统的正常运营，给中国经济带来了前所未有的困难和挑战。

5. 高损失性

随着经济社会的进一步发展，由于供应链网络的复杂性、外部环境的不确定性等因素，供应链正变得越来越脆弱，风险对供应链的破坏程度越来越大，供应链某一个环节的中断将导致供应链其他环节失效，给供应链带来致命的破坏。供应链中断风险不仅会导致供应链成员企业的直接经济损失，而且还会使供应链企业的品牌形象和企业信誉受损，给企业的发展带来巨大的危害，并且这些危害的时间和成本损失是无法估量的。

2008年汶川地震给很多四川地区的企业造成了毁灭性的打击，许多公司厂房倒塌、人员伤亡、断电断水及生产中断，据新华社消息，仅在四川的中央企业的经济损失就在亿元以上。其中，四川绵竹剑南春集团有限责任公司有25万平方米的房屋受损，最严重的是包装车间，一车间和三车间房屋虽未坍塌，但已无法继续进行生产活动；曲酒生产车间有10%—20%受损，酒库基础酒总损失在30%左右。受此次地震影响，剑南春公司生产中断3个月，销售中断4个月，直接财产损失8亿元，全年因停产而造成的损失高达20亿元。

第二节　供应链中断风险类型及来源

关于供应链中断风险的分类，根据不同的分类标准有很多种不同的分类方法，本书基于以往学者对于供应链中断风险类型的研究从四个不同角度出发对供应链中断风险进行分类。第一种分类基于供应链主体可以将供应链中断风险分为三类：供应中断风险、生产中断风险和需求中断风险；第二种分类基于供应链外部环境将供应链中断风险分为自然环境风险、政治环境风险、经济环境风险、社会环境风险和技术环境风险；第三种分类基于供应链内部环境可以将供应链中断风险分为三类：财务风险、运营风险和制度风险；最后一种分类标准是供应链上的企业合作，供应链中断风险可以分为：物流风险、信息流风险和资金流风险。下面将对每一种分类方式以及风险来源进行详细的阐述。

一、基于供应链主体的供应链中断风险及来源

中断事件对供应链的影响主要集中在供应过程、内部运营和需求方面三个环节，这三个环节的主要参与主体是供给方、生产方和需求方。因此，按照供应链主体的不同可以将供应链中断风险分为供应中断风险、生产中断风险和需求中断风险三类，如图3－1所示：

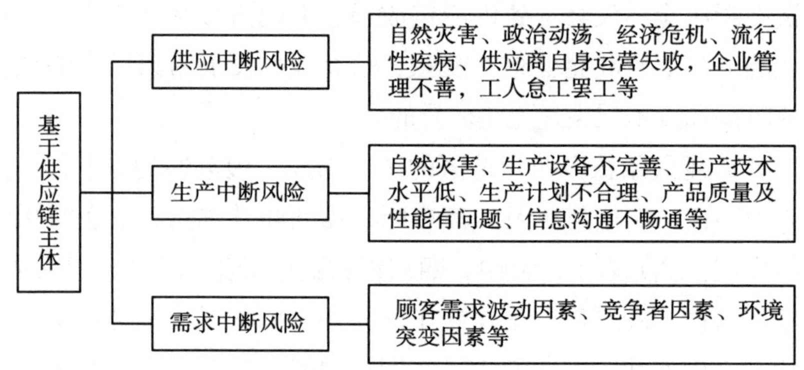

图3－1 基于供应链主体的供应链中断风险类型及来源

1. 供应中断风险

任何一个企业都会存在各种各样的风险，风险是难以预测和评估的。供应中断风险是企业面临的所有风险之中影响较大的风险之一。供应中断风险强调的是由于某些突发事件使得企业延迟或无法收到货物，进而引起企业运营异常和波动。

供应中断风险主要涉及供应链中的供应商和物流商。供应商主要负责为供应链企业提供原材料等，一个可靠的供应商应该保证其交货准时率、订货完成率以及材料合格率等，而货源充足性、企业经济实力、企业技术水平以及内部风险与外部风险等都会影响供应商的可靠性。供应链中的物流商主要负责供应商主体之间货物运输等业务，物流商的可靠性表现在运输及时、运输安全、送货服务、库存能力以及货物保管能力等，其影响因素为：运输能力、库存容量、库存管理、人员素质和地理位置等。

导致供应中断风险的因素有很多：

（1）不可预知的外部因素：原材料运输时的意外交通事故、运输设备故障

等不确定事件，以及经济因素、政治因素、自然环境因素等不可预测的外部因素都有可能使原材料无法及时到达，导致供应中断风险；比如 2011 年，日本地震引起的海啸导致企业生产中断，从日本采购原材料的企业无法及时获得原材料，从而遭受巨大损失；政治因素主要是指政治动荡、恐怖袭击，近年来全球政治局势不容乐观，恐怖活动频发，恐怖主义肆虐，2001 年美国的 911 恐怖袭击事件导致北美机场关闭，数千条供应链中断，全球电子类高科技产品供应运输线路中断。

（2）供应商内部因素：供应商运营失败、企业管理者管理不善，工人怠工罢工等供应链企业自身因素也会导致供应中断风险的发生；通用汽车的主要供应商美国车桥制造控股公司和美国联合汽车公司的工人进行了为期 11 周的罢工，供应商无法正常供应，通用汽车 26 个总装车间闲置 18 天，此次中断导致通用汽车公司 2008 年第一季度盈利减少 900 万美元。

2. 生产中断风险

生产中断风险是指发生在供应链生产环节的某些突发事件导致生产受到干扰甚至生产停滞。企业生产设备出现故障、生产设施遭到破坏、对生产起作用的信息发生扭曲、产品质量出现问题等都会对企业生产造成一定的影响。

生产商上下游分别与供应商、销售商相连接，供应商为生产商提供生产所需的原材料、零部件等，销售商负责销售生产商的产品，生产商主要负责产品的生产，同时也负责采购和产品的配送。生产商的可靠性表现在准时交货率、订货完成率、产品质量以及企业信誉等，影响其可靠性的因素有：生产能力、技术能力、科研能力以及财务状况等。

引起生产中断风险的因素可以从以下几个方面进行分析：

（1）供应商因素：供应商的供货能力会影响到原材料持续稳定的供给，原材料供应不及时、原材料质量不达标等都会将影响企业订单完成情况。大部分生产商都会选择单一供应商，一旦供应商无法正常提供原材料，就会影响生产商的正常生产活动；一些供应商还有可能出现败德行为，导致原材料质量参差不齐，这也会引发生产环节的中断，影响供应链的运营；

（2）生产商自身因素：生产技术落后、生产计划制定失误、企业资金短缺等生产商自身因素会增加生产的复杂性和不确定性。生产过程任何环节的失误都会影响供应链运作，例如 2015 年 5 月 19 日，因劳资纠纷，福特汽车、雷诺和菲亚特位于土耳其的工厂相继停产，造成汽车生产中断，影响土耳其汽车的生产。信息反馈机制和生产运营机制的失效会导致生产商无法对生产状况做出正确判断，不能及时找到影响生产的危险因素，导致生产中断风险。

（3）外部环境因素：比如恐怖事件、战争、罢工等社会环境因素，地震、海啸、火灾等自然环境因素。比如2018年5月2日，福特的一家关键零部件供应商Meridian在密歇根州的工厂发生火灾，直接导致福特三家工厂停产，其中影响最大的车型是F－150系列皮卡；从5月7日开始，福特在密苏里州堪萨斯城和迪尔伯恩的卡车工厂陆续关闭，F－150车型全线停产。

3. 需求中断风险

需求中断风险是指由于产品质量、环境、行为偏好等原因导致消费者对某产品的需求量发生重大波动，给供应链系统运作带来不利影响，使供应链的实际绩效与预期目标发生偏差。需求中断风险由供应链的下游企业向上游企业传递，需求中断一旦发生，供应链上游企业将失去下游客户。例如，2014年7月20日麦当劳“福喜”丑闻曝光，导致客流锐减七成，严重影响消费需求，与此同时，麦当劳公告全面停用上海福喜的原料，导致肉食供应全部中断，部分商品短期下架、断货，快餐店甚至一度成了“冷饮店”。

市场需求影响供应链系统运作，供应链中的生产、运输、供给和销售等以准确预测客户需求为基础。近年来消费者需求越来越个性化和多样化，市场上产品越来越丰富多样，市场竞争越来越激烈；产品同质化影响消费群体的稳定性，降低品牌忠诚度，这些无疑都会增加消费者需求偏好的不确定性，使准确预测市场的难度加大。错误的市场需求信息会导致企业无法把握不断变化的市场趋势和顾客偏好，供应链企业因此就无法生产出满足客户需求的产品，从而在开辟新的消费者市场时出现进入壁垒。

诸多因素都可能导致需求中断风险的发生，主要从内部因素和外部因素进行分析：

（1）内部因素：企业内部运营失误可能导致产品在时间、数量、质量不能满足客户需求从而导致需求中断风险。2008年三鹿“毒奶粉”事件给中国奶制品企业造成了巨大打击，直接导致了三鹿集团这个有50多年历史的企业破产。三鹿集团原料乳的收购环节质量管理松懈，产品质量安全意识严重不足，对产品质量极不负责任，这些内部因素导致三鹿集团失去消费者信任，消费者对三鹿奶粉的需求中断。

（2）外部因素：主要包括顾客需求波动因素、竞争者因素、环境突变因素等；顾客需求的大幅度波动造成供应链急剧动荡，如果供应链企业不具备良好的风险应变能力，供应链就会因此发生中断。大部分产品在一定程度上都有替代品，这些产品的价格、质量等都可能导致市场需求的波动，进而引起产品自身以及替代品需求的变化，从而影响相应的产品供应链。供应链外部环境的突变会影响企业基础设施条件和消费者的消费倾向，即使突变因素得到控制，消费需求也无法恢复原有状态，供应链会陷入非正常的中断状态。

二、基于供应链外部环境的供应链中断风险及来源

从供应链外部环境角度出发可以将供应链中断风险分为自然环境风险、政治环境风险、经济环境风险、社会环境风险以及技术环境风险五类，如图3－2所示：

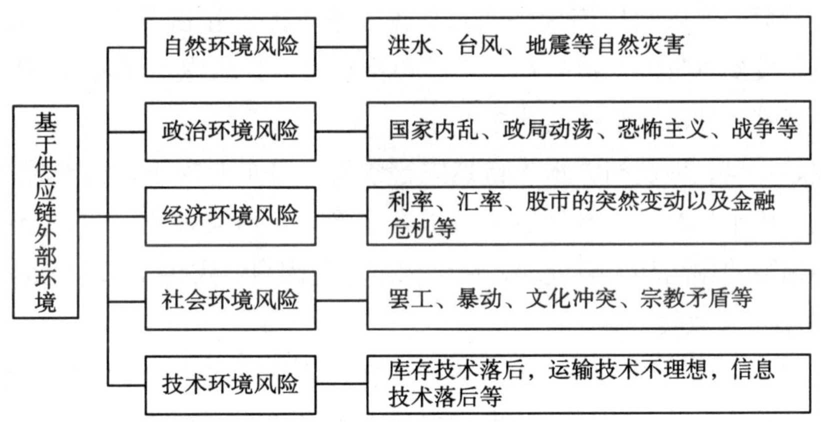

图3－2 基于供应链外部环境的供应链中断风险类型及来源

1. 自然环境风险

自然环境风险是指自然界的各种自然灾害如洪水、台风、地震等带来的供应链运营的不确定性，自然环境突变会对供应链中各企业以及供应链系统产生影响。供应链最上游是提供原材料的供应商，中间经过生产商、分销中心、零售商、直到最下游的消费者，地域范围比较广泛，有些甚至会形成跨国供应链，这样一个复杂的供应链系统受自然环境的影响较大。自然环境风险无法预防，而且极容易导致企业生产设备损坏以及整个供应链链条运输系统停滞。

自然灾害会引起交通系统瘫痪，运输中断，原材料无法按时送达或者对制造企业的正常运营造成危害，甚至直接摧毁产品。自然灾害是很难预测和控制

的，虽然发生的概率比较小，但是一旦发生就会引起非常规性的破坏，导致供应链中企业运营过程受阻或中断，既定的经营目标、财务目标无法实现。

2008 年春节期间，中国南方雪灾造成多处铁路、公路、民航交通中断，沃尔玛、家乐福的供应链因此出现严重的中断问题，多家门店出现大面积缺货，从 1 月 28 日起，货物堆积在沃尔玛深圳配销中心，其关键原因是受灾严重的湖南、湖北、江西等中部地区的公路被冰雪覆盖导致交通瘫痪，车辆无法行驶，货物运输受阻，两家全球 500 强超市的门店出现大面积缺货。

2011 年泰国发生了持续 3 个多月的洪涝灾害，全球供应链系统遭到破坏，泰国一些重要工业区受到波及，其中以汽车与科技产业供应链受损最为严重。洪水破坏了生产基地、道路桥梁以及公路设施，导致零部件配调困难，日本汽车业巨头丰田汽车公司陆续暂停了 20 条生产线，本田也宣布推迟其在欧洲市场发布新款车型的时间，两巨头纷纷宣布了减产计划；计算机行业的供应也遭到破坏，全球第一大硬盘厂商美国西部数据在泰国的产量占其全球产量的 60%，其硬盘工厂受到洪灾的严重破坏，工厂停产直接导致硬盘产量减少 30%，全球硬盘价格暴涨，冲击了全球的计算机行业。

海啸、干旱、地震和洪水等自然灾害频发，对企业的正常生产经营产生巨大的影响，由于生产设施及运输系统很容易受到自然灾害的影响，企业应重视自然环境风险的预防和灾后处理，最大程度避免因自然灾害引起的供应链中断。

2. 政治环境风险

国家内乱、政局动荡、恐怖主义、战争等以及法律法规的制定调整都可能影响企业的正常运营，使供应链发生中断，货物无法正常流通。这类事件一旦发生企业供应链就会面临着很大的考验，对于跨国界、跨地区的供应链系统来说更要注意国际关系、政局变化、恐怖主义、战争等给供应链系统带来的影响。受萨德问题的影响，北京现代多家工厂停产且销售持续低迷，2017 年 4 月至 6 月产量同比减少近 70%，本应给零部件厂商的采购款支付时间也大幅延迟，制造燃料罐相关零部件的一家外资系企业一度暂停供货产品，截至 8 月份北京现代的供货商北京英瑞杰汽车系统制造公司遭欠总额达 1. 1 亿元人民币，英瑞杰曾发内部公函称，由于北京现代长期未支付货款，导致供应商运营资金不足，从 8 月 22 日开始面向北京现代全部工厂停止供货。

政治环境风险包括以下几类：

（1）政府干预风险：本国政府针对非跨国供应链中的特殊行业和产品会有

所限制，而跨国家跨区域的供应链也会受到他国政府法律法规、贸易壁垒等方面的限制，政治干预程度越大的国家和地区，其政治环境风险就越大。2018 年 4 月，由于中美贸易战的影响，美国商务部宣布，禁止美国企业向中兴出售零部件产品，期限为 7 年；美国此项行动会给中兴通讯带来重大打击，因为该公司生产的设备中估计有 25%—30% 的零部件都是由美国企业提供，美国敢于向中兴下狠手，正是抓住了中兴供应链上的要害：部分核心元器件无法自供，也没有其他非美系供应商可供选择；由于无法及时找到提供零部件的替代供应商，中兴的供应链将会发生中断，已有订单的交付、新订单的获取都将受到很大影响；预计交付、回款都会受到影响，还存在因为延迟交付导致罚款的风险。

（2）恐怖主义风险：近年来，国际恐怖主义问题日趋严重，恐怖主义活动在全球范围内频繁发生，严重危害各国的国家安全和社会治安，对供应链系统也产生了严重的影响。军事冲突以及输油管道故障是导致尼日利亚原油供应中断的主要原因，2006 年“尼日尔三角洲复仇者”对尼日利亚石油基础设施发动了一系列攻击，尼日利亚石油生产受到影响，尼日利亚原油产量大幅下降，石油基础设施不断遭到破坏导致原油出口几乎停滞，尼日利亚之前的原油日产量通常为 220 万桶，而此时为 100 万桶，原油产量已降至近 20 年新低。

（3）战争风险：近年来由于国家之间利益冲突、国家内部矛盾等因素，地区冲突战争时有发生，战争会给国家和地区带来不可估量的后果，影响国家安全和国家经济发展，进而影响企业的发展；而且战争往往会破坏道路、运输设备等物流载体设施以及原料生产基地，引发供应链中断风险。2018 年 4 月，美国联合英法对叙利亚军事设施实施精准打击，空袭发生后，全球市场出现大幅波动，比特币、黄金、原油等避险资产价格纷纷飙升。叙利亚境内及周边拥有众多石油生产设施以及许多世界原油运输管道和海上航线，2016 年的全球原油贸易总量为 2117. 8 百万吨，其中中东地区向全球共出口原油 982. 5 百万吨，占到全球贸易总量的 46. 4%，这些石油生产运输设施在武装冲突中随时有可能遭受打击，进而导致中东地区石油供应中断风险。

（4）法律环境风险：是指在供应链运营管理中所发生或可能发生的一切与法律相关的风险。相关法律法规制定、调整和修改都有可能导致供应链非正常运作，因此供应链系统中的企业应该重视国内外相关法律法规。

我国中小企业占比较高，很多企业环保和绿色发展的理念不足，更看重经济利益，生产过程往往会出现违规生产、超标排放、未安装污染治理设施、治污设施运行不正常等问题，因此这些企业存在着较大的环保法律风险。随着环保监督工作的深入开展，企业必须遵守环保法律法规，地方政府也必须落实中央环保法律法规。

2017 年 9 月，国际知名的德国汽车零配件供应商舍弗勒发布一则“紧急求助函”称，舍弗勒唯一滚针供应商上海界龙因环保问题被严令禁止生产，此事会导致中国汽车产量减少 300 万辆，相当于 3000 亿元的产值损失。上海界龙金属拉丝有限公司因环境污染问题被要求自 9 月 10 日起“断电停产、拆除相关生产设备”，这使得舍弗勒面临供货缺口，进而影响汽车产业供应链。在中国当前的环境监管背景下，政府对环境的监管力度以及对违法企业的处罚力度会越来越大，并且会成为一种常态，因此供应链系统中上下游企业应严格遵守国家法律法规，避免如舍弗勒事件中产品断供问题的出现，防范供应链环保法律风险，提升全产业链的绿色化水平以及企业自身的绿色形象，从而产生环境效益。

3. 经济环境风险

经济环境风险是经济领域中的不确定因素导致供应链遭到破坏的风险，利率、汇率、股市的突然变动及金融危机等都会影响供应链系统。近年来，经济全球化程度日益加深，各国在经济上相互依赖的程度也更加紧密，一个国家或地区的经济波动会迅速影响到其他国家和地区。

经济环境风险主要有以下四种：

（1）利率风险：市场利率的变动给供应链中的企业带来一定的风险，利率变动可能会使企业实际收益低于预期收益或实际成本高于预期成本；当供应链中的节点企业通过贷款方式获取启动和运营资金时，贷款利率的变化势必会使供应链企业的利息成本发生变化，企业一旦无法负担其利息成本，那么就有可能导致供应链中断风险。

（2）汇率风险：企业在国际经济交易活动中，汇率变化会使企业经营受到影响；汇率可能会因为国际收支状况、市场预期以及各国的宏观经济政策变化而在短时间内发生大幅度波动，企业资产、债务和收益等都会受到汇率变动的影响，涉及国际业务和对外投资的企业尤其要重视汇率风险，汇率风险影响企业正常经营活动，进而会导致企业所在的供应链发生中断。

（3）股市风险：政策变化、利率变动、通货膨胀情况以及市场活动会导致股市上所有股票价格的变化，而上市公司的经营管理、财务状况、市场销售、重大投资等因素的变化会对该公司的股价产生影响；供应链中上市企业的股票价格波动会影响供应链企业运作的稳定性，一旦出现大幅度的价格波动就有可能影响企业经营，造成供应链中断风险。

（4）金融危机风险：金融危机会影响企业资金流，制约企业发展，导致供应链中断风险。2008 年爆发的金融危机严重影响到全球范围内的供应链，世界 500 强企业的市值从 2008 年的 26.8 万亿美元跌至 2009 年的 15.6 万亿美元，一年间下跌了 11.2 万亿美元。

金融危机风险是经济环境风险中影响最为严重的风险，经济危机一旦发生对供应链系统将产生持续深远的影响。由于金融危机的影响，很多企业将从供应链中被淘汰或被迫进行产业升级，进而影响供应链运营，使供应链偏离原有的经营目标，导致供应链链条中断；金融危机还会导致消费需求的大幅度变化，导致供应链需求中断，这种影响将会向供应链上游传递，进一步导致企业利润减少，给企业经营带来困难。

4. 社会环境风险

社会环境风险是指罢工、暴动、文化冲突、宗教矛盾等威胁社会稳定和社会秩序的社会冲突所引起的供应链运营障碍。随着社会的发展，社会各阶层间存在的矛盾和冲突不断恶化，社会环境风险也随之不断积累。

社会环境风险可以分为以下两类：

（1）社会秩序风险：不可预见的社会反常行为，如罢工、暴动等，这些潜在危机一旦发生就会导致社会冲突，危及社会稳定和社会秩序，社会秩序的不稳定性必然影响到供应链系统的稳定性进而导致供应链中断风险。2017 年 2 月，由于薪资谈判失败，必和必拓旗下智利 Escondida 铜矿工人开始罢工，导致生产中断，3 月 16 日罢工工人阻止资方重启附近一关键港口，此次罢工时间长达 43 天，铜产量损失约 22 万吨，必和必拓损失预估为 10 亿美元。

（2）文化风险：不同的企业在各自发展过程中形成了不同的企业文化，不同的国家之间也存在着较为明显的文化差异。在经济全球化背景下，企业跨国业务日益增加，不可避免地面临着外来竞争以及多元文化的冲突，供应链系统中涉及跨国企业时尤其要重视国家之间文化差异的影响。2018 年 11 月杜嘉班纳特别拍摄了一个把中国传统文化与意大利经典饮食相结合的广告宣传片，片中的旁白所用的“中式发音”、傲慢的语气以及中国模特用奇怪的姿势使用筷子吃披萨、意大利式甜卷等片段传递出的是对中国文化的不理解、不尊重，并且其设计师还在社交网站上发布侮辱性言论，其上海时装大秀随即被取消，产品纷纷被各大电商平台下架，一些国外销售平台也开始下架其产品，消费者也开始抵制其产品并有部分消费者要求退回预存款。此次事件导致杜嘉班纳产品需求发生中断，影响波及全球。

5. 技术环境风险

技术环境风险是指供应链中的企业由于没有引进先进技术，或者技术本身的先进性、可靠性、适用性和可得性与预期的方案存在较大差异，使得生产能力利用率降低，生产成本增加，产品质量达不到预期的要求，而导致供应链运营故障的风险。导致技术风险的因素有很多，总结起来主要有技术限制无法进行产品和生产技术创新，库存技术落后，运输技术不理想，信息技术落后无法共享或传递出错等。

技术环境风险主要有：

（1）技术创新风险：企业竞争优势的保障是高质量的产品和服务，企业因技术限制不能发明和制造满足客户需求的创新产品，将会影响企业经营状况，导致供应链中断。导致技术创新风险的主要原因是由于技术人员比例低、水平不够高，科研开发投入少、观念落后，对创新和开发不够重视。

（2）库存技术风险：库存技术会影响企业成本、存货信息处理以及企业服务水平等。先进的库存技术可以节省企业运营成本，企业能给下游企业提供较高水平的服务和正确完备的信息。相反，落后的库存技术就会影响企业之间的正常交易，导致供应链中断风险。

（3）运输技术风险：可靠的运输技术可以确保产品安全，节省运输时间，降低货运破损率，但很多企业的运输技术还远不能达到以上的要求，导致供应链存在较大的不确定性。

（4）信息处理及传递技术风险：网络传输不稳定性，数据传输错误，网络黑客对数据的恶意截取与篡改，软件设计缺陷等风险的客观存在会影响信息传输的安全性。另外，供应链上各企业的 IT 应用水平参差不齐，数据标准不统一等也可能导致信息共享失败或信息传递错误，最终将会导致供应链中断风险。

三、基于供应链内部环境的供应链中断风险及来源

基于供应链内部环境，供应链中断风险可以分为财务风险、经营风险和制度风险，如图 3－3 所示：

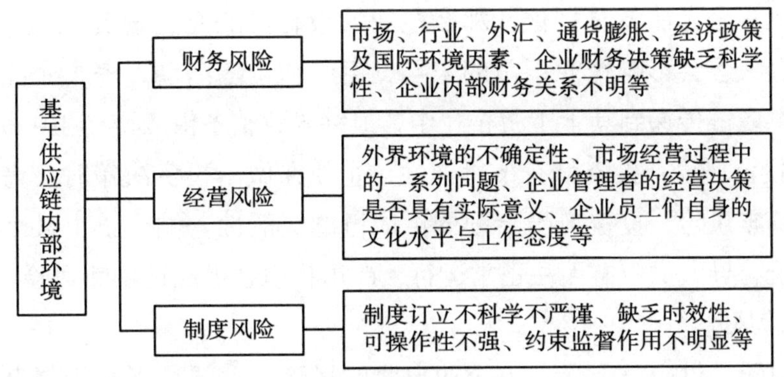

图3－3　基于供应链内部环境的供应链中断风险类型及来源

1. 财务风险

财务风险是指由于供应商、制造商和销售商之间的各项财务决策所引起的企业财务状况恶化或企业利益受损的不确定性，财务风险会导致企业总体预期与实际价值出现严重偏离，进而增加整条供应链的运作难度、导致资金流断裂等问题。由于所处行业特点，一些企业在生产运营过程中需要占用上下游企业大量的资金，如果企业的财务状况不够稳健，就会造成资金的断流，随时会对整条供应链产生致命打击。导致供应链财务风险的因素有很多，比如企业财务决策缺乏科学性、企业内部财务关系不明等内部因素，再比如市场状况、经济政策及国际环境因素等外部因素也会导致企业财务收益的不稳定性。

在供应链中，财务风险随着资金流、物流和信息流的流通过程不断积聚和转移，影响整个供应链的风险水平。2013 年 7 月，广东省中山市某 LED 灯饰厂负责人欠薪逃匿，拖欠近 2000 万元供货商货款以及近 100 万元工人工资。该灯饰厂经营不善导致亏空情况严重，资金链断裂。由于供应链上的传递效应，该家企业发生财务风险后导致供应链中断风险，连累了上下游多家企业。

财务风险分为如下几类：

（1）流动性风险：是指供应链上的企业由于资产流动性差、企业资金回收困难、缺乏短期融资导致资金链断裂的风险。债务负担过重、流动资产质量差、速动资产质量差以及应收账款不能及时回收都有可能诱发流动性风险。一旦产生流动性风险，供应链企业的运营就会受到影响，从而引起供应链中断风险。

（2）融资风险：主要是指供应链企业无法按时足额地筹集到资金，导致供应链上物流、资金流和信息流无法顺利进行，合理利用企业内外部筹资渠道在短期内筹集到所需的资金是整条供应链运营活动成功的关键。如果企业融资渠道狭窄并且资金无法及时到位，那么企业就极有可能发生融资风险。企业融资失败、资金缺乏会影响企业正常的采购、生产和销售活动，一个企业的中断风险会通过供应链传递到其上下游企业中，最终导致整条供应链产生中断风险。

（3）投资风险：投资具有不可逆性，企业在做出投资决策时应考虑到可能会出现的套牢风险，投资风险会削弱供应链的灵活性。供应链上某个节点企业的投资风险将导致供应链无法正常运行，严重将引起供应链中断风险。

2. 经营风险

经营风险是供应链上各节点企业自身的风险，主要是指由于复杂的外部环境以及企业自身因素的限制，企业经营活动失败或经营活动达不到预期目标的风险。从内部因素和外部因素两方面分析经营风险产生的原因：

（1）内部因素：

第一，财务因素：由于各种不确定因素的影响与限制，企业实际财务收益与预期的财务收益有所差距，面临经营不善甚至破产倒闭的危机。企业经营不善或倒闭会影响供应链系统的运营，导致供应链中断风险；

第二，人力因素：企业职工的知识水平、工作态度以及职业技术能力等影响着企业的生产经营水平，职工自身水平不足会影响企业经营，导致企业所在供应链存在潜在的中断风险；

第三，团队因素：企业的核心团队能力不足可能会导致人才流失，经营决策者决策判断的失误也会导致企业运营失败，引发供应链中断风险。

（2）外部因素：

第一，经济因素：在经济迅速发展以及经济全球化程度不断加深的过程中，不确定性因素越来越多，这些不确定性因素对企业经营管理所产生的影响不容忽视，企业经营过程中必须加以重视，防止由于突发性经济因素变化导致的供应链中断风险；

第二，法律因素：企业生产经营活动受到国家法律制度的约束与限制，企业法律意识也影响着企业的生存与经营，企业因签订合同不慎重，陷入对方企业的合同陷阱或者存在违约、欺诈等都是供应链中断风险的诱发因素，都会造成企业的经济损失；

第三，技术因素：企业的生产技术能力决定着本企业产品质量的好坏与以及是否能生产出满足消费者需求的产品，如果企业技术不具有市场竞争力，那么就极有可能产生中断风险，影响企业及其所在供应链的运营。

3. 制度风险

制度风险主要是由制度的制订、执行和修改完善不到位等引发的，很多企业制度订立不科学、不严谨，缺乏时效性，可操作性不强，监督约束作用不明显，一些制度不能得到及时补充、修改和完善。规章制度是现代企业文化、管理理念与管理模式的集中反映，企业规章制度的有无、健全与否、合法与否直接决定着企业的生存发展。制度风险主要有：

（1）制度制定不完善

企业制度制订不完善不健全，缺乏相应的激励与约束机制，有些企业不注重员工后期继续教育培训，不注重激发员工的工作热情、积极性和创造性，员工缺乏工作动力，没有针对每个环节的具体规章制度，这些都会导致企业在经营过程中存在潜在风险，影响供应链运作。比如供应链上某一企业职工福利制度不完善，一旦发生劳资纠纷，企业出现罢工事件就会导致该企业无法维持正常的生产活动而影响与下游企业的交易，这时就可能产生供应链中断。

（2）制度实施过程中整体或部分无效

企业在日常的运营过程中，经常会出现规章制度整体或部分内容无效的情况，主要有三种表现形式：第一，故意违反法律规定；第二，以“惯例”代替法律；第三，违法但不知。企业规章制度一旦失效，那么就无法有效管理员工、减少企业成本、解决企业和员工之间的矛盾，可能使企业在解决争议时处于被动地位，使企业所在供应链存在潜在的中断风险。

四、基于供应链上企业合作的供应链中断风险类型及来源

根据供应链上的企业合作可以将供应链中断风险分为物流风险、信息流风险和资金流风险，如图 3 – 4 所示：

1. 物流风险

物流风险主要是指供应链系统中发生的与运输、搬运、仓储等活动相关的风险。物流方在为供应链提供物流服务时受到内外部因素的影响，导致物流活动无法正常进行，从而影响整个供应链的运作。为了保证供应链的正常运营，供应链成员企业应保证信息及时共享以及各环节的顺利对接，经济全球化程度日益加深，跨区域跨国界的物资采购、生产、运输和销售等环节中物流问题普遍存在。

物流风险在供应链系统中随着采购、生产、销售等环节传递和扩散，物流

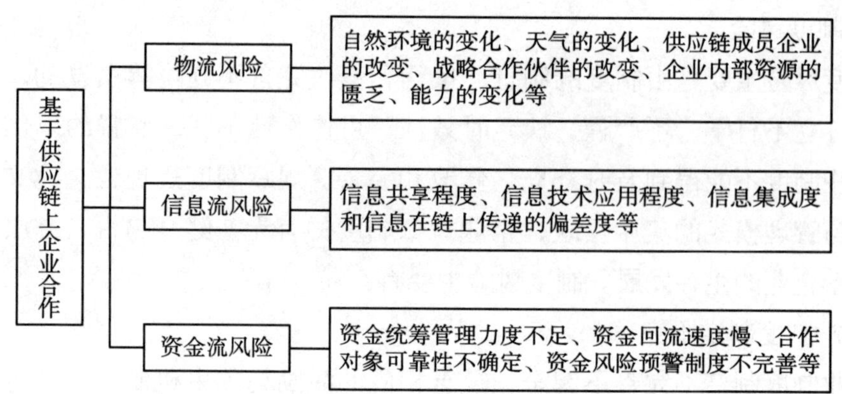

图3－4　基于供应链上企业合作的中断风险类型及来源

风险会不断积累、放大，影响到整个供应链网络。企业的实际物流活动可能会涉及两个或两个以上的企业，企业复杂的物流网络使得企业物流风险呈现出复杂性特征，给企业风险管理带来更大困难；再者，经济环境的变化及企业物流战略的调整也会增加企业物流风险的复杂程度。

供应链企业物流风险可能来源于企业外部因素，如自然灾害台风、暴雨、山体滑坡、地震等，再者，交通事故、道路堵塞、车辆故障也会影响物流运输过程；物流风险也可能来源于企业内部因素，如运送途中货物破损、丢失，保管时发生火灾、偷盗、破损等。

1996年，沃尔玛在深圳罗湖区洪湖路的第一家购物广场开业，这家巨无霸公司雄心勃勃地希望在中国创造1000亿美元的销售奇迹。然而，沃尔玛进入中国一段时间后就陷入了局部盈利、整体亏损的僵局，造成这个问题的原因之一就是沃尔玛供应商在配送过程中经常发生物流中断。沃尔玛要求供应商严格按照配送时间直接配货至门店，但是大多数本土供应商的供应链管理和网络化物流配送体系还不完善，难以满足沃尔玛的配送要求。由于交通堵塞等不确定因素，供应商经常发生供货延迟，一旦发生这种情况，沃尔玛就会按照规定拒绝收货，双方需要再次约定配送时间进行配送。此类不确定事件的发生会增加供应商的成本，一些供应商无法盈利，就会采取各种方式拖延为沃尔玛供货，甚至停止供货，给双方都造成极大的损失。

2. 信息流风险

信息流风险主要是指由于信息原因导致供应链中存在的不确定性。供应链各主体在获取信息及传递信息过程中所发生的信息错误、失真、滞后及泄露会影响整个供应链的运作。及时准确地传递信息可以减少供应链的运作成本，使整条供应链更加稳定。

供应链涉及范围广、链条相对复杂，信息流在供应链上传递时往往会产生信息误差。其中比较典型的例子就是牛鞭效应，牛鞭效应会导致企业间信息传递失真，使企业库存水平比市场实际需求高，导致企业成本增加，引起市场秩序混乱。

2006 年台湾海峡地震导致多条海底光缆断裂，跨太平洋信息流中断，香港和新加坡丧失了 80%—90% 的对外连接，台湾地区几乎丧失了 100% 的连接。事故发生 48 小时内，互联网用户完全不能与海外网站以及客户取得联系。海底光缆的断裂导致很多跨国业务中断和停滞，损失惨重。

信息流风险的类型：

（1）信息错误风险：是指供应链上各主体获取错误信息或不准确信息的风险。导致信息错误或不准确的因素可能是预测方法错误、信息采集人员能力素质问题、信息采集中受外在因素的影响导致错误判断等，如企业忽视潜在对手的存在而使需求预测量偏大，原材料供应商对供应市场做了不准确的判断等，他们都做出了错误的决策，采集到了不准确信息或错误信息。

（2）信息传递风险：是指信息在供应链传递过程中发生的失真、滞后及泄露的风险。

第一，信息失真风险主要是指信息在供应链上传递时失去原有特征的风险。为了保证自身利益最大化，部分供应链企业在传递信息时会隐藏敏感信息，夸大共享信息，引起信息失真风险。

第二，信息滞后风险指信息在供应链各节点企业之间传递延迟的风险。节点企业之间缺乏高效的信息传递渠道，缺乏公共信息平台或者企业内部信息系统不健全等因素都会影响信息的及时传递。如果下游企业的信息不能及时传递到上游供应商，那么就可能导致下游企业缺货，无法满足消费者需求，导致顾客流失。

第三，信息泄露风险主要指信息在供应链传递过程中的泄露及破坏的风险，信息泄露风险会导致企业商业机密外泄。网络传输不稳定、数据传输错误、网络黑客的蓄意破坏以及病毒的侵入等缺陷的客观存在都会威胁到信息传输安全。

（3）信息共享风险

信息共享风险主要是由于供应链节点企业为追求自身利益最大化，不愿与上下游企业共享信息，使得供应链上的信息不能准确反映市场实际情况，导致供应链中断；供应链节点企业信息管理水平不同、信息共享成本较高、信息共享可能泄露商业秘密以及企业之间缺乏共享信息标准等都会导致信息共享风险。

供应链中的各个企业通过信息共享来优化生产、存储、销售等经营决策，然而并不是供应链中所有参与信息共享的企业都可以得到同等利益。供应链中处于主动地位的核心企业往往获利较大，获利较少的非核心节点企业在信息共享上就会缺乏积极性。供应链各企业之间应加强信息共享程度，降低企业获取信息的成本，提高整个供应链对于市场以及市场信息的反应速度。

3. 资金流风险

供应链中的资金是动态的，资金一般是由顾客经由零售商、分销商等流向供应商、生产商。供应链中的企业通过物流、信息流和资金流联系在一起，资金流是决定供应链最终是否能获得收益的关键因素。企业过度负债，导致入不敷出，或销售不畅、经营不善，导致没有资金流入，这些情况都有可能引发企业和供应链的资金链条断裂，致使企业破产、供应链中断。

在供应链系统中，资金的流入主要与企业的销售业务有关，销售业务受到市场的影响和竞争对手的压迫，会产生销售波动；同时，还会受到销售政策的影响，比如赊销导致的应收账款，通俗理解就是客户拖欠企业资金，恶化时会导致企业应收账款无法收回，即资金流中断。企业的资金流出项目众多，主要集中在采购支出、生产投资、研发支出、财务费用和管理费用等，供应链经常性支出则主要集中在采购环节。

引起资金流风险的原因主要有：

（1）资金统筹管理力度不足，投资效果不佳，资金利用效率低下。

（2）供应链流通环节复杂，资金在供应链上的回流速度慢，存在一定的风险性。

（3）供应链上的企业合作对象可靠性不确定，存在诚信缺失问题。

（4）企业的资金风险预警制度、风险监管措施不完善，不能对风险进行持续动态管理。

乐视手机的供应链自2016年8月就已出现资金问题，涉及的供应商及代理商约有数十家，涉及的货款金额约有数十亿元，其中有部分已逾期。由于欠款数额巨大而且有拖欠历史，很多供货商对乐视都采取更加保守的手段，一般会由之前的账单交付模式改为一手交钱一手交货，也有一部分供货商对乐视彻底停止供货。缺乏资金是乐视手机供应链危机的主要原因，乐视手机产业链运行迟缓，新品发售节奏也受到影响，在更新换代极快的移动终端竞争中，新品无法按期发售，会进一步影响乐视手机的回款速度。

第四章　供应链中断风险的识别与评估

第一节　供应链中断风险的识别

一、典型风险识别方法概述

当前，随着供应链自身结构复杂程度的增加以及外部环境的频繁变动，实施供应链中断风险识别的难度进一步增加。同时，风险识别不仅仅是对当前已经出现的风险进行识别，更重要的是对各类潜在风险进行识别。较为常见风险识别的方法有以下几种：

1. SCOR 模型

SCOR（Supply - Chain Operations Reference Model）是由国际供应链协会（Supply Chain Council，SCC）开发，可应用于不同工业领域的供应链运作参考模型，是当前学术界公认的比较成熟的对企业供应链流程进行梳理的方法体系。

SCOR 模型并不是首个流程参考模型，却是首个标准的供应链运作参考模型，其可用于寻找供应链流程中潜在的问题，适用于大部分行业。SCOR 模型通常包括一整套流程定义、测量指标和比较基准，使得企业能够准确识别当前供应链流程中存在的问题，以帮助企业确定流程改进目标，进而实现相关流程优化策略的开发。

SCOR 模型建立在五个不同的管理流程之上：

（1）计划（Plan）：应协调总需求和供应；

（2）采购（Purchase）：提供（预）产品和服务；

（3）生产（Make）：生产可交付给客户的最终/中间产品；

（4）交货（Deliver）：向客户提供成品或服务，包括仓库，订单和运输管理；

（5）退货（Return）：将有缺陷的产品退回给原材料供应商。

按流程定义的详细程度，SCOR 模型可以划分为三个层次（见表 4－1），每一层次都可用于分析企业供应链的运作。在第三层以下还可以有第四、五、六等更详细的属于各企业所特有的流程描述层次，但这些层次中的流程定义不包括在 SCOR 模型中。

表 4－1　SCOR 模型层次

	层次	描述	含义
SCOR 项目范围	第一层	最高层（流程类型）	最高层提供了一个广泛的对计划、采购、生产、配送、退货过程类型的定义，是一个企业建立供应链目标和设置竞争目标的起点
	第二层	配置层（流程目录）	企业可以从 26 种流程类型中进行选择，从企业自身情况出发构建理想的或实际的供应链流程，并据此实施运作战略
	第三层	流程要素层（流程分解）	企业对其所建立的运作战略进行调整：SCOR 的第三层定义了企业在其目标市场上进行竞争的能力，主要包括： 流程要素定义 流程要素信息输入与输出 标杆应用 最佳实施方案 支持实施方案的系统能力
不在 SCOR 项目范围内	第四层	实施层（流程要素分解）	企业实施其所设定的供应链管理系统：SCOR 的第四层对企业取得竞争优势和适应市场环境变化的方案进行了定义

2. 问卷调查法

问卷调查法就是以问卷调查的形式找出供应链中存在的风险因素，一般由管理者从整体角度出发设计问题，发放给各节点企业的员工来填写，因为基层职工熟悉供应链运作各环节的具体细节问题，对存在的薄弱环节和影响效率的因素最为清楚。问卷的结果能够给管理者提供有价值的一线信息，使管理者尽早发现供应链所面临的风险或风险因素，尽早采取有效措施。

在进行问卷问题设计时，需要遵循以下原则：

（1）具体性原则，即需要具体化问题内容，不要提抽象、笼统的问题。

（2）单一性原则，即一个问题的调查内容应只有一项，切忌将两个或两个以上的问题糅合在一起。

（3）通俗性原则，即使用通俗的语言描述问题，不要过多地使用被调查者不熟悉的用语，尤其注意不要使用过于专业化的概念。

（4）准确性原则，即使用准确的语言描述问题，不要使用含混不清或易产生歧义的语言或概念。

（5）简明性原则，即尽可能使用简洁、明确的语言描述问题，切忌冗长。

（6）客观性原则，即站在客观的立场上描述问题，不要使用诱导性或倾向性语言。

（7）非否定性原则，即在描述问题时要注意避免否定句形式的使用。

在进行问卷答案设计时，需要遵循以下原则：

（1）相关性原则，即设计的答案必须与问题的调查内容相关。

（2）同层性原则，即设计的答案必须具有相同层次的关系。

（3）完整性原则，即所设计的答案应具备穷尽性，至少应当涵盖了所有主要的答案。

（4）互斥性原则，即设计的答案必须是互相排斥的。

（5）可能性原则，即设计的答案必须是被调查者能够且愿意回答的。

问卷调查法的优缺点如表 4－2 所示。

表 4－2　　　　　　　　问卷调查法的优缺点

优点	缺点
节省调查所需耗费的时间、经费和人力等各项成本或资源 调查结果容易量化，便于后续相关统计分析的进行 便于开展大规模的调查	难以设计出科学、高质量的调查问卷 调查结果通常广度有余而深度不足 问卷调查多采用由被调查者自己填写问卷的方式，所以调查结果的质量常常难以保证 调查问卷的回收率得不到保证

3. 德尔菲法

德尔菲法又称专家意见法，于 1946 年由美国兰德公司创始实行。专家之间不会有横向联系是这一方法最显著的特点，即专家间不能相互交谈，只与管理者沟通，并以匿名的形式反复填写调查表，最终达成基本一致的结果。在供应链中，德尔菲法是一种可针对不同的供应链主体如供应商、制造商、分销商进行风险识别的有效方法，其实施流程如图 4－1 所示。

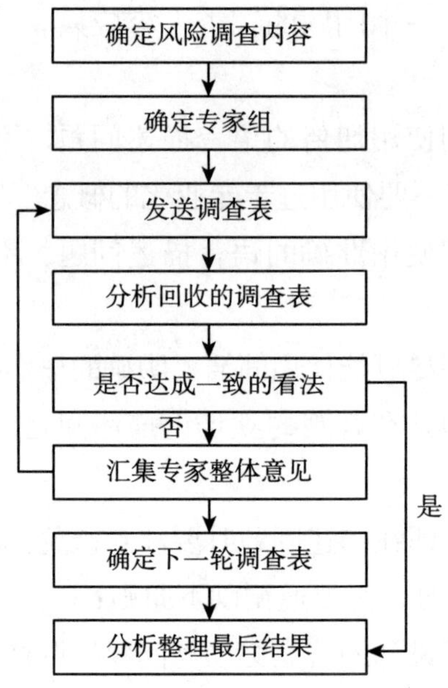

图 4-1　德尔菲法实施流程图

其中，调查表的发放通常可细分为以下四步：

第一步，开放式的第一轮调研。该轮中组织者向专家发放的调查表是开放式的，仅提出了预测问题且不对其进行任何条框限制。该轮中由专家围绕预测问题提出预测事件。首轮调研采用开放式的原因在于，若事先设置过多的限制易导致遗漏一些重要事项。首轮调研的调查表回收后，由组织者开展汇总整理工作，进行同类事件的归总以及次要事件的剔除，并使用准确的术语形成一张预测事件一览表，将其作为下一轮的调查表。

第二步，评价式的第二轮调研。这一阶段需要专家对此轮所发放的调查表中所列示的每个事件给出相关评价，例如说明事件发生的时间以及事件延迟或提前发生的理由等。回收调查表后，组织者将对该轮的专家意见进行统计汇总，形成第三张调查表。该张调查表的主要内容有事件、事件发生的中位数和上下四分点，以及事件发生时间落在四分点外侧的理由等内容。

第三步，重审式的第三轮调研。此轮要求专家重审定夺该轮所发放的第三张调查表，对上下四分点外的对立意见给出自己新的评价。在上下四分点外的专家，应重述自己给出如此评定的理由。专家若对自己先前给出的观点进行了修正，也应给出改变观点的理由。对该轮出现的新评价等进行整理后，组织者将对其再次进行中位数和上下四分点的统计，对该轮专家观点进行总结，最终形成第四张调查表。

第四步，复核式的第四轮调研。此轮要求专家对第四张调查表中的内容进行评价和权衡，进行新的预测。该轮是否要求专家作出新的论证与评价取决于组织者的要求。组织者回收第四张调查表，并计算每个事件的中位数和上下四分点，对专家给出各种意见的理由以及仍然存在的争论点进行归纳汇总。

但在德尔菲法的实施过程中，并非所有被预测的事件都需要进行四轮调研。有的事件预测可能在第二轮调研后就会形成统一的意见，因此不必再继续进行其后的调研步骤；有的事件可能在第四轮调研结束后也难以形成统一的看法，但在不统一的情况下也可以借助中位数以及上下四分点来得出最终结论。

德尔菲法的优缺点如表4-3所示。

表4-3　德尔菲法的优缺点

优点	缺点
实施流程简便，且具备一定的科学性和实用性，可以避免当面讨论时因害怕权威而随声附和，或因出于情面考虑不愿与他人意见冲突等弊病	有些专家或会因出于自尊心不愿修改自己原来不全面的意见； 在意见难以统一的情况下或要耗费较长时间

4. 流程图法

流程图分析法亦称“物流系统分析法”，是进行供应链风险识别的一种方法。顾名思义，流程图分析法通过分析生产流程过程来识别企业所面临的风险。其具体实施方法如下：首先使用一些标准模块代表某些类型的动作，将企业生产工艺的全过程，包括进货、选料、制造、包装、存储、发售、运输等各阶段，按顺序列出一张详尽的流程图；然后对流程的每一阶段、每一环节逐一进行调查分析，从中发现潜在风险，找出风险的诱因，并对风险可能造成的损失以及不利影响进行分析。

使用这些标准模块形成的流程图，并在每个标准模块中都列示出该流程步骤中潜在的风险因素或事件，有助于决策者形成一个对于总体流程的清晰印象。在企业风险识别过程中，运用流程图绘制企业的经营管理业务流程，可以将影响企业各种活动的关键点清晰地表现出来，结合企业中这些关键点的实际情况和相关历史资料，就能够明确企业的风险状况。

流程图法的优缺点如表 4－4 所示。

表 4－4　流程图法的优缺点

优点	缺点
清晰明了、易于操作，且在企业组织规模越大、业务流程越复杂的情况下，流程图分析法就越能体现出其优越性 通过业务流程分析，可以更好地发现风险点，从而为防范风险提供支持	该方法的使用效果依赖于专业人员的水平

5. 其他方法

进行从上至下的战略风险评估通常采用关键事件预警分析。关键事件预警分析常需要通过一系列头脑风暴来识别可能对公司业绩产生影响的关键经济、技术、文化因素，然后对这些相关因素的未来状态进行预估并一一列举，对以上内容进行整合即形成了现实与潜在的风险因素组合。关键事件预警分析法适用于识别战略层面的风险，尤以因新兴技术出现、经济或产业结构发生变动而带来的风险。此外，关键事件预警法同样被应用于战术方面，并且在对现存的风险以及各种风险彼此之间的活动效果分析中也常使用。

历史数据分析法指通过分析企业的历史数据，可以对识别未来可能面临的风险提供借鉴与经验，以便管理人员及时识别那些或会造成严重负面影响的风险事件。但不可否认的是，历史数据分析法有其局限性。该方法的第一个局限即在于它只能对曾经出现过的风险因素或风险事件进行识别，这可能会导致遗漏一些未来可能会出现的新型风险；该方法的第二个局限在于一些重大的风险事件通常没有较高的发生频次，因此在历史数据的时间跨度受限的情况下可能限制企业对于风险事件的类型认识。因此，若要使用这一方法，需要在进行分析时尽量将曾经发生过的风险事件尽可能囊括在历史数据中。该方法通过总结分析过去发生过的供应链中断事件，进而对将来可能引发中断的风险进行识别。首先收集分析发生供应链中断的案例，分析案例中引起供应链中断的具体事件及其原因。在使用历史事件分析方法的时候，应该将案例收集的范围扩大到同行业其他供应链中，或考虑相近行业中的案例，若只考虑本供应链中的历史事件，可能无法全面地识别可能出现的中断风险。

关键事件分析法作为一种极具艺术性的风险识别工具，在识别企业或特殊事件层面的风险方面具有不可替代的作用。而历史数据分析法则适用于识别供应链运营方面的风险并且历史数据分析法在对市场风险等进行风险识别时有其独特的优势，但其在进行类似于口碑、商誉方面等不可见风险的识别时较难实施。

二、供应链中断风险识别

一般而言，供应链风险识别有一个完整的流程，流程步骤如下：

（1）定义供应链流程；

（2）划分为一些不同但相互关联的部分；

（3）系统思考每个部分的具体细节；

（4）识别每一部分的风险即主要影响因素；

（5）找出所存在的风险隐患。

同时，在进行供应链风险识别时还需遵循以下原则：

（1）系统性原则，从全局出发，考察整个供应链系统；

（2）连续性原则，考虑供应链所处的环境及其运作状态，动态识别相关风险；

（3）制度性原则，对供应链中的各个不同主体，应具体问题具体分析。

进行供应链风险识别是进行供应链风险管理的前提。目前，关于供应链风险因素识别比较早的是 Kraljic 等（1983）的研究。Kraljic 在 Purchasing must become supply management（《采购必须纳入供应管理》）中提出了一个采购组合管理框架——Karljic 矩阵。矩阵将采购活动涉及的两个主要方面作为其维度：一是收益影响，即采购项目在产品增值、原材料总成本、产品收益等方面的战略影响；二是供应风险，即供应市场的复杂性、技术创新及原材料更替的步伐、市场进入的门槛、物流成本及复杂性以及供给垄断或短缺等市场条件带来的供应不确定性和供应中断。此后，不少专家学者从不同视角构建供应链风险识别框架。如国内学者马士华（2003）将供应链风险归纳为源于道德风险、信息扭曲和个体理性的内生风险以及源于政治、经济、法律和技术等方面的外生风险两大类。

同时，经过供应链这一领域多年的研究积累，学者们已经确定了一些可以描述基本网络结构的原型。这些网络结构原型包括：随机、局部、小世界、块对角、无标度、优先附着、集中、依赖、分层和对角线。部分供应链网络结构原型如图 4－2、图 4－3、图 4－4、图 4－5 所示：

尽管供应链或许有着不同的网络结构，但归根结底，其主要构成成员仍为供应商、生产商和分销商。因此，本章基于前人研究成果，设计了一个包括供

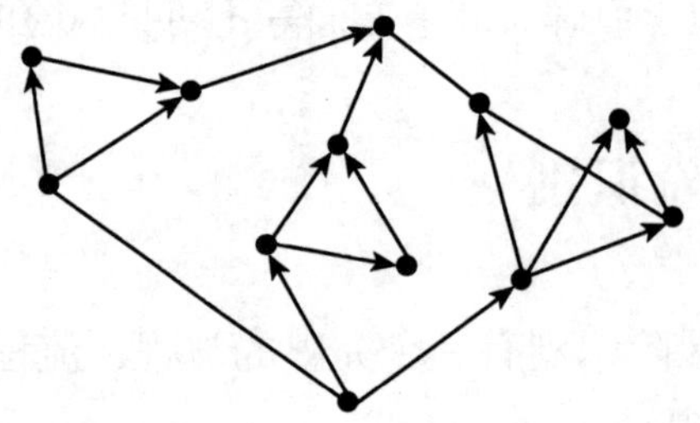

图 4-2 块对角（Block - diagonal）

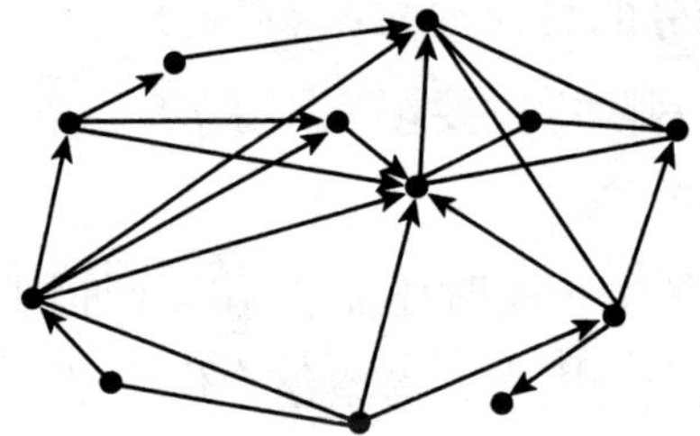

图 4-3 无标度（Scale - free）

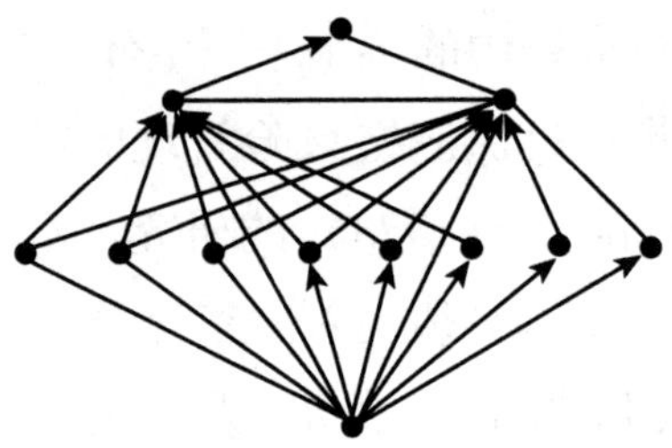

图 4-4 集中式（Centralized）

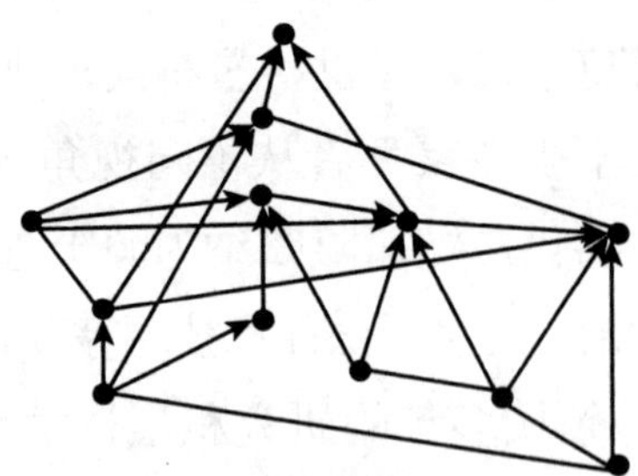

图 4-5 对角线（Diagonal）

应商、生产商和分销商的三阶段供应链，考虑供应链中存在的风险和不确定性，构建了供应链中断风险识别框架模型（如图 4-6 所示），识别出供应链外部环境、内部各实体及实体间衔接阶段的各个中断风险因素。

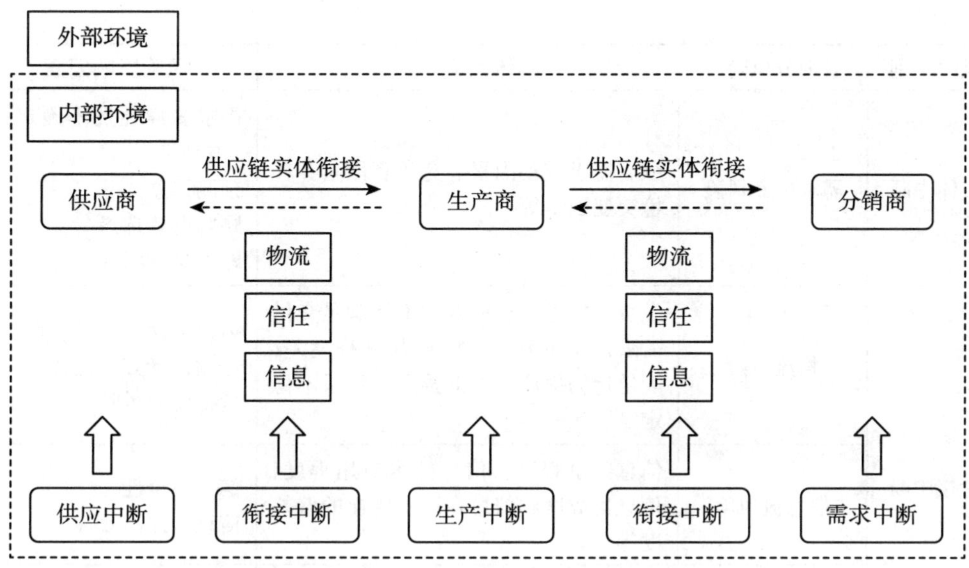

图 4-6　三阶段供应链中断风险识别模型

由于供应链本身固有的链条结构已经令其具备风险遍布整个系统的特性，因此，在识别供应链中断风险因素时，不能仅仅考虑供应链上各个实体可能产生的中断风险，也应该将各个供应链实体的链接部分纳入风险识别框架中，因为一旦这些链接风险产生，也将导致整条供应链发生延迟甚至中断。此处，本章参考了图论的概念，将供应链在不受外部因素干扰情况下可能会产生的中断风险分为两部分考虑：实体中断（点）与衔接中断（弧）。此外，不可否认的是，外部环境变动也将对供应链的平稳运行带来扰动，导致供应链中断发生。基于此，供应链中断风险识别如表 4-5 所示。

表 4-5　　供应链中断风险、风险来源及影响因素

风险类别	细分风险	具体风险来源	风险影响因素
实体中断	供应中断风险	自然灾害、政治动荡、经济危机、流行性疾病、供应链内部协调失效	供应商依存度 供应商信誉 供应商财务状况 供应商产能 供应延迟 生产设备损坏
	生产中断风险	气候变化、突发性自然灾害、生产设备不完善、生产技术水平不高、生产计划不合理、产品质量及性能有问题、信息沟通不畅通	生产设备损坏 员工技能水平 安全库存水平

续表

风险类别	细分风险	具体风险来源	风险影响因素
实体中断	需求中断风险	顾客需求波动因素、竞争者因素、环境突变因素等	需求多样性及不确定性（波动性） 预测误差 顾客群体选择 顾客财务状况
衔接中断	物流风险	发货、配送或运输方式不能满足交付需求，运输障碍，信息共享程度差，配送货物损坏，上下游企业关系不稳定等	运输与储存技术、设备 运输选择方式选择 货物流转风险
	信息流风险	信息共享程度、信息技术应用程度、信息集成度和信息在链上传递的偏差度等	信息安全性 信息传递高效性
	资金流风险	资金统筹管理力度不足、资金回流速度慢、合作对象可靠性不确定、资金风险预警制度不完善等	供应链协商机制
外部环境风险	自然环境风险	洪水、台风、地震等自然灾害	自然灾害出现频次 自然灾害影响范围
	政治环境风险	国家内乱、政局动荡、恐怖主义、战争等	
	经济环境风险	利率、汇率、股市的突然变动及金融危机等	经济周期循环 金融危机等
	社会环境风险	罢工、暴动、文化冲突、宗教矛盾等	
	技术环境风险	库存技术落后、运输技术不理想、信息技术落后等	

第二节　供应链中断风险的评估

一、典型风险评估方法概述

当前，可应用于供应链风险评估的方法种类非常丰富，这一领域的评估理论也日趋完善。当前对于供应链风险评估主要方法包括以下层次分析法、有序加权平均算子法、支持向量机、条件风险值法、贝叶斯网络法。

1. 层次分析法

层次分析法（Analytic Hierarchy Process，AHP）是由美国运筹学家匹茨堡大学教授萨蒂于20世纪70年代初，在为美国国防部研究“根据各个工业部门对国家福利的贡献大小而进行电力分配”课题时，应用网络系统理论和多目标综合评价方法，提出的一种层次权重决策分析方法。

层次分析法的实施流程是将一个复杂的多目标决策问题视作一个整体系统，将与最终决策相关的元素分解为多个目标或准则，进而分解为更细化的指标、准则、约束的若干层次，通过求解判断矩阵特征向量的办法，求得每一层次的各元素对上一层次某元素的优先权重，最后再加权和的方法递阶归并各备择方案对总目标的最终权重，此最终权重最大者即为最优方案。

层次分析法作为一种系统性的分析方法，具有实施步骤简单实用等特点，在进行决策时对于定量数据、信息的需求量也较少，适用于具有分层交错评价指标的目标系统，而且目标值又难以定量描述的决策问题。但不可否认的是，层次分析法也有其不足之处，如其不能为决策提供新方案，仅能在现有方案中选出最优方案，以及其定性描述较多，缺少定量数据支撑，难以信服等。

2. 有序加权平均算子法

有序加权平均（Ordered Weighted Average，OWA）算子的根本特点是对属性值按从大到小的顺序重新进行排序，并通过属性值所在的位置进行加权再进行集结。其基本定义如下：

定义：设 F：$Rn \to R$，若 $F(a_1,\cdots,a_n) = \sum_{j=1}^{n} w_j b_j$，其中 $w=(w_1,w_2,\cdots,w_n)^T$ 是与 F 关联的加权向量，$w_j \in [0,1]$，$\sum_{j=1}^{n} w_j = 1$，b_j 是数据 $a_i(i \in N)$ 中第 j 大的元素，则称函数 F 是 n 维有序加权平均算子。

从定义即可看出，OWA 算子满足下列性质：

定理 4－1　设（α_1，α_2，…，α_n）是任一数据向量，（β_1，β_2，…，β_n）是（α_1，α_2，…，α_n）中的元素按下降序组成的向量，则有：$f(\alpha_1, \alpha_2, \cdots, \alpha_n) = f(\beta_1, \beta_2, \cdots, \beta_n)$。

定理 4－2　设（α_1，α_2，…，α_n）和（α'_1，α'_2，…，α'_n）是两个按下降序排序的数据向量，且对任意 i 有 $\alpha_i \geqslant \alpha'_i$，则有：$f(\alpha_1, \alpha_2, \cdots, \alpha_n) \geqslant f(\alpha'_1, \alpha'_2,$

$\cdots$，α_n'）。

推论 4－1（单调性） 设（α_1，α_2，$\cdots$，α_n）和（β_1，β_2，$\cdots$，β_n）是任意两个数据向量，若对任意 i 有 $\alpha_i \leqslant \beta_i$，则由定理 4－2，有：$f(\beta_1, \beta_2, \cdots, \beta_n) \geqslant f(\alpha_1, \alpha_2, \cdots, \alpha_n)$。

推论 4－2（置换不变性） 设（β_1，β_2，$\cdots$，β_n）是（α_1，α_2，$\cdots$，α_n）的任意置换，则由定理 4－1，有：$f(\beta_1, \beta_2, \cdots, \beta_n) = f(\alpha_1, \alpha_2, \cdots, \alpha_n)$

定理 4－3（幂等性） 设（α_1，α_2，$\cdots$，α_n）是任一数据向量，若对任意 i 有 $\alpha_i = \alpha$。则由定义 1，有：$f(\alpha_1, \alpha_2, \cdots, \alpha_n) = \alpha$

定理 4－4 $w = w^* = (1, 0, \cdots, 0)^T$，则 $f^*(\alpha_1, \alpha_2, \cdots, \alpha_n) = \max_i(\alpha_i)$

定理 4－5 $w = w_* = (0, 0, \cdots, 1)^T$，则 $f_*(\alpha_1, \alpha_2, \cdots, \alpha_n) = \min_i(\alpha_i)$

从定理 4－4 和定理 4－5 可以看出，在权重取极限值的情况下，OWA 算子即为取大取小算子。

在进行供应链风险评估时，OWA 算子可以同时对供应链风险事件出现的可能性以及风险所引发的损失及其瞬时严重性进行分析，即可以从风险事件的出现概率和风险事件引发的后果如何度量两个方面出发对供应链风险进行评估。相较于传统的风险评估方法，OWA 算子不单单考虑了风险事件出现概率的大小，或是风险造成的后果的严重程度，而是双管齐下，实现了对风险事件更为全面的把控与分析。但 OWA 算子在应用时也存在一定的局限，例如其并没有将各个风险事件之间存在的相互关联考虑在内。

3. 支持向量机法

支持向量机（Support Vector Machine，SVM）是一类按监督学习（Supervised Learning）方式对数据进行二元分类（Binary Classification）的广义线性分类器（Generalized Linear Classifier），其决策边界是对学习样本求解的最大边距超平面（Maximum－margin Hyperplane）。其由线性可分情况下的最优分类面发展而来，其基本思想就是将向量映射到一个更高维的空间，建立一个具有最大间隔的超平面。在分开数据超平面的两边建有两个互相平行的超平面，分隔超平面使两个平行超平面的距离最大化。

SVM 使用铰链损失函数（Hinge Loss）计算经验风险（Empirical Risk）并在求解系统中加入了正则化项以优化结构风险（Structural Risk），是一个具有稀疏性和稳健性的分类器。SVM 可以通过核方法（Kernel Method）进行非线性分类，是常见的核学习（Kernel Learning）方法之一。

支持向量机这一方法包含以下理论：

第一，线性可分性（Linear Separability）。在分类问题中给定输入数据和学习目标 $X=\{X_1,\cdots,X_N\}$，$y=\{y_1,\cdots,y_N\}$，其中输入数据的每个样本都包含多个特征并由此构成特征空间（Feature Space）：$X_i=[x_1,\cdots,x_n]\in\chi$，而学习目标为二元变量 $y\in\{-1,1\}$ 表示负类（Negative Class）和正类（Positive Class）。若输入数据所在的特征空间存在作为决策边界（Decision Boundary）的超平面（Hyperplane）：$w^TX+b=0$ 将学习目标按正类和负类分开，并使任意样本的点到平面距离大于等于 1：$y_i(w^TX_i+b)\geqslant 1$ 则称该分类问题具有线性可分性，参数 w、b 分别为超平面的法向量和截距。

满足该条件的决策边界实际上构造了 2 个平行的超平面：$w^TX+b=\pm 1$ 作为间隔边界以判别样本的分类：

$w^TX_i+b-1\leqslant +1$，$if y_i=+1$

$w^TX_i+b+1\leqslant -1$，$if y_i=-1$

所有在上间隔边界上方的样本属于正类，在下间隔边界下方的样本属于负类。两个间隔边界的距离 $d=\frac{2}{\|w\|}$被定义为边距（Margin），位于间隔边界上的正类和负类样本为支持向量（Support Vector）。

第二，损失函数（Loss Function）。在一个分类问题不具有线性可分性时，使用超平面作为决策边界会带来分类损失，即部分支持向量不再位于间隔边界上，而是进入了间隔边界内部，或落入决策边界的错误一侧。损失函数可以对分类损失进行量化，其按数学意义可以得到的形式是 0－1 损失函数：

$$L(p)=\begin{cases}0 & p<0\\ 1 & p\geqslant 0\end{cases}$$

0－1 损失函数不是连续函数，不利于优化问题的求解，通常的选择是构造代理损失（Surrogate Loss）。可用的选择包括铰链损失函数（Hinge Loss）、Logistic 损失函数（Logistic Loss）和指数损失函数（Exponential Loss），对应的表达式如下：

$\text{hinge}:L(p)=\max(0,1-p)$

$\text{logistic}:L(p)=\log[1+\exp(-p)]$

$\text{exponential}:L(p)=\exp(-p)$

其中 SVM 使用的是铰链损失函数。对替代损失的相合性研究表明，当代理损失是连续凸函数，并在任意取值下是 0－1 损失函数的上界，则求解代理损失最小化所得结果也是 0－1 损失最小化的解。

第三，经验风险（Empirical Risk）与正则化（Regularizatgion）。通过损失函数可以定义经验风险：

$$\epsilon = \sum_{i=1}^{N} L(p_i) = \sum_{i=1}^{N} L[f(X_I, w), y_i]$$

式中的 f 表示分类器，其复杂程度可以定义结构风险（Structural Risk）：

$$\Omega(f) = \|w\|^p$$

经验风险描述了分类器所给出的分类结果的准确程度；结构风险描述了分类器自身的稳定程度，复杂的分类器容易产生过拟合，因此是不稳定的。若一个分类器通过最小化经验风险和结构风险的线性组合以确定其模型参数：

$$\min_f \|w\|^p + C\sum_{i=1}^{N} L[f(X_I, w), y_i]$$

对该分类器的求解是一个正则化问题，常数 C 是正则化系数。常见地，当 $p=2$ 时，该式被称为 $L2$ 正则化或 Tikhonov 正则化（Tikhonov regularization）。硬边界 SVM 是一个完全最小化结构风险的分类器，软边界 SVM 是一个 $L2$ 正则化分类器，同时最小化结构风险和经验风险。

第四，核方法（Kernel Method）。一些线性不可分的问题可能是非线性可分的，即特征空间存在超曲面（Hypersurface）将正类和负类分开。使用非线性函数可以将非线性可分问题从原始的特征空间映射至更高维的希尔伯特空间（Hilbert space）H，从而转化为线性可分问题，此时作为决策边界的超平面表示如下：

$$w^T\phi(X) + b = 0$$

式中 ϕ：$\chi \mapsto H$ 为映射函数。由于映射函数是复杂的非线性函数，因此其内积的计算是困难的，此时可使用核方法（Kernel Method），即定义映射函数的内积为核函数（Kernel Function）：$\kappa(X_1, X_2) = \phi(X_1)^T\phi(X_2)$ 以回避内积的显式计算。

4. 条件风险值法

条件风险值（Conditional Value at Risk，CVaR）是由 RockafeUar 和 Uryasev 等于 1997 年提出的一种较风险估值（Value at Risk，VaR）更优的风险计量技术。

VaR 通过应用概率统计方法实现对金融风险的评估。具体来说，VaR 是在正常的市场条件和给定的置信区间内，对某些金融资产或证券组合在既定的时期内所面临的市场风险的大小和可能遭受潜在的最大价值损失值，即资产损失的最高可能值进行评估和计量的方法。

作为一种较为常用的风险评估方法，VaR 具有概念简单、易于理解等优点，为一些包含多种金融工具的复杂投资组合提供了一个统一的风险度量框架。但许多实证研究表明，VaR 具有一些较为“致命”的缺陷：其一，VaR 不满足一致性定理，这意味着在使用 VaR 对风险进行计量时，投资组合的风险不一定小于或等于该组合中各种资产分别计量的风险值之和，这与风险分散化的客观市场情况相悖；其二，VaR 尾部损失测量的非充分性使其无法考察超过分位点的下方风险信息；其三，VaR 应用前提是股票收益率需服从正态分布，而许多实证研究表明当前许多股票市场的股票收益率并不服从正态分布。

CVaR 在 VaR 的基础上发展而来，一开始多见于金融相关领域的风险评估，随后慢慢被其他行业接受，逐渐开始应用于供应链领域。在进行供应链风险评估时，CVaR 能同时对风险引发后果的严重程度以及风险发生的频度进行评估，且能保证评估结果的客观性。

CVaR 的含义为在投资组合的损失超过某个给定 VaR 值的条件下，该投资组合的平均损失值。即若设定投资组合的随机损失为 $-X(-X<0)$，VaRβ 是置信水平为 $1-\beta$ 时的 VaR 值，则 CVaR 可用数学公式表示为：CVaR$\beta = E(-X \mid -X \geqslant \text{VaR}\beta)$。

与 VaR 相比，CVaR 满足次可加性、正齐次性、单调性及平移不变性等性质，因而其具有一致性。

CVaR 的性质展开如下：

（1）平移不变性，对于任意一个固定的常数 c，有 $C\beta(Y+c)=C\beta(Y)+c$

（2）正齐次性，对于任意正数 c，有 $C\beta(Y+c)=C\beta(Y)+c$

（3）单调可加性，对于任意非递增函数 f 和 g，若复合函数 $f \cdot Y$ 和 $g \cdot Y$ 有意义，则 $C\beta(f \cdot Y+g \cdot Y)=C\beta(f \cdot Y)+C\beta(g \cdot Y)$

（4）某种程度上具有关于零的对称性，$E(Y)=(1-\beta)C\beta(Y)-\beta C1-\beta(-Y)$

（5）CVaR 具有次可加性。若 $0<\lambda<1$，对任意两个损失变量 Y_1 和 Y_2 有 $C\beta[\lambda Y_1+(1-\lambda Y_2)] \leqslant \lambda C\beta(Y_1)+(1-\lambda)C\beta(Y_2)$

5. 贝叶斯网络法

贝叶斯网络（Bayesian Network），又称信念网络（Belief Network）或是有向

无环图模型（Directed Acyclic Graphical Model），是一种概率图模型。

贝叶斯概率模型的提出解决了从定量角度分析难的问题，它通过概率理论与可视化网络图来进行概率推理，并且能够有效地将专家经验、历史数据以及各种不完整、不确定信息综合起来提升建模的效率和模型的可信度。

贝叶斯网络的数学定义如下：

令 $G=(I,E)$ 表示一个有向无环图（DAG），其中 I 代表图中所有的节点的集合，而 E 代表有向连接线段的集合，且令 $X=(X_i)i\in I$ 为其有向无环图中的某一节点 i 所代表之随机变量，若节点 X 的联合概率分布可以表示成：

$$p(x) = \prod_{i=1}^{n} p(x_i \mid x_{pa(i)})$$

则称 X 为相对于一有向无环图 G 的贝叶斯网络。

对任意的随机变量，其联合分布可由各自的局部条件概率分布相乘而得出：

$$P(X_1 = x_1, \cdots, X_n = x_n) = \prod_{i=1}^{n} P(X_i = x_i \mid X_{i+1} = x_{i+1}, \cdots, X_n = x_n)$$

依照上式，贝叶斯网络的联合概率分布写成：

$$P(X_1 = x_1, \cdots, X_n = x_n) = \prod_{i=1}^{n} P(X_i = x_i \mid X_j = x_j)$$

两个表达式之差别在于条件概率的部分，在贝叶斯网络中，若已知其因变量下，某些节点会与其因变量条件独立，只有与“因”变量有关的节点才会有条件概率的存在。在联合分布的相依数目十分稀少的情况下，使用贝氏函数的方法进行相关计算可以节约相当可观的存储器容量。举例而言，若想将 10 个变量（其值皆为 0 或 1）存储成一个条件概率表，那么需计算 $2^{10}=1024$ 个值；但若这 10 个变量中无任何变量之相关“因”变量超过三个以上的话，则贝叶斯网络的条件概率表最多只需计算 $10\times 2^3=80$ 个值即可。贝叶斯网络的另一个优点在于，其更能轻易地得知各变量之间是否为条件独立或相依以及变量局部分布（Local Distribution）的类型，进而求得所有随机变量之联合分布。

二、供应链中断风险评估

风险评估即在风险识别的基础上确定风险水平。在进行供应链中断风险评估前，首先需要明确供应链风险评估原则：

第一，评估指标个数适当。理论上，在进行风险评估时应当对所有识别出来的风险指标都进行分析，进行总体风险的评估。但在现实中，对所有指标进行评估不仅将大大增加风险评估工作量，还会导致得出不能反映实际情况的结果；此外，由于评估对象数量的增加会带来信息分散，这会进一步造成评估结果不准确。因此在现实评估中不应盲目追求评估对象的全面性。

第二，评估方法简单适用。从第一部分的文献梳理即可看出，当前在供应链风险评估领域，抽象的模型方法的使用已成为该领域的趋势之一。但从现实来看，进行风险评估的主体仍为企业自身的管理人员。因此，过于抽象、复杂的风险评估方法在现实生活的适用性或许较低。

第三，评估工作持续进行。《中央企业全面风险管理指引》中提到："企业应对风险管理信息实行动态管理，定期或不定期实施风险辨识、分析、评价，以便对新的风险和原有风险的变化进行重新评估"。这一点在动态性极强的供应链中尤为重要。

第四，评估数据容易获得。由于在进行供应链风险评估时，评估涉及供应商、内部资源以及利益相关者等，这些数据的可获得性对最终的评估质量有十分显著的影响。因此，在进行风险评估时，所使用的数据不仅要容易获得，还应易于管理，以便进行在企业以及供应链范围内的理解与交流。

失效模式与影响分析（Failure Mode and Effect Analysis，FMEA）可以通过识别流程中潜在的失效模式，并针对其实施相关预防或应对措施，避免失效发生。FMEA 即可用于失效模式的事前处理，例如避免失效的发生或减轻其影响；也可以对已经发生的失效模式采取改进措施，用于事后阶段的管控。由此，FMEA 已经被广泛应用于航空航天、机械、船舶等领域的失效模式以及影响分析中。

作为一种评价潜在风险和预防风险发生的有力工具，FMEA 已经被应用于供应链风险评估中。通过分析供应链管理过程，找出其中潜在的失效可能，并评估其影响，并确定导致这种潜在失效模式出现的原因，对冲击较大的失效模式采取预防措施，FMEA 可以成为一种主动、积极的降低供应链中断风险冲击、实现有效供应链风险管理的预防方法。

同时，FMEA 的实施过程十分简单明了。其使用风险优先级数（Risk Priority Numbers，RPN）确定某一部件或流程的风险水平。而 RPN 主要由三个指标：严重度（Severity，S）、发生度（Occurrence，O）和可知度（Detection，D）构成。

严重度（S）是指对一个特定失效模式的最严重的影响后果的评价等级，需要注意的是，其是在单个 FMEA 范围内的一个相对级别。发生度（O）是指一个特定原因或机制发生的可能性，此原因会在流程范围内导致失效模式发生，同样，发生度的等级评估代表的也是相对级别。可知度（D）是指对某一失效模式最佳的探测控制相关的等级，其中，发生度与可知度间并无正相关关系，不要因为失效模式的发生度低，就理所当然地认为可知度也低。

在严重度（S）、发生度（O）和可知度（D）分别确定之后，将这三个数值相乘即可得 RPN：

$$RPN = S \times O \times D$$

FMEA 使用 R、L、M、H、VH 五个语言变量对失效模式的三个指标进行描述，用以衡量失效模式出现的可能性、严重程度以及检测概率（见表 4-6）。

表 4-6　各语义项的含义及 FMEA 评价标准

评分值	语言评价	严重度（S）	发生度（O）	检测度（D）
1—2	极低/R	风险导致的后果轻微	风险极难出现一次	风险不被检测出来的概率极低
3—4	低/L	风险导致的后果较轻	风险不太可能出现	风险不被检测出来的概率较低
5—6	中等/M	风险导致的后果较为严重	风险可能会出现	风险偶尔不被检测出来
7—8	高/H	风险导致的后果很严重	风险会不止一次发生	风险不被检测出的概率较高
9—10	很高/VH	风险导致的后果是灾难性的	风险会平凡发货时能	风险不被检测出的概率很高

此处基于本章节前述部分中对供应链中断风险的识别构建了 FMEA 的供应链中断风险评价指标体系（见表 4-7）。

表 4-7　供应链中断风险评价指标体系

一级指标	二级指标	潜在失效模式
实体中断风险	供应中断风险	关键供应商破产或流失 供应商信誉不佳使其难以按时足额交货或交付货品质量不符合要求 供应商财务状况不佳 供应商产能不足或供应弹性差 供应商技术创新能力不足 供应市场原料短缺

续表

<table>
<tr><th>一级指标</th><th>二级指标</th><th>潜在失效模式</th></tr>
<tr><td rowspan="2">实体中断风险</td><td>生产中断风险</td><td>生产过程控制不当
生产能力缺乏弹性
员工技能水平限制
生产库存控制不严格，安全库存水平低
作业安全制度不健全
产品成本控制不当</td></tr>
<tr><td>分销中断风险</td><td>客户需求大幅波动
竞争替代品增加导致客户流失
销售信誉不良
客户财务状况恶化
客户定位有误
客户需求满足度降低
客户需求预测有误</td></tr>
<tr><td rowspan="3">衔接中断风险</td><td>物流风险</td><td>运输路线与运输工具选择不当
配送设备故障
配送错误或延迟
配送产品损坏或丢失</td></tr>
<tr><td>信息风险</td><td>合作伙伴间信息共享水平低
信息、数据收集不完备
信息传递不高效及准确度低带来的信息失真
合作伙伴的自利行为</td></tr>
<tr><td>资金风险</td><td>资金流转速度下降
资金风险预警机制不完备</td></tr>
<tr><td rowspan="4">外部环境风险</td><td>自然环境</td><td>自然灾害
疾病</td></tr>
<tr><td>政治环境</td><td>政局不稳定
政府干预
行业规则和产业政策限制
知识产权等法律问题</td></tr>
<tr><td>经济环境</td><td>经济危机
宏观经济波动
汇率频繁波动
股市变动</td></tr>
<tr><td>社会环境</td><td>劳资纠纷等导致的罢工
社会暴动频发</td></tr>
</table>

续表

一级指标	二级指标	潜在失效模式
外部环境风险	社会环境	多元文化冲突 宗教矛盾激化
	技术环境	相关技术更新导致原有技术落后 创新能力不足

在确立了指标体系后，需要向专家评估组成员发放专家调查表以获取相关数据。专家调查表示例如表4－8所示。

表4－8　　失效模式专家调查表

序号	失效模式	严重度	发生度	检测度
1	关键供应商破产			
2	供应商信誉不佳			
3	供应商产能不足			
…	…	…	…	…

为了克服这一阶段可能存在的专家主观性等因素的干扰，可以在此前对衡量失效模式的语言变量进行模糊化处理，如三角模糊数等，并在此后进行解模糊化以量化模糊数并将其用于FMEA表的建立。

根据RPN的计算公式，我们将会得到供应链中各个失效模式的冲击等级，应用灰色关联、区间二元混合加权距离测度等方法，对各个失效模式的RPN进行排序，以便管理者以此为依据进行决策，有效应对供应链中断。

第五章　协同创新能力对供应链弹性影响的理论模型

第一节　协同创新能力与企业行为模式、供应链弹性的关系分析

一、协同创新能力与供应链弹性之间的关系

由上文分析可知，协同创新能力是使得企业更加迅速、敏捷和柔性地应对供应链中断要求的一种动态组织能力，包括探索吸收、转化整合、变革创新和网络协同四个子能力。探索吸收能力可以帮助供应链企业之间提高利用互补资源提高企业之间的协同的能力；转化整合能力能够帮助企业把从外界搜集到的信息、技术和资金进行创造性的吸收、整合和利用；变革创新能力能快速地帮助企业进行创新性思维或者行为调整组织结构来适应环境；而网络协同能力通过加强网络成员间的联系，改善企业间的知识、信息等资源的溢出，能增强企业间的快速响应能力。因此，协同创新能力能使企业和外界动态的商业环境进行实时匹配。

供应链弹性是一种供应链企业能够自我恢复的性能，为了提高供应链的弹性，首先就要求企业具有信息、技术和资金的探索吸收能力，感知外界环境的变化，当企业处于供应链中断的情境中时，会迅速搜集外界信息，找到中断发生的节点并追踪中断的路径，然后根据从外界吸收的信息、技术和资金等资源装化为自身能力的水平，并根据企业的状况对资源进行整合和重新配置，并且通过持续创新来改变旧的结构体系，灵活调整生产线和运输路线等应对供应链的中断。例如，戴尔公司在 2001 年 9 月 11 日(“9・11”事件）中，面对路线中

断，资源短缺的情况下，做出迅速反应，派了数百名技术人员赴曼哈顿区和华盛顿去支援，还把一辆16轮的卡车改装成流动技术支持和安装中心。这种转化整合以及快速响应能力使戴尔成功地渡过危机，这次事件并没有给戴尔造成太大的损失。企业的网络协同能力能通过加强供应链企业之间的信息共享和共同决策，同时，网络协同能够给企业带来更多的资源，增加供应链的可视化程度，外部网络成员中关系越密切，协同度越高，彼此之间实现信息共享，交换知识和技术的可能性就越大，越有利于降低交易成本、获得学习的机会，实现技术和产品的创新，此外，在面对中断的时候，企业也越能够更好地找到柔性路线、备用资源等来应对中断。综合以上分析，提出以下假设：

假设1：探索吸收能力正向影响供应链弹性；

假设2：转化整合能力正向影响供应链弹性；

假设3：变革创新能力正向影响供应链弹性；

假设4：网络协同能力正向影响供应链弹性。

二、协同创新能力与企业行为模式之间的关系

1. 搜索吸收能力对企业行为模式的影响

企业的探索吸收能力越强，对外界环境的变化就越敏锐，对信息的掌握能力就越好，企业就越有能力探索收集到有价值的知识并加以转化、吸收和利用。已有大量的研究结果显示，探索吸收能力对新产品的开发有很大的帮助，在新产品研发过程中有重要的价值，探索的强度越大，越有可能增加新产品研发的知识可用量以及提升企业战略决策能力和创造能力（Knudsen & Levinthal，2007；Katila & Chen，2012；Leiponen & Helfat，2010）。在应对供应链中断问题上，具有搜索吸收能力的企业可能会积极地寻找信息资源，同时辨别有用的知识并加以创造，企业的探索吸收能力越强，就会越积极地探索环境中的机会，更倾向于创新活动，包括与他们的供应商或者是需求方合作，共同进行创新来应对供应链中断的风险。当企业具有迅速识别并吸收外界有用的信息、技术、资金的能力时，就能够对外界环境的变化迅速做出响应，来应对这种动态的环境变化（Woiceshyn & Daellenbach，2005）。当供应链企业具有很强的探索吸收能力时，企业可能更倾向于采用多源供应，利用备用供应商信息库来应对中断，强的探索吸收能力能帮助企业及时更新备用信息库，中断发生的时候，这类型的企业

更可能的是从供应商那里获得信息、技术和资金等资源来应对中断；同时，探索吸收能力强的企业，和外界的交流比较频繁，能得到更多的信息、技术和资金，在集中的仓储中心，对关键物品留有一定的战略库存，能很好地应对供应中断。因此，本书提出了以下假设：

假设5a：面对供应链中断，探索吸收能力强的企业倾向于选择多源供应模式；

假设5b：面对供应链中断，探索吸收能力强的企业倾向于选择战略库存模式。

2. 转化整合能力对企业行为模式的影响

转化整合是对搜索到的资源进行加工、处理，对企业自身的资源进行配置融合。对资源的转化和整合，对企业来说本来就是一个创新的过程，对所获取的或已有的资源进行调整和配置，来适应动态的环境。对供应链企业而言，创新的来源就是对上下游企业资源的获取、转化和整合的过程中，转化整合能力是企业的学习能力、开拓能力、调整能力以及创新能力的合集，具有转化整合能力的企业，会从获取的信息、技术和资金等资源进行反复实践，并不断地积累经验，从而改善企业的行为模式促进创新的产生（Walsh & Ungson，1991；Bin Wu，2013）。企业的转化整合能力越强，企业就会不断地调整其行为模式来和动态环境相匹配，当中断发生的时候，企业能够迅速地重新调整和配置资源，采用柔性生产的方式，利用业务流程重组建立灵活的生产线，对资源的转化能力比较强的企业在面对中断的时候更倾向于调整生产结构采用产品替代和延迟制造模式。例如，因此，本书提出：

假设6a：面对供应链中断，转化整合能力强的企业倾向于选择延迟制造模式；

假设6b：面对供应链中断，转化整合能力强的企业倾向于选择产品替代模式。

3. 变革创新能力对企业行为模式的影响

有研究发现，变革型领导者一般会作为中介作用影响员工的行为模式，促进企业的创新，变革型领导行为与创造环境中的激励因素呈显著的正相关关系，与创造环境中的阻碍因素呈显著的负相关关系，在形成员工创造、创新的工作环境中变革性领导者发挥着越来越重要的决定（Politis，2004）。变革型领导者所在的组织一般更具有变革创新能力，环境不确定性与组织变革创新都会对企业的行为模式产生一定的影响。在动态环境中，具有变革创新能力的企业会更愿意采取扁平化的组织结构，持续改进的行为模式来应对供应链中断的风险，扁平化的组织结构更具有柔性和创新性，这样面对中断，具有变革能力的企业可以迅速做出响应，甚至采用“颠覆式创新”来响应中断，当中断严重的时候，企业甚至会淘汰现有的供应和生产体系，重新构建新的体系来应对中断，倾向于产品替代和延迟制造的行为模式。因此，本书提出：

假设7a：面对供应链中断，变革创新能力强的企业倾向于选择延迟制造模式；

假设7b：面对供应链中断，变革创新能力强的企业倾向于选择产品替代模式。

4. 网络协同能力对企业行为模式的影响

社会资本理论认为，外部网络关系对企业竞争力的提升具有重要的作用，因为他促进了企业之间的信息交流，扩大了企业的合作范围和知识网络，有利于提升企业的创新能力（Burt，1984）。企业外部网络成员中关系越密切，协同度越高，彼此之间实现信息共享，交换知识和技术的可能性就越大，越有利于降低交易成本、获得学习的机会，实现技术和产品的创新（Zaheer & Bell，2005）。在供应链中断情况下，供应链企业会尽自己最大限度地进行自己的网络资源的开发和利用，利用网络信息平台协同上下游企业进行资源的开发和利用，利用战略库存缓解中断的危害，并积极联系备用供应商来应对中断，同时，供应链网络越发达，企业的物流柔性越大，当一条运输路线中断的时候，企业可以利用其他的路线和运输方式来保证产品的供应。所以，具有强网络协同能力的企业，当中断的发生的时候，更倾向于通过生产柔性、物流柔性、战略库存和备用供应模式等行为来适应环境的变化。因此，本书提出：

假设8a：面对供应链中断，网络协同能力强的企业倾向于选择多源供应模式；

假设8b：面对供应链中断，网络协同能力强的企业倾向于选择战略库存模式。

三、企业行为模式与供应链弹性之间的关系

企业行为是企业面对突发情况时对外界环境的一种反应，这种反应表现为

企业在应对不同的环境和事件时采取怎样的策略以快速响应。在供应链网络系统中，供应链中的每一个企业都是一个独立的行为主体，他们具有自己的行为能力，但是这些行为需要与其他成员主体进行沟通交流和相互作用，并且能够依据外界市场环境的变化以及其他行为主体的反应进行自我调整和转化，以便适应环境（张艳霞、张倩等，2012）。供应链弹性是在中断风险发生之后作为整体的供应链网络系统恢复到开始状态或调整到更满意状态的能力（刘浩华，2007；Yanyan Zheng & Tong Shu et al.，2015），这其实是一种面对风险时所产生的效果。不同的行为模式对供应链的恢复所产生的效果是不一样的，“能力→行为→效果”这种逻辑关系在很多文献中也得到了证实（郑大庆、黄丽华等，2006，林少疆、徐彬等，2016；吴飞飞等，2016）。只有当企业根据自身协同创新能力的不同选择适合有效的行为模式，并且与外界动态环境相匹配的时候才能使企业恢复到原有的状态。多源供应模式可以保证企业当一个供应商出现问题的时候，企业可以迅速找到其他的供应商来保证原材料或者零部件的正常供应，从而使供应链具有弹性；同样地，战略库存模式可以满足紧缺物品的临时供应，能够暂时的缓解需求的压力；延迟制造模式可以减少商品的差异化带来的工期的延迟，企业通过延迟化生产，可以迅速地调整生产线，来满足供应；当企业的一种产品由于种种原因导致供应或者生产中断的时候，企业这时候可以通过增加对另一种功能相似产品的促销来满足客户的需求，保证物品的及时供应。同时有研究发现，在目前应对供应链中断风险的策略中，结合中断发生的事前预防和事后应急，考虑供应、生产和需求等方面的中断，企业的行为模式主要有以下几种模式：多源供应模式、战略库存模式、延迟制造模式和产品替代等几种模式（李彬、季建华等，2013；李新军，2015）。因此，本书提出：

假设 9：企业采取多源供应模式对供应链弹性有显著的正向影响；

假设 10：企业采取战略库存模式对供应链弹性有显著的正向影响；

假设 11：企业采取延迟制造模式对供应链弹性有显著的正向影响；

假设 12：企业采取产品替代模式对供应链弹性有显著的正向影响。

四、行为模式对企业协同创新能力与供应链弹性的中介作用

在商业环境日益复杂的今天，越来越多的企业都是通过不断地提高自身的能力来适应外界动态环境的变化，但是供应链弹性是在中断风险发生之后作为

整体的供应链网络系统恢复到开始状态或调整到更满意状态的能力（刘浩华，2007；Yanyan Zheng & Tong Shu etal.，2015），这其实是一种面对风险时所产生的效果。企业所具备的能力主要表现在行为决策上，能力不同，所采取的行为模式就会不同，不同的行为模式对供应链的恢复所产生的效果是不一样的，“能力→行为→效果”这种逻辑关系在很多文献中也得到了证实（郑大庆、黄丽华等，2006，林少疆、徐彬等，2016；吴飞飞等，2016）。

1. 多源供应与战略库存模式在探索吸收能力与供应链弹性之间的中介作用

探索吸收是从外界探索新知识、获得新资源的一个过程，强调企业成员与外部环境分享信息、技术和资金，吸收新知识获取新资源，并且根据这些新信息、新技术、新知识等资源来指导自身的行为。多源供应模式需要根据环境的变化来建立并且及时更新供应商信息库，需要广泛的信息、先进的技术等资源作为支撑。战略库存模式主要是企业在一个站点留有备用的库存，在紧急情况下调出这些库存弥补暂时的需求。面对供应链中断，探索吸收能力强的企业很容易从外界获得大量的信息、技术和资金等资源，并根据这些资源来有效选择自身的行为，从而增强供应链弹性。例如，2016 年 4 月，日本的一场 7.3 级的地震不仅导致人员伤亡，还对该地区的产业造成了影响。但是，由于本田汽车之前已经减少了对任何单个供应商的依赖，并加固了厂房建筑，所以，公司的运营并未在此次地震中遭到太大伤害。在应对供应链中断风险中，像格兰杰和亚马逊之类的公司都会将它畅销的产品储存在各个配销中心里，留有一定的战略库存，这样使供应链也具有较强的灵活性，也保护自己免受供应链中断的打击。因此，本书提出：

假设 13a：探索吸收能力通过选择多源供应模式对供应链弹性产生影响；

假设 13b：探索吸收能力通过选择战略库存模式对供应链弹性产生影响。

2. 延迟制造和产品替代模式在转化整合能力与供应链弹性之间的中介作用

转化整合能力主要是指企业对资源的探索、吸收、重新配置与应用的能力，这种能力不仅包括微观的对资源的重新配置、融合应用能力，也包括宏观的企业战略制定能力和对组织的支持、协调能力。转化整合能力强的企业能更好地对资源进行转化、融合和配置，面对一种产品或者零部件发生中断的时候，企业可以迅速调整资源进行重新配置，转而生产功能用途相接近的产品来满足顾客的需求。例如，在 2011 年 315 特别行动中曝光的双汇“瘦肉精”事件，之后，双汇集团对鸡肉和鸭肉的价格进行打折促销处理，使消费者对猪肉的需求部分转移到鸭肉和鸡肉的需求上来，从而避免企业遭受过多的损失，很好地应对了供应链中断这一状况。在日益复杂的商业环境中，延迟策略在构建敏捷与响应型供应链，提高企业的市场反应速度，在应对大规模中断中发挥重要的作用。因此，本书提出：

假设 14a：转化整合能力通过选择延迟制造模式对供应链弹性产生影响；

假设 14b：转化整合能力通过选择产品替代模式对供应链弹性产生影响。

3. 延迟制造和产品替代模式在变革创新能力与供应链弹性之间的中介作用

变革创新能力作为动态能力的一种，嵌入在一些特定的、可识别的组织中，对组织的变革、重构、更新和创造等过程是企业对外界环境不断适应的持续动力（Teece D J & Pisano G，Shuen）。具有强变革创新能力的企业会根据社会环境的变化来进行改革，是企业更适应市场。变革创新能力强的企业面对中断，可以很快地对组织进行重构和创造，从而对资源进行重构，来增强供应链的弹性。例如 2014 年 7 月，麦当劳在“福喜”使用加工过期肉事件曝光后与整个福喜集团断绝关系（福喜作为麦当劳的主要供应商，几乎负责供应麦当劳中国 85% 的产品），这样就导致麦当劳供应链严重中断。事件曝光后，麦当劳立即停用并且封存由上海福喜提供的所有肉类食品，供应菜单已经被一份新打印的菜单取而代之，并且利用公司较强的变革创新能力对供应链构建做了很大的调整，转而替代的二级供应商并且加强了对供应链伙伴的定期检查和合作交流。同时在公司架构方面，新增的食品安全监察部门将独立于供应链管理部门，从而快速地恢复了公司的供给，并增强了供应链的弹性。因此，本书提出：

假设 15a：变革创新能力通过选择延迟制造模式对供应链弹性产生影响；

假设 15b：变革创新能力通过选择产品替代模式对供应链弹性产生影响。

4. 多源供应与战略库存模式在网络协同能力与供应链弹性之间的中介作用

随着供应链网络的发展，供应链企业与外部网络成员的合作与交流日益频繁，企业外部网络成员之间关系越密切，协同度越高，彼此之间实现信息共享，交换知识和技术的可能性就越大，越有利于降低交易成本、获得学习的机会，实现技术和产品的创新（Zaheer & Bell，2005）。具有网络协同能力的企业能与上下游企业之间进行密切的联系，行为之间具有协同性和一致性，对供应链中断的反应就越迅速有效，同时，网络资源越丰富，企业的行为模式越具有柔性，企业可以通过柔性生产，柔性运输，柔性信息等方式来与环境进行实时匹配。网络协同能力是最大限度地对自己拥有的网络资源进行开发利用，网络协同能力越强，企业具有的供应商信息库越全面，当一个供应商不能及时供应的时候，企业可以利用这种网络协同能力来迅速地收集信息，联系备用供应商来保证物品的及时供应。企业所处的网络越复杂，企业就越会通过分散生产，分散库存等方式来避免供应链中断的风险。因此，本书提出：

假设 16a：网络协同能力通过选择多源供应模式对供应链弹性产生影响；

假设 16b：网络协同能力通过选择战略库存模式对供应链弹性产生影响。

第二节　协同创新能力对供应链弹性影响的理论模型构建

在前面的理论分析基础上，本书提出以下理论模型。图 5 – 1 的理论模型描述了本书研究中的相关要素之间的影响关系。在这个模型中，供应链弹性和企业协同创新能力、行为模式有关。我们假设随着企业的协同创新能力不断提高，他们将能从根本上应对供应链中断，也将更容易培养和维持供应链弹性。

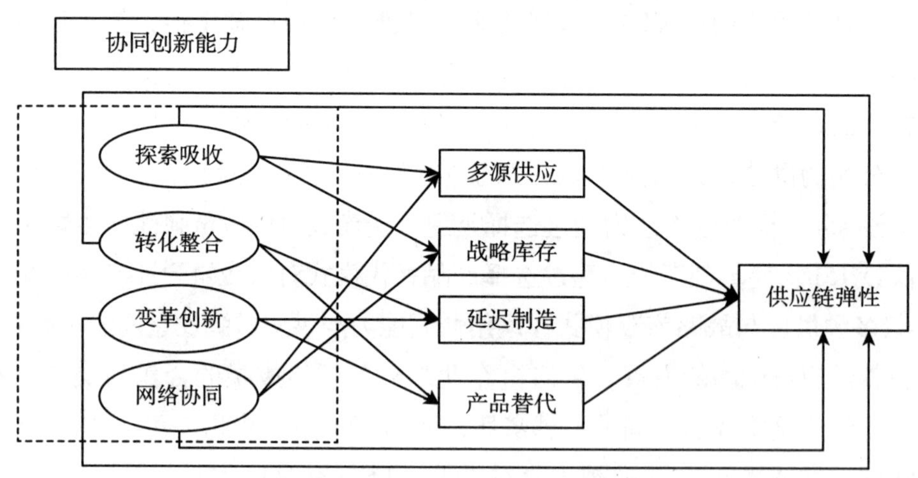

图 5 – 1　协同创新能力对供应链弹性影响的理论模型

第六章　协同创新能力对供应链弹性影响的实证分析

针对上文的理论分析，本章通过实证来验证上文提出的假设。通过问卷搜集相应的数据，通过对样本数据的统计分析来验证上述假设，并对验证结果进行汇总与讨论。

第一节　量表设计与预测试

一、量表设计

为了确保测量工作的效度和信度，本书的量表是在以往成熟量表的基础上设计而成，并且根据研究的目的与相关领域专家多次的修改讨论得到的。量表设计共分为四个部分：第一部分主要采集企业的基本信息；第二部分是协同创新能力的测量量表；第三部分是供应链弹性的测量量表；第四部分是通过设置场景的方式来对企业面对供应链中断情境所采取的行为模式的测量。

1. 样本企业的基本信息量表

问卷的第一部分主要是对企业的一些基本特征进行调查，主要包括企业的性质、所在的行业、企业的规模以及被调查者的职位角色和所处的层级。第一部分基本信息的调查有利于进行观测样本的行业涵盖范围和职位特征，有利于保证样本的多样性，从而提高研究的合理性和有效性。

2. 协同创新能力的测量量表

经过上文分析可知，本书提出的协同创新能力主要由探索吸收能力、转化整合能力、变革创新能力和网络协同能力四个维度构成，下面就每个维度的具体测量做进一步说明。

（1）探索吸收能力的测度。探吸收能力是企业在对外部资源进行选择、评估和获取的基础上，结合企业本身的资源进行内化和应用的能力。以往学者对探索吸收能力的测度主要是依据对探索吸收能力的分类来展开的，本书对相关文献进行了梳理，主要如表 6－1 所示：

表 6－1　　探索吸收能力的测量维度

学者（年代）	探索吸收能力的测量维度
Zahra & George（2002）	潜在的吸收能力、实际的吸收能力
Lane、Koka、Pathak（2006）	识别资源、理解资源、消化资源、应用资源
Todorova、Durisin（2007）	识别资源、获取资源、消化资源、转化资源、应用资源
卢艳秋等（2008）	获得资源、消化资源、转化资源、利用资源

本书对探索吸收能力的测度主要参考 Zahra & George（2002）的观点，从潜在的吸收能力和实际的吸收能力两方面对变量进行测量，潜在的吸收能力主要是指企业对外在信息、技术和资金等资源的获取和内化，实际的吸收能力主要是指企业对信息、技术和资金等资源的转化和应用。对探索吸收能力的测度总共由两个维度、六个题项构成，具体的题项如表 6－4 所示。

（2）转化整合能力的测度。转化整合能力主要强调的是对探索的信息、技术、资金等资源进行选择、配置和优化的能力，对资源的转化整合能力的测量维度研究中，主要集中于以下几点，具体的如表 6－2 所示：

表 6－2　　转化整合能力的测量维度

学者（年代）	转化整合能力的测量维度
Amit & Schoemakerl 等（1993）	资源识别与选择、资源获取、资源开发及融合
饶杨德（2005）	资源选取、资源配置、资源融合
Sirmon、David G（2007）	选择、汲取、配置、激活和有机融合
蔡莉和尹苗苗（2009）	稳定调整的转化整合能力、开拓创造的转化整合能力
谷宏（2010）	资源构建能力、资源利用能力
董保宝（2012）	资源识别、资源获取、资源配置以及资源利用

对企业转化整合能力的测量主要借鉴饶杨德（2005）的研究，把转化整合能力分为资源的选择、配置和融合三个维度。资源选择主要是对资源进行重新

定位，包括资源的可获得性水平和可接受性程度，从宏微观两个层面进行分析；资源配置指对企业对资源进行重新调整和分布，对资源进行重组；资源融合主要是将重新获得的资源和也具有的资源进行融合，并且应用到企业的战略规划中，进而提高资源的利用效率，发挥企业资源优势并形成企业的核心竞争力的目的。对转化整合能力的测量主要由资源选择、配置和融合三个维度六个题项构成，具体的题项如表6－4所示。

（3）变革创新能力的测度。组织实施变革创新的能力与组织的柔性潜力和分权化组织结构有密切的关系。企业的变革创新能力主要体现在产品技术创新和组织管理创新上，以往学者对变革创新能力的测度主要集中在如下几种，如表6－3所示：

表6－3　　变革创新能力测度

学者（年代）	变革创新能力的测度
贺小刚等（2006）	技术创新、管理方法创新、产品创新、激励变革的机制、创新精神
焦豪等（2008）	政策支持创新、创新型企业文化、奖励员工创新变革、员工创意和员工冒险和首创精神
胡望斌与张玉利（2011）	政府政策支持创新、激励变革的机制、技术与产品创新、创新型企业文化、员工冒险、首创精神
龚一萍（2011）	R&D的投入、专利与发明、科技人员状况、企业新产品开发、企业技术改造与创新、员工创意与冒险精神、科技成果数量

本书在参考相关学者的基础之上，采用“奖励员工创新变革”“员工创意和设想”“员工冒险和首创精神”“对创新失败容忍度”“组织制度支持创新”“新产品贡献率”6个题项来测量变革创新能力，题项具体表述见表6－4。

（4）网络协同能力的测度

网络协同能力是最大限度地对自己所拥有的网络资源进行开发利用，综合以前学者的研究，对企业网络协同能力的测量维度主要有网络规模、网络强度和网络多样性等。因此，本书对企业网络协同能力的测评主要根据解学梅和左蕾蕾（2013）、Nieto和Santamaría（2007）等的观点设计，将其分为网络合作强度、网络规模和网络同质性程度等指标，其中网络规模被分为五个等级（1＝“<5”，2＝“5－10”，3＝“11－15”，4＝“16－20”，5＝“>20”）其他的变量同样分为五个等级（1＝很不同意，2＝不同意，3＝一般，4＝同意，5＝很同意）来测度。

表 6-4　　供应链企业协同创新能力的测量题项

		题项	量表来源
协同创新能力	探索吸收	我们公司经常通过频繁的交互从合作伙伴处获得信息、技术和资金	Zahra & George（2002）、蔡莉和尹苗苗（2009）、饶杨德（2005）、Wang & Ahmed（2007）、贺小刚等（2006）、焦豪等（2008）、龚一萍（2011） 胡望斌与张玉利（2011）、解学梅和左蕾蕾（2013）、Nieto &ría（2007）
		我们公司能够较快地认识到市场环境（如竞争、政策、法规）的变化	
		我们能够较快地分析和解释变化的市场需求	
		我们经常关注变化的市场需求背后的新产品和服务	
		我们公司能够较快地识别有用的外部信息、技术等资源	
		我们员工会记录和保存新获取的信息、技术等，作为未来使用和参考	
	转化整合	我们公司能针对环境变化合理进行企业和产品服务定位	
		我们公司能随时对现有信息、技术、资金等资源进行调整	
		我们公司能够针对环境变化，快速、合理和协调配置企业资源	
		我们公司的资源结构合理，资源配置率高	
		我们公司很容易把新的资源组合在一起	
	变革创新	我们公司总能够用有创意的新方法对资源进行组合	
		我们公司对有创新能力的员工给予充分的激励	
		我们公司的组织结构简单，条例清晰，程序少	
		我们公司对创新所带来的损失的容忍度高	
		我们公司每季度都会研发出一些新产品，新产品产值占销售总额的比重很高	
		我们公司的员工经常提出有创意的设想和建议	
		我们公司的员工敢于冒险、富有首创精神	
	网络协同	供应链网络中合作企业的数量	
		供应链网络中企业之间文化有很大的相似性	
		供应链网络中企业的产品有很大的相似性或者是关联性	
		公司与合作者之间经常交流信息和资源	
		公司与合作者之间经常开展合作项目，解决关键问题	
		公司与合作者保持良好的信任关系和合作机制	
		公司与跨区域、跨行业的企业保持广泛的联系	

3. 供应链弹性的测量量表

对于供应链弹性的测度，已经有相对成熟的量表，本书主要参考了 Ponomarov（2010）、Serhiy、Zsidisin 和 Wagner（2011）的研究，共六个题项来进行测度，如表 6－5 所示。

表 6－5　　　　供应链弹性的题项

	题项	量表来源
供应链弹性	我们公司的供应链可以恢复产品流来迅速应对意外中断	Ponomarov（2010）、Zsidisin & Wagner（2011）
	我们公司的供应链在中断后可以迅速回到最初水平	
	我们公司供应链在中断恢复后能保持正常的经营	
	我们公司的供应链能够充分应对供应链中断造成的财务损失	
	我们公司的供应链在中断发生时能够维持原有的组织结构和相应的功能	
	我们公司的供应链有能够从中断中获得有用的信息和技术	

4. 供应链企业行为模式的测量量表

通过设置供应链中断的情景，来测度企业应对中断所采取行为模式，进而分析企业根据自身的能力选择合适的行为模式对供应链弹性的重要作用。

假设在一次大地震中，供应链企业由于大地震而发生中断，丧失供应、生产或需求能力，且在一定时间内无法恢复至正常水平。在此情况下，结合自身的能力，企业所采取的行为模式的倾向性进行判断。由上文中的分析可知，在应对供应链中断的时候，多源供应、战略库存、延迟制造和产品替代这四种是比较常用的行为模式：

（1）多源供应模式主要是指企业通过选取多个供应商来对同一种产品或零部件进行供应的一种运作模式，这样产品或者零部件的供应渠道就避免了单一性，当遇到突发事件，其中的供应商对产品或者零部件无法做出及时供应时，这样企业可以选择其他的供应商来保证产品或者零部件的及时供应。

（2）战略库存模式是在供应链的某一个或某几个关键节点对重要的产品或零部件进行储备。战略库存一般是在突发事件发生以后，供应链伙伴或某一区域的多个经营点来运用这些库存渡过难关。

（3）延迟制造主要是在产品的生产过程中利用延迟化策略，来延迟产品差异化的时间，这一模式是公司首先生产所有产品一致化的部分，即是产品的通用部件，然后再根据客户需求进行差异化部件的加工。

（4）产品替代模式主要是借助柔性生产方式，当一种原材料出现短缺又供给不足时，企业可以将生产模式进行转换，减少使用这种原材料生产的产品的生产，增加相应替代产品的生产。

结合以上四种行为模式的概念和相关的特点，问卷同样采用 Likert 量表，对四种行为模式进行测度，请被调查者依据公司情况对其行为模式进行测度，如表 6－6 所示。

表 6－6　　企业行为模式变量的测量

企业行为模式	题项
多源供应模式	关于核心产品我们公司有多个供应源
	我们公司会经常更新供应商信息库
	当一个供应商不能及时供货时，公司会首先想到找其他供应商
战略库存模式	我们公司在关键节点上通常留有冗余
	我们愿意为这些冗余承担一定的费用
	当需求或者供给变动的时候，公司会首先用这些库存来应急
延迟制造模式	我们公司一般会先生产通用的基础产品/零部件
	我们公司生产线相对灵活
	当一种产品/零部件需求或者供给发生变动的时候，我们会首先利用基础产品进行重新配置生产
产品替代模式	我们公司生产多种同类别的产品
	这些同类别的产品在功能上具有一定的相似性
	当一种产品/原材料发生中断时，我们会首先找到替代产品

二、预测试

预测试主要是为了保证问卷题项设计的合理性、科学性和通俗易懂性，而事先小范围进行的问卷的发放、回收和数据的分析。本书的题项主要是结合一些成熟的量表，在设计之初就向专家咨询和反复修订，在预测试中，主要是通过向一些企业进行小范围的发放，预调查共发放问卷 500 份，其中获得有效问卷 465 份，问卷的有效回收率达到 93%，满足预调查问卷回收要求。本书主要通过量表的信度和效度对问卷进行分析，从而保证题项的合理性和有效性。

1. 信度分析

信度检验主要是检测测量问卷的可靠性程度，主要通过 Cronbach's α 系数来测量各题项的内部一致性。表6－7为协同创新能力对供应链弹性影响的各题项的信度分析表。

表6－7　　各题项信度分析表

变量	题项编号	CITC	删除题项后的α	Cronbach's α 系数
探索吸收能力	EA1	0.484	0.905	0.887
	EA2	0.753	0.860	
	EA3	0.802	0.852	
	EA4	0.742	0.861	
	EA5	0.716	0.866	
	EA6	0.750	0.860	
转化整合能力	TIA1	0.627	0.808	0.837
	TIA2	0.625	0.808	
	TIA3	0.701	0.793	
	TIA4	0.487	0.835	
	TIA5	0.612	0.811	
	TIA6	0.631	0.806	
变革创新能力	CI1	0.545	0.826	0.838
	CI1	0.620	0.810	
	CI1	0.645	0.807	
	CI1	0.618	0.811	
	CI1	0.620	0.810	
	CI1	0.647	0.805	
网络协同能力	NE1	0.379	0.808	0.804
	NE2	0.671	0.754	
	NE3	0.673	0.757	
	NE4	0.311	0.821	
	NE5	0.624	0.763	
	NE6	0.659	0.757	
	NE7	0.515	0.783	
多源供应模式	MSS1	0.569	0.767	0.785
	MSS2	0.676	0.650	
	MSS3	0.631	0.702	

续表

变量	题项编号	CITC	删除题项后的 α	Cronbach's α 系数
战略库存模式	SI1	0.639	0.745	0.803
	SI2	0.598	0.790	
	SI3	0.720	0.654	
延迟制造模式	DIM1	0.675	0.837	0.851
	DIM2	0.770	0.743	
	DIM3	0.733	0.785	
产品替代模式	ALP1	0.598	0.811	0.814
	ALP2	0.695	0.717	
	ALP3	0.712	0.697	
供应链弹性	SCR1	0.670	0.740	0.804
	SCR2	0.585	0.768	
	SCR3	0.519	0.787	
	SCR4	0.610	0.761	
	SCR5	0.566	0.774	
	SCR6	0.670	0.740	

由表6－7可以看出，EA1的CITC为0.484，小于0.5，删除这一题项后，Cronbach's α系数为0.90大于原变量的α系数，故考虑删除这一题项；同样的，TIA4这一题项的CITC为0.487，小于0.5，考虑删除；在变量网络协同能力的测度中，题项1和题项4的CITC分别为0.379和0.311，小于0.5，删除后，变量α系数显著增加，故也考虑删除。除此之外，其他变量相关题项的CITC均大于0.5，删除题项后，变量的α系数明显变化，甚至出现下降，因此其他的题项考虑保留。

2. 效度分析

一般来说，效度分析主要由结构效度和内容效度两个方面构成。内容效度主要是指调查问卷中题项的代表性程度，结构效度主要是分析获得的问卷数据对问卷题项的解释程度。本书的题项多采用成熟的量表，并且题项的设计和语言表达经过相关专家的反复咨询与修订，故具备了较好的内容效度。关于结构效度，本书用因子分析来测量，通常使用KMO样本检验和Bartlett球形检验，在信度分析的基础上删除相关题项后，本书问卷的效度检验结果如表6－8所示：

表 6-8 各题项效度分析表

变量	题项编号	因子载荷	变量 KMO 值	变量 Bartlett 球形检验
探索吸收能力	EA2	0.84	0.877	343.075
	EA3	0.901		
	EA4	0.853		
	EA5	0.819		
	EA6	0.843		
转化整合能力	TIA1	0.664	0.658	407.213
	TIA2	0.977		
	TIA3	0.971		
	TIA5	0.753		
	TIA6	0.780		
变革创新能力	CI1	0.681	0.849	227.303
	CI2	0.751		
	CI3	0.772		
	CI4	0.744		
	CI5	0.754		
	CI6	0.770		
网络协同能力	NE2	0.791	0.759	227.637
	NE3	0.815		
	NE5	0.791		
	NE6	0.803		
	NE7	0.677		
多源供应模式	MSS1	0.797	0.688	96.889
	MSS2	0.869		
	MSS3	0.840		
战略库存模式	SI1	0.844	0.686	111.76
	SI2	0.811		
	SI3	0.890		
延迟制造模式	DIM1	0.850	0.719	147.873
	DIM2	0.903		
	DIM3	0.883		

续表

变量	题项编号	因子载荷	变量 KMO 值	变量 Bartlett 球形检验
产品替代模式	ALP1	0.808	0.697	117.63
	ALP2	0.871		
	ALP3	0.883		
供应链弹性	SCR1	0.777	0.791	275.185
	SCR2	0.725		
	SCR3	0.649		
	SCR4	0.790		
	SCR5	0.750		
	SCR6	0.748		

当 KMO 值大于 0.6 时，可以做因子分析，由表 6 - 8 可以看出，各个变量的 KMO 值均在 0.6 之上，因此，本书的测量量表的效度符合要求。

第二节　数据采集

一、样本确定

因为本书主要研究的是在供应链中断情境下，供应链企业由于具备的协同创新能力的不同，面对中断会不采取不同的行为模式，进而会影响企业供应链的弹性。体现的是一个决策的过程，所以，问卷的调查对象主要是各个行业各个公司的管理人员，他们对公司的经营状况和企业能力比较了解，也更能够了解企业生产运营的行为模式和供应链弹性状况，因此，特地选择这些职业领域的人为调查对象。本书对调研企业的地理位置和行业领域均没有限制，问卷的调查涉及多个领域，这样避免了样本的单一性或者是局限性，可以保证问卷的调查覆盖更广，样本更具有代表性和多样性，从而使研究更具有科学性和合理性。为使样本数量能够代表被调研群体，且要能够降低研究者的时间及消耗更少的精力和成本，需要选择一个比较理想的样本数量，经过预测试之后，问卷共有 39 个题项，按照样本数量时题项 5—10 倍的原则，本书把样本量定为 300 份。

二、数据采集

在进行预测试之后，本书对问卷的题项进行了删减，修改之后开始大规模的发放。问卷的发放主要通过两种渠道：（1）请已经工作的校友在其工作的公司进行发放；（2）请学校的 MBA 学生进行填写，结合他们所在的企业状况进行填写并拜托帮忙发放。为了保证问卷的质量和样本数据的代表性，在发放问卷的过程中进行实时的跟踪和检测，对收到的问卷进行筛选，避免问卷来自于同一行业或者同一公司。问卷收集的时间是 2016 年 7 月 1 日至 2016 年 8 月 1 日，历时一个月，共发放问卷 300 份，回收问卷 247 份，问卷回收率 82. 3%；其中无效问卷 12 份，有效回收问卷，235 份。

第三节　描述性统计分析

一、样本的描述性统计分析

由上文可知，问卷的第一部分主要对受访者及其所在企业的基本情况进行了调查，包括企业的性质、规模、所属行业，以及受访者在企业中所处的职位等信息，总共 7 个表量，为了直观地显示本研究样本的情况，本书对调查样本的基本信息进行了汇总，主要分为两个方面，一个是受访者所在企业的基本信息，另一个是受访者的基本信息。具体的情况如表 6－9 和表 6－10 所示：

表 6－9　　受访者所在企业的基本信息

特征变量	类别	样本数量（个）	百分比（%）	累计百分比（%）
行业类型	机械制造业	69	29. 4	29. 4
	石油化工业	10	4. 3	33. 7
	服装加工业	22	9. 4	43. 1
	电子通信业	21	8. 9	52. 0
	家用电器业	14	5. 9	57. 9

续表

特征变量	类别	样本数量（个）	百分比（%）	累计百分比（%）
行业类型	生物医药业	12	5.1	63.0
	食品加工业	24	10.2	73.2
	建筑材料业	44	18.7	91.9
	其他行业	19	8.1	100
企业性质	国有企业或国有控股	53	22.6	22.6
	民营企业	73	31.1	53.7
	中外合资	41	17.4	71.1
	外商独资企业	49	20.8	91.9
	其他	19	8.1	100
企业规模	100 人以下	5	2.1	2.1
	100—300 人	32	13.6	15.7
	300—500 人	125	53.2	68.9
	500 人以上	73	31.1	100
企业的年销售额	500 万元以下	8	3.4	3.4
	500— <1000 万元	24	10.2	13.6
	1000— <2000 万元	46	19.6	33.2
	2000— <5000 万元	77	32.8	66.0
	5000 万— <1 亿元	52	22.1	88.1
	1 亿元及以上	28	11.9	100

从表 6 -9 中我们可以看出：（1）本次调查的行业多集中在机械制造业，有 69 家，占到总数的 29.4%，其次是建筑材料业，再则是食品加工和服装加工，行业类型比较多样化；（2）在企业性质方面，受访企业中有 73 家是民营企业，占比 31.1%，其次是国有企业或者国有控股企业和外商独资企业分别为 53 和 49 家，企业性质的分布在行业类别中也可以体现出来，因为建筑材料、机械制造产业在民营、国有和外商独资中占有很大的比重；（3）在企业规模中，300—500 人的企业居多，占到受访比例的一半多；（4）在年销售额方面，66% 的企业在 5000 万元以下。从上述分析中可以看出，本次受访的企业多为机械制造、建筑材料和食品加工业，这样的行业对供应链弹性的要求比较高，供应链中断会影响整个企业的正常运转。同样，企业规模多集中在 300 人以上，较大型的企业对供应链弹性管理的应用能力相对较强。总的来说，本书的样本构成比较合理，具有很好的研究代表意义。

在表 6－9 的基础上，我们又对受访者的基本情况进行了汇总（表 6－10），从表 6－10 中可以看出，就岗位级别来看，在被调查的 235 人中，211 的人处于部门主管以上，占到总受访人数的 89.8%，因此，受访者大部分是企业的中高层管理者，对企业的总体情况比较熟悉，对企业在经营过程中，关于对供应链中断的预防和供应链弹性的管理有着比较全面的了解，样本很具有代表性；就他们在供应链当中的职能角色而言，生产和采购的人数较多，总数 126 人，占到总受访人数的 53.6%，其次是仓储，为 31 人，占到 13.2%；在受访的这些人当中，70% 的人都具有 3 年以上的工作经验，其中很大一部分具有 5 年以上的工作经验。所以，这些样本较为真实有效。

表 6－10　　受访者个人的基本信息

特征变量	类别	样本数量（个）	百分比（%）	累计百分比（%）
职位	总经理	32	13.6	13.6
	副总经理	43	18.3	31.9
	部门经理	85	36.2	68.1
	部门主管	51	21.7	89.8
	其他	24	10.2	100
在供应链当中的职能角色	研发	29	12.3	12.3
	计划	14	6.0	18.3
	采购	52	22.1	40.4
	生产	74	31.5	71.9
	仓储	31	13.2	85.1
	营销	16	6.8	91.9
	财务	8	3.4	95.3
	其他	11	4.7	100
工作年限	3 年以下	72	30.6	30.6
	3—5 年	55	23.4	54.0
	5 年以上	108	46.0	100

二、变量描述性统计分析

问卷中各测试变量题项的样本量、最大值、最小值、均值、方差、偏态及峰度等描述性统计量如表 6－11 所示：

表 6 - 11　　变量的描述性统计分析

测量变量		样本量	最小值	最大值	均值	方差	偏态		峰度	
		统计	统计	统计	统计	统计	标准差	统计	标准差	统计
探索吸收能力	EA2	235	1	5	3.65	1.055	-0.598	0.159	-0.090	0.317
	EA3	235	1	5	3.78	1.057	-0.644	0.159	-0.198	0.317
	EA4	235	1	5	3.65	1.051	-0.558	0.159	-0.253	0.317
	EA5	235	1	5	3.59	1.090	-0.502	0.159	-0.331	0.317
	EA6	235	1	5	3.80	0.993	-0.703	0.159	0.044	0.317
转化整合能力	TIA1	235	1	5	3.60	1.069	-0.515	0.159	-0.423	0.317
	TIA2	235	1	5	3.29	1.139	-0.220	0.159	-0.708	0.317
	TIA3	235	1	5	3.29	1.113	-0.171	0.159	-0.718	0.317
	TIA5	235	1	5	3.28	1.141	-0.274	0.159	-0.718	0.317
	TIA6	235	1	5	3.29	1.169	-0.251	0.159	-0.824	0.317
变革创新能力	CI1	235	1	5	3.41	1.184	-0.230	0.159	-1.008	0.317
	CI2	235	1	5	3.38	1.141	-0.167	0.159	-0.837	0.317
	CI3	235	1	5	3.48	1.045	-0.148	0.159	-0.746	0.317
	CI4	235	1	5	3.38	1.149	-0.109	0.159	-0.907	0.317
	CI5	235	1	5	3.30	1.090	-0.277	0.159	-0.514	0.317
	CI6	235	1	5	3.31	1.006	-0.113	0.159	-0.569	0.317
网络协同能力	NE2	235	1	5	3.70	1.059	-0.526	0.159	-0.447	0.317
	NE3	235	1	5	3.76	0.976	-0.574	0.159	-0.030	0.317
	NE5	235	1	5	3.88	0.998	-0.656	0.159	-0.144	0.317
	NE6	235	1	5	3.93	0.956	-0.784	0.159	0.298	0.317
	NE7	235	1	5	3.59	0.973	-0.465	0.159	-0.234	0.317
多源供应模式	MSS1	235	1	5	3.46	1.036	-0.492	0.159	-0.232	0.317
	MSS2	235	1	5	3.50	1.033	-0.436	0.159	-0.307	0.317
	MSS3	235	1	5	3.53	1.053	-0.324	0.159	-0.560	0.317
战略库存模式	SI1	235	1	5	3.36	1.036	-0.202	0.159	-0.414	0.317
	SI2	235	1	5	3.41	1.117	-0.221	0.159	-0.838	0.317
	SI3	235	1	5	3.49	1.053	-0.433	0.159	-0.275	0.317
延迟制造模式	DIM1	235	1	5	3.28	0.951	-0.220	0.159	-0.274	0.317
	DIM2	235	1	5	3.05	1.111	-0.045	0.159	-0.647	0.317
	DIM3	235	1	5	3.12	1.169	-0.137	0.159	-0.762	0.317
产品替代模式	ALP1	235	1	5	3.18	1.102	-0.118	0.159	-0.723	0.317
	ALP2	235	1	5	3.32	1.177	-0.158	0.159	-0.923	0.317
	ALP3	235	1	5	3.38	1.199	-0.272	0.159	-0.923	0.317

续表

测量变量		样本量	最小值	最大值	均值	方差	偏态		峰度	
		统计	统计	统计	统计	统计	标准差	统计	标准差	统计
供应链弹性	SCR1	235	1	5	3.33	1.088	-0.180	0.159	-0.593	0.317
	SCR2	235	1	5	3.27	1.053	-0.011	0.159	-0.700	0.317
	SCR3	235	1	5	3.37	1.007	-0.128	0.159	-0.486	0.317
	SCR4	235	1	5	3.33	1.138	-0.268	0.159	-0.653	0.317
	SCR5	235	1	5	3.27	1.073	-0.228	0.159	-0.587	0.317
	SCR6	235	1	5	3.51	1.030	-0.578	0.159	-0.076	0.317

对变量进行描述性统计分析时，用峰度和斜度两个指标对获得的数据进行是否是正态分布的判断。判断标准是：当数据的峰度值<5并且偏度值<2，就表明问卷的数据是符合正态分布的。通过表6－11中的结果所知，峰度值和偏度值均满足正态分布的标准，同时问卷题项的方差也比较小，说明受访者并没有极端地随意填写，数据能够较为真实地反映所测变量。

第四节　信度、效度分析

一、信度分析

本书采用Spss19.0对问卷的信度进行检验，具体的结果如表6－12所示：

表6－12　　变量的信度检测结果

变量	题项数	信度 Cronbach's α
探索吸收能力	5	0.818
转化整合能力	5	0.836
变革创新能力	6	0.881
网络协同能力	5	0.865
多源供应模式	3	0.784
战略库存模式	3	0.747
延迟制造模式	3	0.777
产品替代模式	3	0.818
供应链弹性	6	0.863

从表6－12可以看出，探索吸收能力、转化整合能力、变革创新能力、网络协同能力、产品替代模式和供应链弹性的Cronbach's α系数均大于0.8，多源供应模式、战略库存模式和延迟制造模式的Cronbach's α系数大于0.7，说明问卷具有良好的可信度，测量题项具有一定的一致性及稳定性。

二、效度分析

本书通过运用SPSS19.0和AMOS20.0对量表的效度进行分析，分别进行内容效度、结构效度、收敛效度进行分析。具体的结果如表6－13、表6－14、表6－15所示：

表6－13　协同创新能力的效度分析结果

变量	题项编号	标准化因子载荷	变量KMO值	组合信度（CR）	平均方差抽取量（AVE）
探索吸收能力	EA2	0.687	0.832	0.815	0.470
	EA3	0.753			
	EA4	0.673			
	EA5	0.694			
	EA6	0.614			
转化整合能力	TIA1	0.715	0.680	0822	0.480
	TIA2	0.652			
	TIA3	0.676			
	TIA5	0.707			
	TIA6	0.713			
变革创新能力	CI1	0.719	0.893	0.858	0.503
	CI2	0.783			
	CI3	0.805			
	CI4	0.704			
	CI5	0.755			
	CI6	0.759			
网络协同能力	NE2	0.763	0.811	0.866	0.565
	NE3	0.787			
	NE5	0.769			
	NE6	0.759			
	NE7	0.677			

表 6-14　　企业行为模式的效度分析结果

变量	题项编号	标准化因子载荷	变量 KMO 值	组合信度（CR）	平均方差抽取量（AVE）
多源供应模式	MSS1	0.725	0.695	0.788	0.539
	MSS2	0.764			
	MSS3	0.712			
战略库存模式	SI1	0.660	0.663	0.751	0.503
	SI2	0.691			
	SI3	0.772			
延迟制造模式	DIM1	0.702	0.689	0.777	0.538
	DIM2	0.762			
	DIM3	0.735			
产品替代模式	ALP1	0.783	0.719	0.814	0.593
	ALP2	0.748			
	ALP3	0.778			

表 6-15　　供应链弹性的效度分析结果

变量	题项编号	标准化因子载荷	变量 KMO 值	组合信度（CR）	平均方差抽取量（AVE）
供应链弹性	SCR1	0.758	0.828	0.857	0.501
	SCR2	0.757			
	SCR3	0.657			
	SCR4	0.704			
	SCR5	0.687			
	SCR6	0.676			

1. 内容效度

内容效度主要是指问卷的题项能够反映所要测度变量的程度，也就是说所设计的题项是否具有代表性，是否可以概括所要测量的变量的基本特性。本书在选择题项的时候阅读了大量的相关文献，大多采用成熟的量表，并且问卷经过了预测试，之后不断地与专家进行探讨，反复斟酌和不断修改，因此，本书的量表具有比较好的内容效度。

2. 结构效度

我们一般以 KMO 样本检验和 Bartlett 球型检验的检验结果作为探索性因子分

析的基础。问卷中每个题项的 KMO 值都大于 0.6，Bartlett 球型检验的结果小于 0.05，每个题项的因子载荷大于 0.5，这样才可以保证样本具有良好的结构效度。

（1）在对协同创新能力的效度分析结果中（表 6－13）可以看出探索吸收能力、转化整合能力、变革创新能力和网络协同能力的因子载荷都在 0.6 以上，其中探索吸收能力、变革创新能力和网络协同能力的 KMO 值均在 0.8 以上，效果较好，转化整合能力的 KMO 为 0.680 也是可以接受的，总的来说，协同创新能力的测量量表具有良好的效度。

（2）在表 6－14 中可以看出，企业行为模式的四个维度：多源供应模式、战略库存模式、延迟制造模式和产品替代模式的 KMO 值均大于 0.6，标准化因子载荷也都在 0.6 以上，均通过了结构效度的检验。

（3）如表 6－15 所示，供应链弹性的效度检验中，KMO 大于 0.8，标准化因子载荷均大于 0.6，表明效度比较好。

3. 收敛效度

本书通过 AMO20.0 对收敛效度进行检验，首先利用 AMOS 分析软件得出各个变量各题项的标准化因子载荷，然后运用组合效度计算器计算平均变异抽取量（AVE）和组合信度（CR），用 AVE 和 CR 来检测变量的收敛效度，当各题项的标准化因子载荷高于 0.6、AVE 高于 0.5、CR 高于 0.7 则说明量表具有较好的收敛效度。

（1）在对协同创新能力各变量的收敛效度分析中，从表 6－13 中可以看出，每个变量各题项的标准化因子载荷均大于 0.6，组合信度（CR）均在 0.8 以上，变革创新能力和网络协同能力的 AVE 分别为 0.503 和 0.565，均在 0.5 以上，尽管探索吸收能力和转化整合能力的 CR 分别为 0.815 和 0.822，AVE 分别为 0.470 和 0.480，小于 0.5，但是接近于 0.5，在一定程度上也是可以接受的。因此，也认为协同创新能力这个测量量表也具有良好的收敛效度。

（2）在对企业行为模式的测量维度的收敛效度分析中，从表 6－14 中可以看出，多源供应模式、战略库存模式、延迟制造模式和产品替代模式的标准化因子载荷均大于 0.6，CR 均大于 0.7，AVE 均大于 0.5，说明企业行为模式测量量变具有较好的收敛效度。

（3）最后，关于供应链弹性的收敛效度检测结果（表 6－15），也可以看出，供应链弹性的标准化因子载荷均大于 0.6，CR 为 0.857，AVE 为 0.501，所以，具有较好的收敛效度。

综上所述，本书量表具有较好的信度。

第五节 模型拟合与假设检验

一、模型拟合

本书通过使用 AMOS20.0 来检验各个变量之间的关系，结构方程模型可以比较清晰直观地看到各个因变量和自变量之间的相互作用关系，能够有效地建立起变量间的因果关系模型。模型拟合度越高，则代表模型越合理，参数估计的价值越大，在对模型拟合度进行分析时，本书采用大多数学者使用的判别指标和相应的标准（Giffith D. A. & Harvey M. G. ，2001），具体指标的标准如表 6 – 16 所示：

表 6 – 16　　　　模型拟合度测量指标

指标	评价标准		
	可接受	较好	非常好
卡方值与自由度比（χ^2/df）	(4.0，5.0]	(2.0，4.0]	≤2.0
近似误差均方根（RMSEA）	(0.08，0.1]	(0.05，0.08]	≤0.05
规范拟合优度指数（NFI）	(0.7，0.8]	(0.8，0.9]	≤0.9
增量适度量指标（IFI）	(0.7，0.8]	(0.8，0.9]	≤0.9
模型比较适合度（CFI）	(0.7，0.8]	(0.8，0.9]	≤0.9
Tucker – Lewis 指标（TLI）	(0.7，0.8]	(0.8，0.9]	≤0.9

通过 AMOS20.0 对样本数据进行分析，得到了下列拟合指标的值，具体的结果如表 6 – 17 所示，并且参照表 4 – 16 的判断标准，得到一系列结果。

表 6 – 17　　　　模型拟合度测量指标结果

	χ^2/df	RMSEA	NFI	IFI	CFI	TLI
拟合值	2.300	0.075	0.729	0.826	0.825	0.810
判断结果	较好	较好	可接受	较好	较好	较好

从表6－17可知，在对协同创新能力对供应链弹性的影响因素模型构建中，χ^2/df为2.3小于3，IFI、CFI和TLI分别为0.826、0.825和0.810，均在0.8以上，模型拟合值较好，虽然NFI为0.729小于0.8，但是也处于可接受的范围之内，RMSEA为0.075小于0.08，所以，本书的拟合指标满足要求，基本都在较好范围之内，总体而言，本书的模拟拟合度较好，能够做进一步假设验证分析。

二、假设检验

经过上文的分析，本书的模型拟合度基本较好，可以进一步做研究假设的验证，本书通过AMOS20.0对拟合模型进行路径分析，运用结构方程模型分别对协同创新能力对供应链弹性的影响、协同创新能力对企业行为模式的影响以及企业行为模式对供应链弹性的影响三个方面进行假设验证，验证企业行为模式的中介效应，验证文中所提出的假设。

1. 协同创新能力对供应链弹性的影响

通过AMOS20.0对样本数据进行分析，得到协同创新能力对供应链弹性影响的路径图，具体的输出结果如表6－18所示：

表6－18　协同创新能力对供应链弹性的影响分析

路径	标准化路径系数	标准误差	C. R.	P
探索吸收能力→供应链弹性	0.327	0.158	2.807	0.005
转化整合能力→供应链弹性	0.204	0.126	2.907	0.004
变革创新能力→供应链弹性	0.175	0.106	1.800	0.072
网络协同能力→供应链弹性	0.286	0.103	3.524	***

注：***表示P<0.001

从表6－18可以看出，探索吸收能力对供应链弹性的标准化路径系数为0.327，标准误差为0.158，C. R. 值为2.807，P值为0.005小于0.01，显著，所以探索吸收能力对供应链弹性的影响显著，探索吸收能力正向影响供应链弹性；转化整合能力对供应链弹性的标准化路径系数为0.286，同时P值位0.004，显著，C. R. 值为2.907大于2，说明转化整合能力与供应链弹性之间存在正向相关关系；变革创新能力对供应链弹性的标准化路径系数为0.175，标准误差为0.106，C. R. 为1.800<2，P值为0.072>0.05，说明变革创新能力与供应链弹性之间的正向关系不显著；最后，网络协同能力与供应链弹性之间的路径系数为0.286. P值小于0.001处于显著性水平之上，C. R. 为3.524，说明，网络协同能力对供应链弹性有着显著的正向影响。

2. 协同创新能力对企业行为模式的影响

同样的，通过软件AMOS21.0对样本数据进行分析，得到协同创新能力对企业行为模式影响的路径图，具体的输出结果如表6－19所示：

表6－19　　协同创新能力对企业行为模式的影响分析

路径	标准化路径系数	标准误差	C. R.	P
探索吸收能力→多源供应模式	0.394	0.126	3.720	***
探索吸收能力→战略库存模式	0.308	0.117	2.842	0.004
转化整合能力→延迟制造模式	0.527	0.112	3.761	***
转化整合能力→产品替代模式	0.884	0.161	6.203	***
变革创新能力→延迟制造模式	0.236	0.115	1.787	0.074
变革创新能力→产品替代模式	0.181	0.147	1.364	0.172
网络协同能力→多源供应模式	0.317	0.112	3.148	0.002
网络协同能力→战略库存模式	0.344	0.109	3.197	0.001

注：*** 表示P<0.001

从表6－19中我们发现，探索吸收能力与多源供应模式之间的标准化路径系数为0.394，标准误差为0.126，P值小于0.001，很显著，同样的C.R. 为3.720大于2，所以探索吸收能力与多源供应模式之间存在显著的正向相关关系；同时，探索吸收能力与战略库存模式之间的标准化路径系数为0.308，标准误差为0.117，C. R. 为2.842，P值为0.004，也很显著，所以探索吸收能力与战略库存模式之间存在正向的相关关系，说明供应链企业的探索吸收能力越强，企业可能更愿意尝试多源供应模式和留有战略库存在应对供应链中断的风险；表6－18中的数据显示，转化整合能力与延迟制造模式和产品替代模式之间的标准化路径系数分别为0.527和0.884，P值均小于0.001，比较显著，转化整合能力与延迟制造模式之间的C. R. 为3.761，与产品替代模式之间的C. R. 为6.203，均大于2，所以转化整合能力与延迟制造和产品替代之间均存在正向的相关关系，说明企业的转化整合能力越强，企业面对供应链中断可能会更倾向于选择延迟制造模式和产品替代模式来应对中断；变革创新能力对延迟制造模式的标准化路径系数为0.236，标准误差为0.115，C. R. 为1.787，小于2，P值为0.074大于0.05，不显著，所以企业的变革创新能力和更愿意选择延迟制造模式来应对中断，他们之间没有很明显的相关关系；同样地，变革创新能力和产品替代模式之间的标准化路径系数为0.181，P值为0.172，不显著，所以变革创新能力和企业采取产品替代模式来应对中断之间的关系不显著；网络协同能力与多源供应模式之间的标准化路径系数为0.317，标准误差为0.112，P值为0.002，小于0.01，比较显著，同时C.R.值为3.148，所以网络协同能力与多源供应模式之间存在正向的相关关系；此外，网络协同能力与战略库存模式之间的标准化路径系数为0.344，标准误差为0.109，C.R.值为3.179，也大于2，同时P值为0.001，所以网络协同能力会正向影响企业战略库存模式的选择，也就是说，企业的协同创新能力越强，企业就越会通过多源供应模式和战略库存模式来应对供应链中断。

3. 企业行为模式对供应链弹性的影响

同样的，通过软件AMOS20.0对样本数据进行分析，得到企业行为模式对供应链弹性影响的路径图，具体的输出结果如表6-20所示：

表6-20　　企业行为模式对供应链弹性的影响分析

路径	标准化路径系数	标准误差	C.R.	P
多源供应模式→供应链弹性	0.592	0.081	6.848	***
战略库存模式→供应链弹性	0.225	0.079	3.200	0.001
延迟制造模式→供应链弹性	0.267	0.082	3.780	***
产品替代模式→供应链弹性	0.265	0.058	3.879	***

注：*** 表示 P<0.001

从表6-20可以看出，多源供应模式与供应链弹性之间的标准化路径系数为0.592，标准误差为0.081，P值小于0.001，C.R.值为6.848，非常显著，所以供应链企业采用多源供应模式能显著地增强供应链的弹性；战略库存模式与供应链弹性之间的标准化路径系数为0.225，C.R.为3.200大于2，同时P值为0.001，也是非常显著，所以供应链企业采用战略库存模式能显著的增强供应链的弹性；延迟制造和供应链弹性之间的标准化路径系数为0.267，P值小于0.001，C.R.值为3.780大于2，也是非常显著，因此假设成立，延迟制造模式确实能很好地应对供应链中断的风险；最后，产品替代模式与供应链弹性之间的标准化路径系数为0.265，P值也小于0.001，非常显著，所以假设成立，在面对供应链中断，供应链企业采用产品替代模式对供应链弹性有着显著的正向影响。

4. 企业行为模式在协同创新能力和供应链弹性之间的中介效应检验

本书对多源供应模式、战略库存模式、延迟制造模式和产品替代模式的中介效应检验的时候采用依次检验法，遵循三个步骤，以多源供应模在协同创新能力与供应链弹性之间的中介作用为例：①首先验证协同创新能力对供应链弹性的直接作用，如果显著再进行第二步，如果不显著则终止中介效应检验；②其次检测探索吸收能力对多源供应模式的检验，如果显著则进行第三步检验，如果不显著则终止中介效应检验；③如果前两步都通过了显著性检验，则进行第三步，把多源供应模式加入到探索吸收能力和供应链弹性之间进行检验，如果加入之后多源供应模式对供应链弹性的作用明显，则中介效应显著；此时再看探索吸收能力和供应链弹性之间的关系，如果路径系数不显著，则完全中介，如果显著则是部分中介。按照同样的原理和方法再进行其他模式的中介效应检验。

（1）多源供应模式和战略库存模式在探索吸收能力与供应链弹性之间的中介效应检验，如图6－1所示。

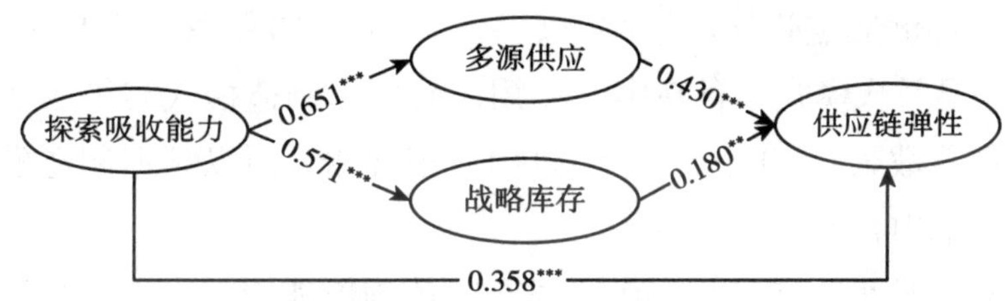

图6－1　探索吸收能力对供应链弹性影响的路径分析图

注：*** 表示 $P<0.001$；** 表示 $P<0.01$；* 表示 $P<0.05$。

从图6－1中可以看出，多源供应模式和战略库存模式都对探索吸收能力与供应链弹性之间的中介作用显著，表明供应链企业的探索吸收能力通过采取有效的多源供应模式和战略库存模式来保障供应链的弹性。加入多源供应模式和战略库存模式之后探索吸收能力对供应链弹性的影响显著，说明多源供应和战略库存两种模式存在中介效应，且为不完全中介效应。同时，对多源供应和战略库存的两个路径系数的大小进行比较，多源供应模式的标准化路径系数为0.430，P小于0.001，战略库存模式的标准化路径数为0.180，P小于0.01，因此可以看出多源供应模式的中介效应显著高于战略库存模式。

（2）延迟制造模式和产品替代模式在转化整合能力与供应链弹性之间的中介效应检验，如图6－2所示。

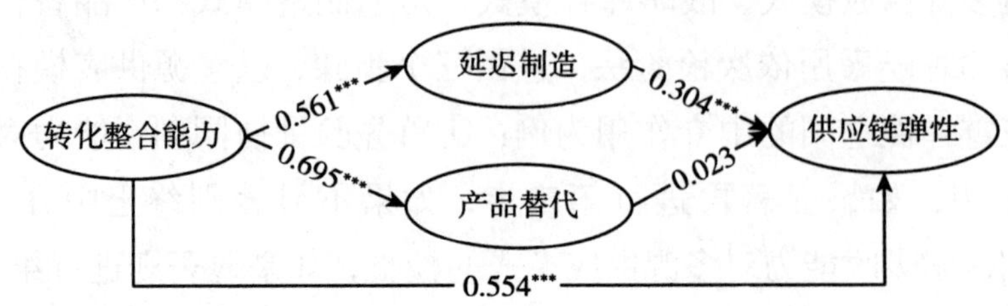

图6－2　转化整合能力对供应链弹性影响的路径分析图

注：*** 表示 P<0.001；** 表示 P<0.01；* 表示 P<0.05。

图6－2表明，在对延迟制造和产品替代两种模式中介效应检验中，发现在面对供应链中断的时候，企业的转化整合能力通过选择延迟制造模式来对供应链弹性产生显著影响。当然，供应链企业的转化整合能力对供应链弹性也要很显著的影响，同时转化整合能力显著地影响延迟制造模式和产品替代模式的选择，但是在转化整合能力和供应链弹性之间加入延迟制造和产品替代模式之后，产品替代模式对供应链弹性的影响不显著，标准化路径系数为0.023，P大于0.05，所以产品替代模式不存在中介作用，而延迟制造模式与供应链弹性之间的标准化路径系数为0.304，P小于0.001，很显著，所以延迟制造模式在两者之间存在不完全中介效用。

（3）延迟制造模式和产品替代模式在变革创新能力与供应链弹性之间的中介效应检验，如图6－3所示。

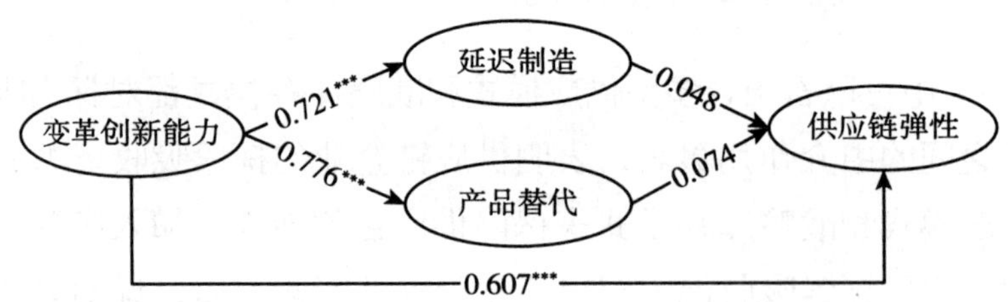

图6－3　变革创新能力对供应链弹性影响的路径分析图

注：*** 表示 P<0.001。

由图6－3可以看出，变革创新能力对供应链弹性有直接显著的影响，同时，变革创新能力对延迟制造和产品替代的模式的影响都比较显著，加入延迟制造和产品替代模式之后，变革创新能力对供应链弹性的影响显著，但是延迟制造模式和产品替代模式对供应链弹性的影响变得不显著，标准化路径系数分别为0.048、0.074。所以延迟制造和产品替代两种模式在变革创新能力和供应链弹性之间不存在中介效应。

（4）多源供应模式和战略库存模式在网络协同能力与供应链弹性之间的中介效应检验，如图6－4所示。

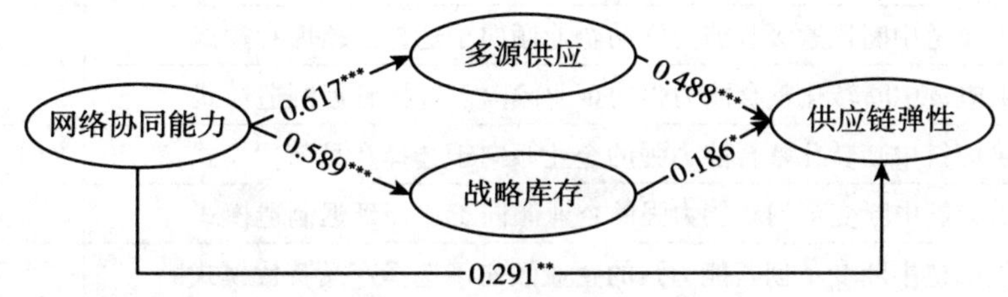

图6－4　网络协同能力对供应链弹性影响的路径分析图

注：*** 表示 P<0.001；** 表示 P<0.0；* 表示 P<0.05。

从图6－4中可以看出，多源供应模式和战略库存模式都对网路协同能力与供应链弹性之间的中介作用显著，标准化路径系数分别为0.488和0.186，表明供应链企业的网络协同能力通过采取有效的多源供应模式和战略库存模式来增强供应链的弹性。加入多源供应模式和战略库存模式之后网络协同能力对供应链弹性的影响显著，说明，多源供应和战略库存两种模式存在不完全的中介效应。同时，对多源供应和战略库存的两个路径系数的大小进行比较，多源供应模式的标准化路径系数为0.488，P小于0.001，战略库存模式的标准化路径数为0.186，P小于0.05，因此可以看出，多源供应模式的中介效应显著高于战略库存模式。

第六节　假设汇总与结果讨论

通过上文对协同创新能力对供应链弹性的实证分析，对假设进行了验证，得到如表6－21汇总的假设检验结果。

表 6－21　研究假设结果汇总

研究假设	检验结果
H1：探索吸收能力对供应链弹性具有直接显著的正向影响	支持
H2：转化整合能力对供应链弹性具有直接显著的正向影响	支持
H3：变革创新能力对供应链弹性具有直接显著的正向影响	不支持
H4：网络协同能力对供应链弹性具有直接显著的正向影响	支持
H5a：面对供应链中断探索吸收能力强的企业倾向于选择多源供应模式	支持
H5b：面对供应链中断探索吸收能力强的企业倾向于选择战略库存模式	支持
H6a：面对供应链中断转化整合能力强的企业倾向于选择延迟制造模式	支持
H6b：面对供应链中断转化整合能力强的企业倾向于选择产品替代模式	支持
H7a：面对供应链中断变革创新能力强的企业倾向于选择延迟制造模式	不支持
H7b：面对供应链中断变革创新能力强的企业倾向于选择产品替代模式	不支持
H8a：面对供应链中断网络协同能力强的企业倾向于选择多源供应模式	支持
H8b：面对供应链中断网络协同能力强的企业倾向于选择战略库存模式	支持
H9：企业采取多源供应模式对供应链弹性有显著的正向影响	支持
H10：企业采取战略库存模式对供应链弹性有显著的正向影响	支持
H11：企业采取延迟制造模式对供应链弹性有显著的正向影响	支持
H12：企业采取产品替代模式对供应链弹性有显著的正向影响	支持
H13a：探索吸收能力通过选择多源供应模式对供应链弹性产生影响	支持
H13b：探索吸收能力通过选择战略库存模式对供应链弹性产生影响	支持
H14a：转化整合能力通过选择延迟制造模式对供应链弹性产生影响	支持
H14b：转化整合能力通过选择产品替代模式对供应链弹性产生影响	不支持
H15a：变革创新能力通过选择延迟制造模式对供应链弹性产生影响	不支持
H15b：变革创新能力通过选择产品替代模式对供应链弹性产生影响	不支持
H16a：网络协同能力通过选择多源供应模式对供应链弹性产生影响	支持
H16b：网络协同能力通过选择战略库存模式对供应链弹性产生影响	支持

从表6－21可以看出我们提出的假设大部分得到了验证，但是个别假设和预期存在差异，本书将结合实际情况和相关理论进行进一步分析：

一、不同类型的协同创新能力对供应链弹性的直接促进作用

在信息化技术应用日益频繁的今天，企业之间联系的紧密程度逐渐加强，供应链成员之间的合作发展、资源共享成为常态。信息技术的发展使得企业对

资源的获取、配置以及生产运营方式都发生了变化，单个的企业很难应对复杂的商业环境，协同创新能力作为动态能力的一种，主要是联合供应链合作伙伴对动态的市场环境进行实时匹配，做到快速响应，这虽然是一个复杂的过程，但是对供应链中断具有很好的恢复作用，来保持供应链的弹性（宋华、陈思洁，2017；Weber，2007）。从上文的实证分析可以看出，探索吸收能力、转化整合能力和网络协同能力对供应链弹性具有很明显的促进作用，企业与外界进行信息、技术和资金等资源的交换与共享，并对这些资源进行吸收、学习，结合自身企业的生产运营状况进行资源的重组和生产要素的重置，能够迅速、敏捷地响应市场的变化，在供应链面对中断的时候能够迅速恢复企业的生产运营等基本的活动。这些在假设1、假设2、假设4都得到了验证。从路径系数来看，探索吸收能力和网络协同能力对供应链弹性的影响更加显著。

但是，变革创新能力对供应链弹性没有很显著的直接促进作用，因为变革创新能力更多强调的是在供应链中断情境下，尤其面临严重的中断时，企业往往需要进行“创新性破坏”来快速适应中断环境，这就是一种颠覆式的创新方式。变革创新是一个比较漫长的过程，颠覆式创新模式受到各种条件的制约：供应链企业之间的信任关系、地理环境的接近、企业的制度、管理者的特性等都会影响供应链企业进行颠覆式的创新活动（Bunduchi，2013；Paavo、Pia，2013），从而影响企业变革创新的效果。

二、不同类型的协同创新能力对企业行为模式的选择影响

企业基本都是异质性的，不同的企业所具有的协同创新的能力也是不同的，不同的能力会影响人们对事物的反应，也会影响企业对行为模式的选择。

搜索吸收能力和网络协同能力侧重于企业与外部供应链中断环境的匹配契合，而转化整合能力和变革创新能力侧重于企业内部要素间的匹配协同。企业动态能力主要侧重的是企业内部的生产要素的配置能力，供应链动态能力则侧重于跨组织之间的资源的获取和重置。多源供应模式和战略库存模式是供应链企业经常采取的战略，企业采取这种行为模式一方面是因为供应链企业之间的联系和合作逐渐加强，另一方面是企业的开放性程度逐渐提高，企业从外界获得充足的信息、技术和资金等资源能使企业更好地应对中断，所以，探索吸收能力和网络协同能力强的企业更倾向于采取多源供应模式和战略库存模式；产

品替代和延迟制造模式是从企业本身的生产方式来考虑的，调整资源的配置、调整生产线结构，这都需要企业具有资源的转化整合能力和变革创新能力。同时，具有资源的转化整合能力的企业在面对供应链中断的时候更倾向于从企业自身出发，调整资源的配置来使企业恢复正常的运营。以上这些在上文的实证分析中也得到了证实。变革创新能力的强弱对产品替代模式和延迟制造模式的选择并没有表现出明显的倾向性，变革是一个复杂的过程，尤其是“颠覆式”的创新行为需要企业具备多方面的能力，变革创新能力对具体行为模式的选择以及这中间的作用机理还需要深入地探讨。

三、面对供应链中断企业行为模式对供应链弹性的正向影响

相比传统的企业运作模式，鲁棒式供应链的运作模式大大提高了供应链的安全性（李彬、季建华，2013），柔性和敏捷性被认为是供应链能力的最核心的要素（杜漪、王志刚，2008；Lee、Pha，2015；Feng、Yu，2015），柔性反映的是供应链上各个组织对外界变化的响应能力，和柔性能力相比较，敏捷性更加强调企业通过整合链条上的资源、重新配置资源来快速响应，并且需要对市场有敏锐的嗅觉，能把握机会为企业创造价值（王英林等，2002；华中生，2007；戴勇，2008）。在供应链上构建冗余是鲁棒式供应链运作模式的本质，冗余主要包括产品或者零部件供应渠道的冗余（多源供应）、库存上的冗余（战略库存）、供应商的冗余（后备供应商）等。以及通过采用柔性生产、柔性供应（产品替代、延迟制造）等措施来应对供应链中断，这些在实证分析中也都得到了验证。

从路径系数中可以看出，多源供应模式对供应链弹性的影响显著于战略库存模式、产品替代和延迟制造模式，所以，企业在加强信息化建设的同时，也要不断地更新供应商信息库，同时要注意企业的信息、技术等资源的搜集、吸收和整合利用。

四、企业行为模式在协同创新能力和供应链弹性之间的影响机制

在协同创新能力对供应链弹性的影响机制研究中，协同创新能力对供应链弹性的影响也得到了验证，但是探究其具体的影响机制，本书发现能力通过影响行为进而影响最后的效果。多源供应模式和战略库存模式在探索吸收能力和

供应链弹性之间起中介作用，同时，多源供应模式和战略库存模式在网络协同能力和供应链弹性之间同样起中介作用。探索吸收能力和网络协同能力强的企业都是善于利用组织间资源，提高获取信息、技术和资金的能力来应对变化的外界环境，在供应链中断的情况下，企业更倾向于选择多源供应模式或者是利用战略库存来缓解中断带来的后果，从而更快地恢复供应链。

在上文的实证中发现，延迟制造模式在转化整合能力和供应链弹性之间具有中介作用，但是延迟制造模式在变革创新能力和供应链弹性之间的中介作用不显著。延迟制造模式是通过对标准的产品或者零部件这种基础通用产品先生产制造出来，然后再根据客户需求定制个性产品，这种模式侧重的是企业对获取的资源进行整合、利用和配置的能力，而变革创新尤其是“颠覆式”的创新模式受到很多因素的影响，延迟制造模式对变革创新能力和供应链弹性之间的中间作用不是很明显。在产品替代的中介效应的检验中，我们发现产品替代在转化整合能力和变革创新能力之间的中介作用都不是很明显，产品替代这种行为模式本身是对供应链弹性有正向的作用，但是转化整合能力强的企业在遇到供应链中断的时候，能够迅速地做出反应，通过结合市场环境，进行资源的重新配置，调整生产线等方式来恢复运营。

第七章 基于供应链中断的供应链企业决策思维模式

本章将供应链系统设置为动态的、随机的、开放的系统，研究基于供应链中断的供应链企业决策思维模式，即动态供应链协调机制。给出了动态供应链系统的随机微分博弈模型，并在保证整体努力水平的前提下，设置一个机制，使得各个节点企业的努力水平趋于平衡，从而达到供应链协调的目的。

第一节 努力水平和供应链系统利润

供应链系统中供应链节点成员的利润依赖于供应链整体所具有的持续的赢利能力，而持续的赢利能力又依赖于各个节点企业的最佳努力水平。因此，我们应该首先确定能使得该供应链利润最大化时各个节点企业的最佳努力水平。

一、努力水平随机微分博弈模型

努力水平与各个节点企业收益之间的关系为$\frac{\partial W}{\partial x}=o(x)$，而与控制（在本研究中确定为激励）的关系是$\frac{\partial W}{\partial u}=o(1)o(W)$。根据以上结论，本章令供应链及节点企业的收益函数为：

$$W=[-\beta_j^1 x_j(s)^2+\beta_j^2 x_j(s)+\beta_j^3]+c_j u_j[s,x_j(s)]$$

这一收益与供应链及其节点企业努力水平的约束条件有关，即努力水平的变化需要考虑两个部分的性质与状态，及其二者之间的变化情况：

（1）获得的收益。其状态向量为当前的努力水平和当前所受的控制，其边际调整量与当前的努力水平与控制的交互影响构成幂律关系，其幂指数大约为0.5；

（2）参考体系及当前的努力水平。即努力水平自身演化的动力学方程，本书定义为 $\dot{x}=o[(ux)^{1/2}-x]$，由于整个供应链是一个动态系统，因此需要考虑在某一段时间内整体利益最大，并在此前提下分析供应链各个节点的最优努力水平，考虑努力水平的随机偏微分方程模型为

$$\max_{u_j} E_{t_0}\left\{\int_{t_0}^{T}\sum_{j=1}^{k}[[-\beta_j^1 x_j(s)^2+\beta_j^2 x_j(s)+\beta_j^3]+c_j u_j(s,x_j(s))]\exp[-r(s-t_0)]ds+\sum_{j=1}^{k}\exp[-r(T-t_0)]\times q_j\times[-\beta_j^1 x_j(s)^2+\beta_j^2 x_j(s)+\beta_j^3]\right\} \tag{7-1}$$

$$s.t.\ dx_i(s)=\left[\alpha_i[u_i(s,x_i(s))x_i(s)]^{1/2}+\sum_{j=1,j\neq i}^{k} b_j^{[j,i]}[x_j(s)x_i(s)]^{1/2}-\delta_i x_i(s)\right]ds+\sigma_i x_i(s)dz_i(s),$$

$$x_i(t_0)=x_i^0\in X,i,j\in N=\{1,2,\cdots,n\} \tag{7-2}$$

供应链系统中各个节点企业对于努力水平的最优策略集轨迹是供应链系统最优的关键。由于在很多情况下，各个节点企业实际上是独立决策的，他们的最优决策与系统的最优决策之间是不一致的，必须合理协调这种分歧，使得各个节点企业的收益得到“合理”的分配，是“合作”的关键，只有如此，才能使得供应链节点企业行为同步，从而提高系统的整体竞争力，进行长时间的合作。

将各个节点企业获得的收益进行合理分配，这需要同时考虑个体理性约束与激励相容约束这两个条件。只有获利更多的节点企业主动地将自己的多余利益分享给其他的节点企业时，才能保证局域的和谐性与局域的持续性。只有如此，才能有足够的时间使得利益收敛到系统的吸引子。其个体理性约束与激励相容约束这两个条件分别为：

假定 $v^{(\tau)j}(\tau,x_{N_i}^{\tau*})=[v^{(\tau)1}(\tau,x_{N_i}^{\tau*}),v^{(\tau)2}(\tau,x_{N_i}^{\tau*}),\cdots,v^{(\tau)n_i}(\tau,x_{N_i}^{\tau*})]$ 是各个企业利益重新分配的价值大小，则，如果按照 Shapley 法进行利益分配时，那么每个主体获得的利益为

$$v^{(\tau)j}(\tau,x_{N_i}^{\tau*})=\sum_{K_i\subseteq N_i}\frac{(k_i-1)!(n_i-k_i)!}{n_i!}[W^{(\tau)K_i}(\tau,x_{K_i}^{\tau*})-W^{(\tau)K_i\backslash j}(\tau,x_{K_i\backslash j}^{\tau*})],$$

$j \in N_i$，且 $\tau \in [t_0, T]$，$x_{N_i}^{\tau *} \in X_{N_i}^{\tau *}$，其中 $v^{(\tau)j}(\tau, x_{N_i}^{\tau *}) = [v^{(\tau)1}(\tau, x_{N_i}^{\tau *}), v^{(\tau)2}(\tau, x_{N_i}^{\tau *}), \cdots, v^{(\tau)n_i}(\tau, x_{N_i}^{\tau *})]$ 分配向量应该满足条件 1 中描述的个体理性约束条件，即

条件 1：（ⅰ）$\sum_{j=1}^{n_i} v^{(\tau)j}(\tau, x_{N_i}^{\tau *}) = W^{(\tau)N_i}(\tau, x_{N_i}^{\tau *})$

（ⅱ）当 $j \in N_i$ 及 $\tau \in [t_0, T]$ 时，$v^{(\tau)j}(\tau, x_{N_i}^{\tau *}) \geqslant W^{(\tau)j}(\tau, x_{N_i}^{\tau *})$

并且，对于该主体总体获得的收益 $\mathscr{B}_i(s)$ 也应该满足与其瞬时目标相一致的条件——激励相容约束条件，即：

条件 2：当 $t \in [\tau, T]$ 及 $x_{N_i}^{t*} \in X_{N_i}^{t*}$ 时，$\sum_{j=1}^{n} \mathscr{B}_j(s) = \sum_{j=1}^{n_i} g^i[s, x_j^{S*}, \psi_{N_i}^{(t_0)N_i^*}(s, x_j^{S*})]$

二、供应链利润局部最优策略

使供应链利润最大化时各个节点企业的最佳努力水平就是式 7－1、式 7－2 的解。由于该博弈模型过于复杂，难于直接求得系统的 Pareto 最优解，于是将其转化成一个随机偏微分方程，并证明这一 PDE 解与博弈模型（式 7－1、式 7－2）的 Pareto 最优解之间的同一性，就可以通过对这一 PDE 进行求解获得博弈模型的 Pareto 最优解。为解决供应链利润局部最优的策略，给出定理 7－1，证明博弈模型与随机偏微分方程的等价性。

定理 7－1 存在正的实数 A、B、C 和 D，对于任意 $k(1 \leqslant k \leqslant n)$ 个合作企业形成的联盟体，其通过合作构成的供应链利润局部最优策略状态是随机偏微分方程：

$$dx_i(s) = \frac{\alpha_i^2}{4c_i^2}\Big[\frac{1}{2}A_i^K(s)x_i(s)^{1/2} + 2B_i^K x_i + C_i^K + \sum_{j=1, j \neq i}^{k} b_j^{[j,i]}[x_j(s)x_i(s)]^{1/2} - \delta x_i(s)\Big]ds + \sigma_i x_i(s)dz_i(s)$$

的解。

实际上，对于每一个主体，其努力水平的最优激励策略为：

$$\psi_i^K(t, x_1, x_2, \cdots, x_k) = \frac{\alpha_i^2}{4c_i^2}\Big[\frac{1}{2}A_i^K x_i^{1/2} + 2B_i^K x_i + C_i^K\Big]^2 x_i$$

其中，参数 A、B、C 和 D 是偏随机微分方程最优解的对应的参数，满足方程：

$$W^{(t_0)K}(t,x_1,x_2,\cdots,x_n) = \Big[\sum_{j=1}^{k}[A_j^K(t)x^{1/2} + B_j^K(t)x^2 + C_j^K(t)x + D_j^K(t)]\Big]\exp[-r(t-t_0)]$$

其中：

$$\dot{A}_i^K(t) = \left(r + \frac{\sigma^2}{8} + \frac{\delta}{2}\right)A_i^K(t) + 2B_i^K(t)A_i^K(t) - \frac{1}{2}\sum_{j=1,j\neq i}^{k}[b_j^{[j,i]}A_i^K(t)]$$

$$\dot{B}_i^K(t) = \left(r - 2\delta + \delta^2 - 2\sum_{j=1,j\neq i}^{k}[b_j^{[j,i]}A_i^K(t)]\right)B_i^K - \beta_i^1 + 4(B_i^K)^2 - \sum_{i=1}^{k}\left[\frac{\alpha_i^2}{16}[A_i^K(t)]^2\right]$$

$$\dot{C}_i^K(t) = r(\beta_i^2 + C^K(t)) - \sum_{i=1}^{k}\left[\frac{\alpha_i^2}{16}\left(\frac{1}{2c_i} - \frac{1}{4c_i}\right)[A_i^K(t)]^2\right] + \left(\sum_{j=1,j\neq i}^{k}b_j^{[i,j]}A_i^K(t) - \delta\right)C_i^K(t) + 4B_i^K(t)C_i^K(t)$$

$$\dot{D}_i^K(t) = \beta_i^3 - rD_i^K(t) - (C_i^K(t))^2$$

$$\dot{A}_i^K(T) = q_i,\ \dot{B}_i^K(T) = \dot{C}_i^K(T) = \dot{D}_i^K(T) = 0$$

定理7-1直接给出了模型（7-1）至模型(7-2）的Pareto最优解，通过这一结果，我们可以直接获得整个供应链系统利益最大化这一目标实现时，各个节点企业所决策得到的最优努力水平以及最优控制策略。在这一最优解结构中，所出现的参数A、B、C和D没有任何实质含义，只是为博弈模型的Pareto最优解服务，其大小取决于供应链系统的状态。当所研究的供应链类型确定时，这一供应链的结构就变成一个特定性质的研究对象，此时A、B、C、D是确定的，通过定理7-1，供应链利益最大时每个企业的最优策略就容易获得。

定理7-1为我们获得供应链利润局部最优策略提供了一种方式，即通过合作构成的供应链利润局部最优策略状态是努力水平，它是随机偏微分方程的解析解。获得了供应链利润局部最优策略状态，就可以设置机制，对供应链中的利润进行重新分配，以达到协调。

关于供应链中利润的重新分配，定理7-1给出了三种方式：

（1）如果供应链中所有企业全部合作，形成一个虚拟组织，此时$k=n$，通过定理7-1，直接可以获得供应链整体的最大利润；

（2）如果所有企业不合作，那么，$k=1$，此时可以通过定理7-1，获得各个企业独立决策获得的利润；

（3）如果供应链中只有一部分企业合作，那么$1\leqslant k\leqslant n$，我们需要找出其中合作的组分，并根据其具体情况，获得合作的拓扑结构，确定相应的 k 值，确定 k 个合作企业联盟体上供应链最优利润，以及供应链利润的动态分布状态。在此基础上，我们将设置一种动态供应链系统的机制，对供应链中的利润进行重新分配，以达到协调的效果。

第二节　动态供应链的协调机制

按照上节的分析，供应链整体最优时的各个企业应该的最优利润，与企业独立决策、或形成一个小的联盟时应该的最优利润存在一定的差距，如果这种差距很大，就会影响整个供应链的正常运作，因此，本节将研究动态供应链的协调机制，首先给出供应链中利润在各个节点企业的分配机制；然后，针对这种分配不足，给出了一个瞬间分配的补偿机制。

一、暂静态分配机制

定理 7－2 将给出供应链中利润在各个节点企业中的分配机制。

定理 7－2　对于满足考虑定理 7－1 以及条件 1—2 的供应链，企业 i 在供应链中所共享的重新分配的价值满足在供应链整体最优努力水平上的随机动态 Shapley 分配形式。

$$
\begin{aligned}
v^{(\tau)i}(\tau,x_N^{\tau*}) &= \sum_{K\subseteq N}\frac{(k-1)!(n-k)!}{n!}\times\left[W^{(\tau)K}(\tau,x_K^{\tau*})-W^{(\tau)K\backslash i}(\tau,x_{K\backslash i}^{\tau*})\right]\\
&= \sum_{K\subseteq N}\exp[-r(t-\tau)]\frac{(k-1)!(n-k)!}{n!}\\
&\quad\times\Bigg[\Big[\sum_{i=1}^{k}[\dot{A}_i^K(\tau)(x_i^{\tau*})^{1/2}+\dot{B}_i^K(\tau)(x_i^{\tau*})^2+\dot{C}_i^K(\tau)x_i^{\tau*}+\dot{D}_i^K(\tau)]\Big]\\
&\quad-r\Big[\sum_{i=1}^{k}[A_i^K(\tau)(x_i^{\tau*})^{1/2}+B_i^K(\tau)(x_i^{\tau*})^2+C_i^K(\tau)x_i^{\tau*}+D_i^K(\tau)]\Big]\\
&\quad-\Big[\sum_{i=1}^{k-1}[\dot{A}_i^{K\backslash i}(\tau)(x_i^{\tau*})^{1/2}+\dot{B}_i^{K\backslash i}(\tau)(x_i^{\tau*})^2+\dot{C}_i^{K\backslash i}(\tau)x_i^{\tau*}\\
&\quad+\dot{D}_i^{K\backslash i}(\tau)]\Big]+r\Big[\sum_{i=1}^{k-1}[A_i^{K\backslash i}(\tau)(x_i^{\tau*})^{1/2}+B_i^{K\backslash i}(\tau)(x_i^{\tau*})^2
\end{aligned}
$$

$$+ C_i^{K\setminus i}(\tau)x_i^{\tau *} + D_i^{K\setminus i}(\tau)]\Big], i \in N = \{1,2,\cdots,n\}$$

其中 $K\setminus i$ 是 $\{i\}$ 的补集，$t_0 \leqslant \tau \leqslant T$。

定理1的证明参见附录2。

二、补偿机制

定理7-2给出了供应链中利润在各个节点企业中的分配机制，然而，我们可以看出，这一分配策略需要知道在时间 τ 的各个企业的瞬间努力水平，但是由于这一博弈的随机性，因此，需要给出一个瞬间分配的补偿机制，以弥补这种分配的不足。定理2将给出补偿机制。

定理7-2 供应链中企业 $i \in N$ 在时间 $\tau \in [t_0, T]$ 的暂静态补偿所得的利润为：

$$\begin{aligned}
\mathscr{B}_i(\tau) = & -\sum_{K \subseteq N} \frac{(k-1)!(n-k)!}{n!}\Big\{[W_t^{(\tau)K}(t, x_K^{\tau *}|_{t=\tau})] \\
& - [W_t^{(\tau)K\setminus i}(\tau, x_K^{\tau *}|_{t=\tau})] + \sum_{j \in K}[W_{x_j^{\tau *}}^{(\tau)K}(\tau, x_K^{\tau *})|_{t=\tau}] \\
& \times \Big[\alpha_j^N [u_j^N(\tau, x_N^{\tau *})x_N^{\tau *}]^{1/2} + \sum_{i=1, i\neq j}^{n} b_i^{[i,j]} [x_i^{\tau *} x_j^{\tau *}]^{1/2} \\
& - \delta_N^{\tau *} x_N^{\tau *}\Big] + \frac{1}{2}\sum_{t=1}^{n} W_{x_t x_t}^{(\tau)K}(t, x_t^*)\sigma_t^2 x_t^2|_{t=\tau} \\
& - \frac{1}{2}\sum_{t=1}^{n} W_{x_t x_t}^{(\tau)K\setminus i}(t, x_t^*)\sigma_t^2 x_t^2|_{t=\tau}\Big\}
\end{aligned}$$

当且仅当 $x_N(\tau) = x_N^{\tau *} \in X_N^{\tau *}$ 时，这一分配将实现条件1和条件2。

定理7-3 能同时满足条件1和条件2的供应链中企业 $i \in N$ 在时间 $\tau \in [t_0, T]$ 的暂静态补偿所得的利润为：

$$\begin{aligned}
\mathscr{B}_i(\tau) = & -\sum_{K \subseteq N} \frac{(k-1)!(n-k)!}{n!}\Big\{[W_t^{(\tau)K}(t, x_K^{\tau *}|_{t=\tau})] \\
& - [W_t^{(\tau)K\setminus i}(t, x_K^{\tau *}|_{t=\tau})] + \sum_{j \in K}[W_{x_j^{\tau *}}^{(\tau)K}(\tau, x_K^{\tau *})|_{t=\tau}] \\
& \times \Big[\alpha_j^N [u_j^N(\tau, x_N^{\tau *})x_N^{\tau *}]^{1/2} + \sum_{i=1, i\neq j}^{n} b_i^{[i,j]} [x_i^{\tau *} x_j^{\tau *}]^{1/2} \\
& - \delta_N^{\tau *} x_N^{\tau *}\Big] - \sum_{h \in K\setminus i}[W_{x_h^{\tau *}}^{(\tau)K\setminus i}(\tau, x_{K\setminus i}^{\tau *})|_{t=\tau}] \\
& \times \Big[\alpha_h^N [u_h^N(\tau, x_N^{\tau *})x_N^{\tau *}]^{1/2} + \sum_{h=1, h\neq k}^{n} b_h^{[h,k]} [x_h^{\tau *} x_k^{\tau *}]^{1/2}
\end{aligned}$$

$$- \delta_N^{\tau *} x_N^{\tau *} \Big] + \frac{1}{2} \sum_{t=1}^{n} W_{x_i x_i}^{(\tau) K} (t, x_t^*) \sigma_t^2 x_t^2 \Big|_{t=\tau}$$

$$- \frac{1}{2} \sum_{t=1}^{n} W_{x_i x_i}^{(\tau) K \setminus i} (t, x_t^*) \sigma_t^2 x_t^2 \Big|_{t=\tau} \Big\}$$

其中，$x^{\tau *}$ 表示最优的努力水平。

定理7－2、定理7－3说明了各个节点企业最优策略集轨迹是系统最优的关键。在很多情况下，各个节点企业实际上是独立决策的，他们的最优决策与系统的最优决策之间是不一致的，必须合理协调这种分歧，使得各个节点企业的收益得到“合理”地分配。进而使得各个节点企业行为同步，从而提高系统的整体竞争力。将各个节点企业获得的利益进行合理分配是非常重要的。这样才能使得各个节点企业感到公平，而在更长的时间内合作。为此，这需要同时考虑个体理性约束与激励相容约束这两个条件，使获利更多的节点企业主动的将自己的多余利益分享给其他的节点企业，这样才能使得利益收敛到系统的吸引子，从而保证系统的稳定发展。

第三节　算例分析

本节将给出一个算例，考虑两个供应商，一个零售商构成的简单二级供应链协调的问题。通过对该算例的分析，将得到结论：供应链节点企业的努力水平的协同化水平如果很高，那么将会使得整个供应链利益最大，同时能够在最大程度上使得各个节点企业的利益得到最大程度的满足。

例7－1　假定供应链中有三个企业，其中两个供应商，一个零售商，其供应链的结构为：

$$\begin{pmatrix} 0 & 0 & 1 \\ 0 & 0 & 1 \\ 0 & 0 & 0 \end{pmatrix}$$

所有企业独立决策时的方程为：

$$\max_{u_j} E_{t_0} \left\{ \int_{t_0}^{T} [-\beta_j^1 x_j(s)^2 + \beta_j^2 x_j(s) + \beta_j^3 + c_j u_j(s)] \times \exp[-r(s - t_0)] ds \right.$$

$$\left. + \exp[-r(T - t_0)] \times q_j \times [-\beta_j^1 x_j(s)^2 + \beta_j^2 x_j(s) + \beta_j^3] \right\}$$

$$s.t.\ dx_i = [\alpha_i[u_i(s)x_i(s)]^{1/2} - \delta_i x_i(s)]ds + \sigma_i x_i(s)dz_i(s)$$

按照定理 7－1，我们可以获得每一个企业独立决策努力水平时的利润为：

$$W^{(t_0)i}(t,x_1,x_2,x_3) = [A_j^{\{i\}}(t)x^{1/2} + B_i^{\{i\}}(t)x^2 + C_i^{\{i\}}(t)x + D_i^{\{i\}}(t)]\exp[-r(t-t_0)]$$

其中：

$$\dot{A}_i^{\{i\}}(t) = \left(r + \frac{\sigma^2}{8} + \frac{\delta}{2}\right)A_i^{\{i\}}(t) + 2B_i^{\{i\}}(t)A_i^{\{i\}}(t)$$

$$\dot{B}_i^{\{i\}}(t) = (r - 2\delta + \delta^2)B_i^{\{i\}} - \beta_i^1 + 4(B_i^{\{i\}})^2$$

$$\dot{C}_i^{\{i\}}(t) = r(\beta_i^2 + C^{\{i\}}(t)) - \frac{\alpha_i^2}{16}\left(\frac{1}{2c_i} - \frac{1}{4c_i^2}\right)[A_i^{\{i\}}(t)]^2 - \delta C_i^{\{i\}}(t) + 4B_i^{\{i\}}(t)C_i^{\{i\}}(t)$$

$$\dot{D}_i^{\{i\}}(t) = \beta_i^3 - rD_i^{\{i\}}(t) - (C_i^{\{i\}}(t))^2$$

$$\dot{A}_i^{\{i\}}(T) = q_i,\ \dot{B}^{\{i\}}(T) = \dot{C}^{\{i\}}(T) = \dot{D}^{\{i\}}(T) = 0$$

如果所有企业全部参与合作，那么我们可以得到以下利润分布情况：

$$\max_{u_j} E_{t_0}\left\{\int_{t_0}^{T}\sum_{j=1}^{3}[[-\beta_j^1 x_j(s)^2 + \beta_j^2 x_j(s) + \beta_j^3] + c_j u_j(s,x_j(s))]\exp[-r(s-t_0)]ds + \sum_{j=1}^{3}\exp[-r(T-t_0)]q_j[-\beta_j^1 x_j(s)^2 + \beta_j^2 x_j(s) + \beta_j^3]\right\} \tag{7-3}$$

$$\begin{aligned} s.t.\ dx_i(s) = {} & [\alpha_i[u_i(s,x_i(s))x_i(s)]^{1/2} + b_j^{[j,i]}[x_j(s)x_i(s)]^{1/2} \\ & + b_k^{[k,i]}[x_k(s)x_i(s)]^{1/2} - \delta_i x_i(s)]ds + \sigma_i x_i(s)dz_i(s), \\ & x_i(t_0) = x_i^0 \in X, i, j, \\ & k \in N = \{1,2,3\}, i \neq j \neq k \end{aligned} \tag{7-4}$$

采用定理 7－1，我们可以知道：

$$\begin{aligned} W^{(t_0)\{1,2,3\}}(t,x_1,x_2,x_3) = {} & \left[\sum_{j=1}^{3}[A_j^{\{1,2,3\}}(t)x^{1/2} + B_j^{\{1,2,3\}}(t)x^2 + C_j^{\{1,2,3\}}(t)x \right. \\ & \left. + D_j^{\{1,2,3\}}(t)]\right] \times \exp[-r(t-t_0)] \end{aligned}$$

其中：

$$\begin{aligned} \dot{A}_i^{\{1,2,3\}}(t) = {} & \left(r + \frac{\sigma^2}{8} + \frac{\delta}{2}\right)A_i^{\{1,2,3\}}(t) + 2B_i^{\{1,2,3\}}(t)A_i^{\{1,2,3\}}(t) \\ & - \frac{1}{2}b_j^{[j,i]}A_i^{\{1,2,3\}}(t) - \frac{1}{2}b_k^{[k,i]}A_i^{\{1,2,3\}}(t) \end{aligned}$$

$$\begin{aligned} \dot{B}_i^{\{1,2,3\}}(t) = {} & (r - 2\delta + \delta^2 - 2b_j^{[j,i]}A_i^{\{1,2,3\}}(t) - 2b_k^{[k,i]}A_i^{\{1,2,3\}}(t))B_i^{\{1,2,3\}} - \beta_i^1 \\ & + 4(B_i^{\{1,2,3\}})^2 - \sum_{i=1}^{3}\left[\frac{\alpha_i^2}{16}[A_i^{\{1,2,3\}}(t)]^2\right] \end{aligned}$$

$$\dot{C}_i^{\{1,2,3\}}(t) = r(\beta_i^2 + C_i^{\{1,2,3\}}(t)) - \sum_{i=1}^{3}\left[\frac{\alpha_i^2}{16}\left(\frac{1}{2c_i} - \frac{1}{4c_i}\right)[A_i^{\{1,2,3\}}(t)]^2\right]$$
$$+ (b_j^{[j,i]}A_i^{\{1,2,3\}}(t) + b_k^{[k,i]}A_i^{\{1,2,3\}}(t) - \delta) \times C_i^{\{1,2,3\}}(t)$$
$$+ 4B_i^{\{1,2,3\}}(t)C_i^{\{1,2,3\}}(t)$$

$$\dot{D}_i^{\{1,2,3\}}(t) = \beta_i^3 - rD_i^{\{1,2,3\}}(t) - (C_i^{\{1,2,3\}}(t))^2$$

$$\dot{A}_i^{\{1,2,3\}}(T) = q_i$$

$$\dot{B}_i^{\{1,2,3\}}(T) = \dot{C}_i^{\{1,2,3\}}(T) = \dot{D}_i^{\{1,2,3\}}(T) = 0$$

$$x_i(t_0) = x_i^0 \in X, i,j,k \in N = \{1,2,3\}, i \neq j \neq k$$

假定 $k=2$，也就是说供应链中只有两个企业形成联盟了，这时形成联盟的可能性有以下几种：{1，3}，{2，3}，先看 {1，3}，其利润分布如下：

$$W^{(t_0)\{1,3\}}(t,x_1,x_3) = \left[\sum_{j=1}^{2}[A_j^{\{1,3\}}(t)x^{1/2} + B_j^{\{1,3\}}(t)x^2 + C_j^{\{1,3\}}(t)x\right.$$
$$\left. + D_j^{\{1,3\}}(t)]\right]\exp[-r(t-t_0)]$$

其中：

$$\dot{A}_i^{\{1,3\}}(t) = \left(r + \frac{\sigma^2}{8} + \frac{\delta}{2}\right)A_i^{\{1,3\}}(t) + 2B_i^{\{1,3\}}(t)A_i^{\{1,3\}}(t) - \frac{1}{2}b_j^{[j,i]}A_i^{\{1,3\}}(t)$$

$$\dot{B}_i^{\{1,3\}}(t) = (r - 2\delta + \delta^2 - 2b_j^{[j,i]}A_i^{\{1,3\}}(t))B_i^{\{1,3\}} - \beta_i^1 + 4(B_i^{\{1,3\}})^2$$
$$- \sum_{i=1}^{2}\left[\frac{\alpha_i^2}{16}[A_i^{\{1,3\}}(t)]^2\right]$$

$$\dot{C}_i^{\{1,3\}}(t) = r(\beta_i^2 + C^{\{1,3\}}(t)) - \sum_{i=1}^{2}\left[\frac{\alpha_i^2}{16}\left(\frac{1}{2c_i} - \frac{1}{4c_i^2}\right)[A_i^{\{1,3\}}(t)]^2\right]$$
$$+ (b_j^{[i,j]}A_i^{\{1,3\}}(t) - \delta)C_i^{\{1,3\}}(t) + 4B_i^{\{1,3\}}(t)C_i^{\{1,3\}}(t)$$

$$\dot{D}_i^{\{1,3\}}(t) = \beta_i^3 - rD_i^{\{1,3\}}(t) - (C_i^{\{1,3\}}(t))^2$$

$$\dot{A}_i^{\{1,3\}}(T) = q_i, \dot{B}_i^{\{1,3\}}(T) = \dot{C}_i^{\{1,3\}}(T) = \dot{D}_i^{\{1,3\}}(T) = 0$$

$i, j \in \{1,3\}, i \neq j$

然后考虑 {2，3}

$$W^{(t_0)\{2,3\}}(t,x_2,x_3) = \left[\sum_{j=1}^{2}[A_j^{\{2,3\}}(t)x^{1/2} + B_j^{\{2,3\}}(t) \times x^2 + C_j^{\{2,3\}}(t)x\right.$$
$$\left. + D_j^{\{2,3\}}(t)]\right]\exp[-r(t-t_0)]$$

其中：

$$\dot{A}_i^{\{2,3\}}(t)=\left(r+\frac{\sigma^2}{8}+\frac{\delta}{2}\right)A_i^{\{2,3\}}(t)+2B_i^{\{2,3\}}(t)\times A_i^{\{2,3\}}(t)-\frac{1}{2}b_j^{[j,i]}A_i^{\{2,3\}}(t)$$

$$\dot{B}_i^{\{2,3\}}(t)=(r-2\delta+\delta^2-2b_j^{[j,i]}A_i^{\{2,3\}}(t))B_i^{\{2,3\}}-\beta_i^1+4(B_i^{\{2,3\}})^2-\sum_{i=1}^{2}\left[\frac{\alpha_i^2}{16}[A_i^{\{2,3\}}(t)]^2\right]$$

$$\dot{C}_i^{\{2,3\}}(t)=r(\beta_i^2+C^{\{2,3\}}(t))-\sum_{i=1}^{2}\left[\frac{\alpha_i^2}{16}(\frac{1}{2c_i}-\frac{1}{4c_i^2})[A_i^{\{2,3\}}(t)]^2\right]+(b_j^{[i,j]}A_i^{\{2,3\}}(t)-\delta)C_i^{\{2,3\}}(t)+4B_i^{\{2,3\}}(t)C_i^{\{2,3\}}(t)$$

$$\dot{D}_i^{\{2,3\}}(t)=\beta_i^3-rD_i^{\{2,3\}}(t)-(C_i^{\{2,3\}}(t))^2$$

$$\dot{A}_i^{\{2,3\}}(T)=q_i$$

$$\dot{B}_i^{\{2,3\}}(T)=\dot{C}_i^{\{2,3\}}(T)=\dot{D}_i^{\{2,3\}}(T)=0$$

$i,\ j\in\{2,3\},\ i\neq j$

由基本假定，可知 $\exp\left[\int_\tau^t r(y)dy\right]W^{(\tau)K}(t,x_K^t)=W^{(t)K}(t,x_K^t)$，故，在瞬时时间 $\tau\in[t_0,t]$ 时，不同情况下的收益为：

$$W^{(\tau)K}(t,x_K^t)\exp[-r(t-\tau)]=W^{(t)K}(t,x_K^t)$$

可以知道：

$$W^{(\tau)i}(t,x_1,x_2,x_3)=A_j^{\{i\}}(t)x^{1/2}+B_i^{\{i\}}(t)x^2+C_i^{\{i\}}(t)x+D_i^{\{i\}}(t)$$

$$W^{(\tau)\{1,2,3\}}(t,x_1,x_2,x_3)=\sum_{j=1}^{3}[A_j^{\{1,2,3\}}(t)x^{1/2}+B_j^{\{1,2,3\}}(t)x^2+C_j^{\{1,2,3\}}(t)x+D_j^{\{1,2,3\}}(t)]$$

$$W^{(\tau)\{1,3\}}(t,x_1,x_2,x_3)=\sum_{j=1}^{2}[A_j^{\{1,3\}}(t)x^{1/2}+B_j^{\{1,3\}}(t)x^2+C_j^{\{1,3\}}(t)x+D_j^{\{1,3\}}(t)]$$

$$W^{(\tau)\{2,3\}}(t,x_1,x_2,x_3)=\sum_{j=1}^{2}[A_j^{\{2,3\}}(t)x^{1/2}+B_j^{\{2,3\}}(t)x^2+C_j^{\{2,3\}}(t)x+D_j^{\{2,3\}}(t)]$$

通过这一收益分布，我们可以知道：

$$f_i^{\{1,2,3\}}[\tau,x_1^{\tau*},x_2^{\tau*},x_3^{\tau*},\psi_i^{(\tau)\{1,2,3\}}(\tau,x_1^{\tau*},x_2^{\tau*},x_3^{\tau*})]$$

$$=\frac{\alpha_i^2}{4c_i^2}\left[\frac{1}{2}A_i^{\{1,2,3\}}(s)x_i(s)^{1/2}+2B_i^{\{1,2,3\}}x_i+C_i^{\{1,2,3\}}+b_j^{[j,i]}[x_j(s)x_i(s)]^{1/2}+b_k^{[k,i]}[x_k(s)x_i(s)]^{1/2}-\delta x_i(s)\right]ds+\sigma_i x_i(s)dz_i(s)$$

以及：

$$W_t^{(\tau)\{1,2,3\}}(t,x_{\{1,2,3\}}^{\tau*})\mid_{t=\tau} = \sum_{j=1}^{3}[\dot{A}_j^{\{1,2,3\}}(\tau)(x_j^{\tau*})^{1/2} + \dot{B}_j^{\{1,2,3\}}(\tau)(x_j^{\tau*})^2$$

$$+ \dot{C}_j^{\{1,2,3\}}(\tau)(x_j^{\tau*}) + \dot{D}_j^{\{1,2,3\}}(\tau)]$$

$$- r\sum_{j=1}^{3}[A_j^{\{1,2,3\}}(\tau)(x_j^{\tau*})^{1/2} + B_j^{\{1,2,3\}}(\tau)(x_j^{\tau*})^2$$

$$+ C_j^{\{1,2,3\}}(\tau)(x_j^{\tau*}) + D_j^{\{1,2,3\}}(\tau)]]$$

$$W_t^{(\tau)\{i,j\}}(t,x_{\{i,j\}}^{\tau*})\mid_{t=\tau} = [\dot{A}_i^{\{i,j\}}(\tau)(x_{\{i,j\}}^{\tau*})^{1/2} + \dot{A}_j^{\{i,j\}}(\tau)(x_{\{i,j\}}^{\tau*})^{1/2}$$

$$+ \dot{B}_i^{\{i,j\}}(\tau)(x_{\{i,j\}}^{\tau*})^2 + \dot{B}_j^{\{i,j\}}(\tau)(x_{\{i,j\}}^{\tau*})^2$$

$$+ \dot{C}_i^{\{i,j\}}(\tau)(x_{\{i,j\}}^{\tau*}) + \dot{C}_j^{\{i,j\}}(\tau)(x_{\{i,j\}}^{\tau*})$$

$$+ \dot{D}_i^{\{i,j\}}(\tau) + \dot{D}_j^{\{i,j\}}(\tau)] - r[A_i^{\{i,j\}}(\tau)(x_{\{i,j\}}^{\tau*})^{1/2}$$

$$+ A_j^{\{i,j\}}(\tau)(x_{\{i,j\}}^{\tau*})^{1/2} + B_i^{\{i,j\}}(\tau)(x_{\{i,j\}}^{\tau*})^2$$

$$+ B_j^{\{i,j\}}(\tau)(x_{\{i,j\}}^{\tau*})^2 + C_i^{\{i,j\}}(\tau)(x_{\{i,j\}}^{\tau*})$$

$$+ C_j^{\{i,j\}}(\tau)(x_{\{i,j\}}^{\tau*}) + D_i^{\{i,j\}}(\tau) + D_j^{\{i,j\}}(\tau)]$$

$$W_t^{(\tau)i}(t,x_i^{\tau*})\mid_{t=\tau} = [\dot{A}_i^{\{i\}}(\tau)(x_i^{\tau*})^{1/2} + \dot{B}_i^{\{i\}}(\tau)(x_i^{\tau*})^2 + \dot{C}_i^{\{i\}}(\tau)(x_i^{\tau*})$$

$$+ \dot{D}_i^{\{i\}}(\tau)] - r[A_i^{\{i\}}(\tau)(x_i^{\tau*})^{1/2} + B_i^{\{i\}}(\tau)(x_i^{\tau*})^2$$

$$+ C_i^{\{i\}}(\tau)(x_i^{\tau*}) + D_i^{\{i\}}(\tau)]$$

$$W_{x_i^{\tau*}}^{(\tau)K}(t,x_K^{\tau*})\mid_{t=\tau} = \frac{1}{2}A_i^K(\tau)(x_i^{\tau*})^{-1/2} + 2B_i^K(\tau)(x_i^{\tau*}) + C_i^K(\tau)$$

$$W_{x_i^{\tau*}x_i^{\tau*}}^{(\tau)K}(t,x_K^{\tau*})\mid_{t=\tau} = -\frac{1}{4}A_i^K(\tau)(x_i^{\tau*})^{-3/2} + 2B_i^K(\tau)$$

其中，$i \in K \subseteq N = \{1,2,3\}$

且

$$\Omega_N(t,x_N) = \begin{bmatrix} \sigma_1^2 x_1^2 & 0 & 0 \\ 0 & \sigma_2^2 x_2^2 & 0 \\ 0 & 0 & \sigma_3^2 x_3^2 \end{bmatrix}$$

将上述结果代入定理7－3，我们可以知道各个企业在时间 τ 上应该得到的收益。

$$\mathscr{B}_i(\tau) = -\sum_{K\subseteq N}\frac{(k-1)!(n-k)!}{n!} \times \left\{[W_t^{(\tau)K}(t,x_K^{\tau*}\mid_{t=\tau})] - [W_t^{(\tau)K\backslash i}(t,x_K^{\tau*}\mid_{t=\tau})]\right.$$

$$
\begin{aligned}
&+\sum_{j\in K}\left[W_{x_j^{\tau*}}^{(\tau)K}(\tau,x_K^{\tau*})\mid_{t=\tau}\right]\Big[\alpha_j^N\left[u_j^N(\tau,x_N^{\tau*})x_N^{\tau*}\right]^{1/2}\\
&+\sum_{i=1,i\neq j}^{n}b_i^{[i,j]}\left[x_i^{\tau*}x_j^{\tau*}\right]^{1/2}-\delta_N^{\tau*}x_N^{\tau*}\Big]\\
&-\sum_{h\in K\setminus i}\left[W_{x_h^{\tau*}}^{(\tau)K\setminus i}(\tau,x_{K\setminus i}^{\tau*})\mid_{t=\tau}\right]\Big[\alpha_h^N\left[u_h^N(\tau,x_N^{\tau*})x_N^{\tau*}\right]^{1/2}\\
&+\sum_{h=1,h\neq k}^{n}b_h^{[h,k]}\left[x_h^{\tau*}x_k^{\tau*}\right]^{1/2}-\delta_N^{\tau*}x_N^{\tau*}\Big]+\frac{1}{2}\sum_{t=1}^{n}W_{x_tx_t}^{(\tau)K}(t,x_t^*)\sigma_t^2x_t^2\mid_{t=\tau}\\
&-\frac{1}{2}\sum_{t=1}^{n}W_{x_tx_t}^{(\tau)K\setminus i}(t,x_t^*)\sigma_t^2x_t^2\mid_{t=\tau}\Big\}
\end{aligned}
$$

其中各参数 $W_t^{(\tau)\{1,2,3\}}(t,x_{\{1,2,3\}}^{\tau*})\mid_{t=\tau}$

$W_t^{(\tau)\{i,j\}}(t,x_{\{i,j\}}^{\tau*})\mid_{t=\tau}$、$W_t^{(\tau)i}(t,x_i^{\tau*})\mid_{t=\tau}$、$W_{x_i^{\tau*}}^{(\tau)K}(t,x_K^{\tau*})\mid_{t=\tau}$、$W_{x_i^{\tau*}x_i^{\tau*}}^{(\tau)K}(t,x_K^{\tau*})\mid_{t=\tau}$

见上式。且

$W_t^{(\tau)\{i,j\}}(t,x_{\{i,j\}}^{\tau*})\mid_{t=\tau}\xrightarrow{def}\begin{cases}W_t^{(\tau)\{1,3\}}(t,x_{\{i,j\}}^{\tau*})\mid_{t=\tau}\\W_t^{(\tau)\{2,3\}}(t,x_{\{i,j\}}^{\tau*})\mid_{t=\tau}\end{cases}$，分别表示企业 1—3 形成的联盟，企业 2—3 形成的联盟，共有两个联盟。

$W_t^{(\tau)\{i\}}(t,x_{\{i\}}^{\tau*})\mid_{t=\tau}\xrightarrow{def}\begin{cases}W_t^{(\tau)\{1\}}(t,x_{\{i,j\}}^{\tau*})\mid_{t=\tau}\\W_t^{(\tau)\{2\}}(t,x_{\{i,j\}}^{\tau*})\mid_{t=\tau}\\W_t^{(\tau)\{3\}}(t,x_{\{i,j\}}^{\tau*})\mid_{t=\tau}\end{cases}$，表示各个企业独立决策所形成的三个联盟。

本算例给出了在一个供应链系统中，基于企业节点努力水平的动态协调的策略，即当我们在某一决策时间点上进行决策时，可以根据决策时的初始条件，确定任何时间每个节点企业应该得到的激励水平，从而激励供应链按照最合适的努力程度进行合作，从而实现供应链系统的收益最大化，并且能够保障各个节点企业个体的利益得到尽量程度的满足。在本算例中，我们考虑了两个供应商，一个零售商构成的一个简单的二级供应链协调问题，也可以拓展到任意结构的二级供应链的协调问题上，也可以根据定理 7 - 1 和 7 - 2 的结果对任意结构的供应链进行协调。

采取上述策略，对供应链进行协调，设定参数 $r_1=r_2=r_3=0.5$，$\sigma_1=\sigma_2=\sigma_3=0.5$，$\delta_1=\delta_2=\delta_3=1$，$c_1=c_2=c_3=0.3$，$\alpha_1=0.5$，$\alpha_2=1$，$\alpha_3=0.9$，$\beta_{11}=4$，$\beta_{12}=1.5$，$\beta_{13}=2$，$\beta_{21}=2.5$，$\beta_{22}=3$，$\beta_{23}=7$，$\beta_{31}=1$，$\beta_{32}=0.9$，$\beta_{33}=5$，$b_1^{[2,1]}=-0.8$，$b_1^{[3,1]}=-0.1$。并且，各个企业之间的相互作用关系这一参数赋

值为 $b_2^{[1,2]}=2$，$b_2^{[3,2]}=4$，$b_3^{[1,3]}=0.1$，$b_3^{[2,3]}=3$，图7－1描述了些参数之下供应链协调后利润与供应链系统最优利润之间的差距及其变化情况：

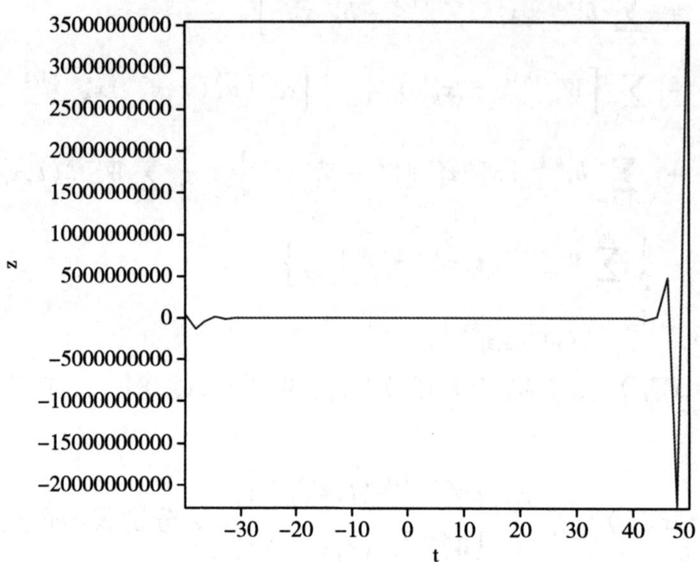

图7－1　协调下供应链整体利润随着时间变化情况

在图7－1中，我们可以看出，在真正协调之前，即 $t<0$ 时，供应链的收益并没有达到最优状态，在这一系列策略实施之后，供应链收益达到最佳，并且这一最佳状态将持续一段时间，直到这一时间达到45；在时间为45附近时，由于环境的变化，以及供应链中节点企业的行为自我调节，这一协调策略使得供应链获得了一个突然变大的利润，然而，由于供应链的动态性以及受到环境的变量的随机影响，这种暂时的赢利使得供应链中其他的企业没有适应过来，这一协调策略迅速失效，在随后一小段时间内使得供应链受到非常大的损失。以后，由于供应链节点企业适应了供应链系统的运作特征，以及环境的新特征，调整了协调的参数，使得供应链出现一个自我恢复的过程，并且这种策略重新使得供应链获得更加大的收益。但是当这一时间加长，协调的效果就不是很好，这实际上也体现了稳定的协调策略在长期不能协调供应链这一观点，也就是说，当供应链动态发展变化时，我们的协调策略必须进行一定的适应性的调整，这样才能保证供应链具有长期稳定性的持续综合竞争能力。这一结论也与实际情况吻合。

动态供应链系统的利润取决于节点企业的努力水平，本书研究如何协调各个企业的努力水平，使得供应链系统的利润最大。为此，构建了一个努力水平和供应链系统利润的随机微分合作博弈模型，并将它的最优解转化为等价的随机微分方程的解，以获得动态供应链系统利润最大化的努力水平。由于各个节点企业独立决策与系统的最优决策存在差距，本书进一步给出了协调机制——动态供应链在的利润在各个节点企业的动态的 Shapley 分配机制和对这种分配不足的供应链节点企业瞬间分配的补偿机制。

本书的研究得出如下结论：

（1）节点企业的努力水平大。供应链系统的利润大，持续合作的时间长。

（2）动态供应链系统协调的核心是将供应链系统最优化与供应链系统次优化之间的差距缩小，直至供应链中节点成员获得的利润达到可以接受的程度。

（3）基于企业节点努力水平的动态协调的策略，是构造系统的动态 Shapley 分配方案，给出供应链节点成员瞬时努力水平的最优决策量，及其补偿机制。

第八章　协同创新能力的影响因素分析

协同创新能力是一种强化企业对资源进行创新和协同的能力。在战略愿景驱动下，企业把资源进行创新性融合和重新创造，这种能力不仅仅是资源的简单叠加，更是资源的并购和重组，是一种系统的协调能力。协同创新能力属于组织动态能力的一种表现，它是使得企业更加迅速、敏捷和柔性地响应供应链中断风险的一种组织能力。

借鉴以往学者对协同创新能力的维度构成研究，再结合供应链企业的特点，从组织水平层面抽取能力的共同特征并以此作为组织能力的结构维度，协同创新能力的构成维度从匹配的视角界定为：搜索吸收能力、网络协同能力、变革创新能力和转化整合能力（见图8－1）。

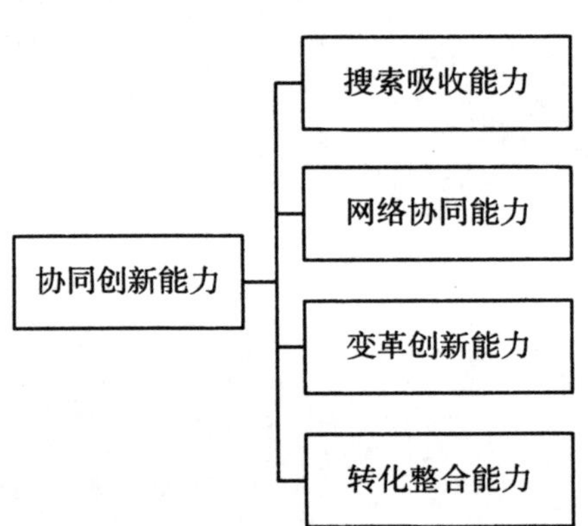

图8－1　协同创新能力的构成

接下来本章将从搜索吸收能力、网络协同能力、变革创新能力和转化整合能力四个方面来分析协同创新能力的影响因素。

第一节　搜索吸收能力形成的影响因素

搜索吸收能力是企业搜索寻找获取资金、信息、知识、技术等资源，并充分吸收这些资源以适应多变的动态环境的能力。知识的搜索吸收是企业进行协同创新的首要环节，是企业学习能力的重要组成部分。企业通过对各类资源的搜索和处理，结合市场动态环境对其进行更新改善，可以不断地获取新的外部知识，将其吸收转化成内部知识，并使其为自身所用。

知识的搜索吸收包括三个过程：

第一，了解新的外部知识并进行筛选识别；

第二，吸收有价值的新外部知识，对其进行内化；

第三，将内化后的新外部知识应用于实践。

在供应链企业的协同创新过程中，搜索吸收能力主要指的是企业从供应链其他企业获取外部知识并吸收的能力，也就是供应链企业的知识资源共享能力。这种能力可以帮助供应链企业提高各类资源的利用率和互补性，从而更好地进行协同创新，多方面的知识和信息来源还可以降低信息不对称带来的损失，抵御创新不确定性所带来的风险。

搜索吸收能力主要由外部搜索能力和知识吸收能力两部分组成，参考以往研究学者对外部搜索能力和知识吸收能力影响因素相关研究，结合供应链企业的特点，本节选取了以往研究学者提及次数最多、认可度最高的影响因素作为研究对象，探讨资源冗余、竞争战略倾向、内部资源管理和知识产权保护四个因素对企业外部搜索能力的影响，以及内部组织管理、人力资本水平、社会资本水平、R&D 活动水平和先验知识水平五个因素对企业知识吸收能力的影响（见图 8－2）。

一、外部知识搜索能力的影响因素

供应链企业之间的协同创新活动具有高投入、高风险的特点，这类活动会给企业带来非常大的不确定性，所以这对供应链企业来说是一个巨大的挑战，

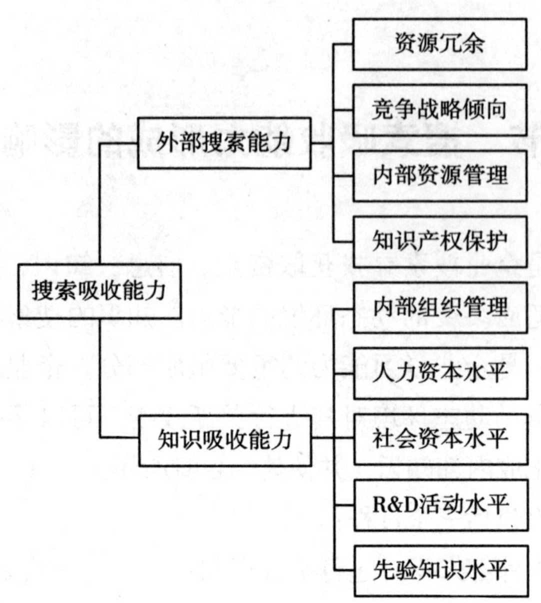

图 8－2　搜索吸收能力的影响因素

对企业的内部资源储备能力，外部搜索能力和知识吸收能力都是一个严峻的考验。近年来我国创新环境日益改善，创新速度和步伐日益加快，创新活动的复杂性也在提高，供应链企业仅仅利用内部资源开展创新活动已经无法满足要求，所以外部知识搜索能力的重要性越来越突出。

企业外部知识搜索活动是一项主动了解、搜寻、监测、评估外部新知识和资源的活动，是一种建立在企业自身发展条件上的认知活动，依靠的是较高的搜索努力程度和持续性的搜索活动，使企业能够最大限度地获取外部新知识，以此开展协同创新。

外部知识搜索能力从三个方面推动了企业协同创新能力的提升：

第一，外部的知识搜索能够帮助企业及时迅速地掌握科学技术发展的最新动向，抓住创新的机遇，因为一项新的技术从开发到专利发布是需要一定过程的，外部知识搜索能力能保证一项新技术的时效性，从而为协同创新提供最先进的技术支撑。

第二，外部知识搜索团队能在供应链企业的协同创新中充分发挥作用，为知识资源的共享提供动力。

第三，外部知识搜索活动具有高成本的特点，但同时高成本的外部搜索活动会提高企业所获取资源的利用率，更容易进行突破式产品创新。

1. 资源冗余

资源冗余指的是供应链保持超出正常需要的库存或生产能力。合理的资源冗余不仅可以帮助企业通过对产品库存和生产的调节，提升自身对顾客需求和市场环境变化的适应性，还可以发挥“缓冲器”的作用，降低市场环境动荡风险对企业的影响。创新存在不确定性，创新思想从诞生到尝试检验再到执行，每一个阶段都存在风险，资源的紧张会降低创新容错率，会让管理者无法承受创新失败所带来的后果，所以企业必须具备足够的库存资源或多余的生产能力。未吸收冗余，指原材料、库存现金等可以灵活使用、粘性小的冗余资源。这种资源具有很强的管理可判别性及吸收高风险等特点，能够降低创新不确定性的威胁，给企业继续创新的动力、信心和保障，使企业的创新战略有更加多样化的选择，不仅影响供应链企业协同创新资源的共享和互补，还会促进企业的外部知识搜索活动。

2. 竞争战略倾向

企业的竞争战略倾向指的是企业某一阶段所有行动的纲领或总目标。在企业的协同创新活动中，外部知识搜索也是根据企业的竞争战略做出的一项行动决策。市场竞争的强度越高，说明行业发展越成熟，此时如果仅仅依靠现有的技术生产是无法在市场中立足的，为了避免产品同质化和企业竞争力的下降，很多企业会采取差异化的竞争战略，加大对技术的研发力度，加大创新支出，提高企业自身的持续竞争力，而企业对持续竞争力的不断追求就是发展外部知识搜索能力的不竭驱动力。相反，如果一个行业缺乏市场竞争，垄断程度较高，企业就会专注于寻求稳定收益，创新活力就会变低，外部知识搜索能力也会变弱。根据市场有效性理论，市场竞争可以提高市场上知识资源的流动性和外溢性，可以降低外部知识搜索的难度，对于一些外部知识搜索能力强的企业来说，获取外部知识会变得更加容易。

因此，竞争战略倾向是企业外部知识搜索能力的重要影响因素。一般来说，竞争战略包括成本领先战略和差异化战略两大类。选择实施成本领先战略的企业会因为创新成本太高而降低外部知识搜索的宽度和深度。而选择实施差异化战略的企业会为了追求产品和服务的全方位创新，而努力提升自身的外部知识搜索能力，扩大外部知识搜索的宽度和深度，为差异化战略的落实提供各种异质性知识和资源。

3. 内部资源管理

外部知识搜索活动是一个高成本的活动，需要投入大量的人力、财力、物力。因此，企业在进行外部知识搜索活动时必须重视内部资源管理，使搜索获取到的新外部资源与已拥有的资源相匹配。企业内部资源管理包括人力资源管理和财务资源管理。人力资源管理和财务资源管理是发展外部知识搜索能力的必备条件，人力资源管理能为外部知识搜索能力的发展提供一定的知识获取渠道，其中员工优秀的沟通能力和社交能力能够帮助企业更快地获取并吸收知识；财务资源管理能够为外部知识搜索能力的发展提供一定的资金基础，合理的财务资源分配能够为企业拓宽外部知识搜索的深度和宽度提供基本支撑。

4. 知识产权保护

知识产权保护作为企业进行协同创新活动必要的外部条件，它能够降低交易成本，优化资源配置，从而起到激励创新的作用。以美、德、日为首的世界前 10 位发达国家，通过合理利用知识产权制度激励创新，占据了全球 84% 的研发资源、94% 的专利与 91% 的专利许可费用，体现了知识产权保护对于企业创新的重要性。

知识产权保护指企业对自己创新成果的一种独占性保护，是防止自己创新成果被竞争对手窃取从而维护自身利益的一种手段。当知识产权保护力度较大时，企业会选择利用内部知识开展创新活动，从而降低外部知识搜索活动的频率，但与此同时，企业对于外部知识搜索活动的成果预期会大大提高；当知识产权保护力度较小时，市场环境会更加适合外部知识搜索活动继续开展，企业获取有价值的知识资源的可能性会变大，但是企业会担心自己的核心技术和创新成果被对手窃取。因此，良好的知识保护机制应该控制好知识产权保护的程度和范围，既能保护企业的核心技术和创新成果不被窃取，又不会提高外部知识搜索活动获取资源的难度，还能激励企业进行协同创新。

二、知识吸收能力的影响因素

知识吸收能力指的是企业对搜索获取的外部资源进行识别、吸收、消化的能力，简而言之，就是企业内化外部资源的能力。知识吸收能力可以帮助企业将新获取的知识和旧知识更好地结合，从而形成新的资源并为自己所用，促进了企业内部成果的升级和更新，有利于企业竞争力的提升。知识的消化吸收能力体现了企业进行外部知识搜索活动的后续转化效率，对企业协同创新能力的提升有显著推动作用。企业的知识吸收能力越高，说明企业对外部隐性知识的消化能力越强，能够快速掌握关键技术的精髓并加以改进，从而推动企业创新活动的开展。相反地，当一个企业知识吸收能力很弱的时候，企业往往很难从外部吸收到新的知识，现有的内部知识得不到及时的更新和升级，那么企业在产品创新和开发上就会落后于其他企业，突破式创新的难度则会大大提高。

1. 内部组织管理

企业内部的组织管理因素包括企业内部的沟通交流机制、创新学习机制、知识共享机制和企业内部组织结构等。良好的企业内部机制和组织结构能促进外部知识的吸收和利用，能够加快企业知识吸收的速度，提高知识吸收的效率。例如，高效率的交流沟通机制有利于知识更快更好地在企业内部传递，有利于企业之间良好合作关系的形成；完善的创新学习机制和知识共享机制有利于外部知识进入企业内部，促进知识的内化吸收，形成积极的知识学习氛围，建立良好的知识循环体系，更有利于促进供应链企业内部的知识协同；合理的企业内部组织结构有利于知识的快速集中和扩散，企业能快速吸收外部知识，并将其应用在创新和技术研发领域。

2. 人力资本水平

企业内部员工的人力资本水平指的是企业员工自身的专业技能素养，包括员工自身的知识存量和技能熟练度等。员工的参与贯穿着企业整个知识吸收利用的过程，知识的传递和交流也依靠着企业员工的学习共享能力，企业员工的知识存量影响着企业对于外部知识的认知和反应，影响着企业消化吸收知识的速度和效率，影响着企业获取外部知识的渠道和机会。因此，企业员工应该丰富自身的知识存量，扩大自身的知识覆盖面，保证企业内部知识的互补性和异质性。

3. 外部社会资本水平

企业的外部社会资本水平是与企业内部组织管理因素和人力资本水平相对应的，指的是企业外部存在的有利于企业内部知识吸收的社会关系网络资源，对于供应链企业来说，就是企业与客户，企业与供应商等关系资源。企业的内部员工所能提供的异质资源是有限的，企业的外部社会资本可以为企业提供更多获取异质资源的渠道，能够促进知识在社会关系网络中的流动，使企业更加具有开放性，更加适应外部环境，促进知识的共享，有利于提高知识的吸收利用效率。

4. R&D 活动水平

企业 R&D 活动指的是企业的研发活动，包括企业为了提升研发技术能力的一系列资金投入和实践活动，其中研发实践活动包括与其他组织进行合作研究，出席技术会议，参与各种技术论坛等多种形式。企业加大对研发活动的资金投入，积极组织实践活动，不仅有利于新知识的引入和吸收，还可以促进新旧知识的融合交流，增进隐形知识在企业内部的流动和进一步转化，从而提高企业整体的知识总量，优化知识结构。

5. 先验知识水平

企业的先验知识指的是企业过去积累的经验和学习成果的知识总和，是企业本身的知识水平和内涵的重要体现，对于企业搜索、认知、吸收、消化、应用新外部知识具有至关重要的作用，也是提高企业协同创新能力的一个关键因素。企业的先验知识体现了企业现有的知识基础和知识结构，是企业拥有的重要无形资源，企业在已有的知识基础上开展创新活动往往会更加得心应手，并且通过企业已有的知识，企业可以更加快速地学习吸收相关领域的新知识，从而扩大自身的知识存量。如果新知识所处的领域是企业先验知识从未涉及的，那么企业的外部知识搜索成本就会提高，认知、吸收新知识的难度就会加大。

第二节　网络协同能力形成的影响因素

网络协同能力指的是企业与其他供应链成员之间保持良好合作关系以达成互惠互利目的的能力，强调的是整个供应链成员之间的联系和交流。因为随着创新管理的逐步发展，单个创新管理已经难以发挥作用，如今的企业开始注重开放式创新管理，注重创新关系网络的发展。创新关系网络的发展有利于企业更快速方便地聚集内外部资源，能够根据市场动态对其进行资源再配置。网络协同是供应链企业协同创新的关键性环节，供应链企业能够通过供应链关系网络，进行知识、资金、技术上的互补，促进各类创新资源的合理有效配置，避免出现资源过剩或者资源利用率低等问题，从而提升供应链企业的协同创新能力。

参考以往研究学者对企业网络协同能力影响因素的相关研究，结合供应链企业的特点，本章选取了以往研究学者提及次数最多、认可度最高的影响因素作为研究对象，从个体层、关系层和环境层三个层面来研究企业网络协同能力的影响因素。其中，个体层因素包括协同创新意愿和个体能力，关系层因素包括信任、沟通、承诺和合作，环境层因素包括协同文化、权责利分配机制和软硬件基础设施（见图8－3）。

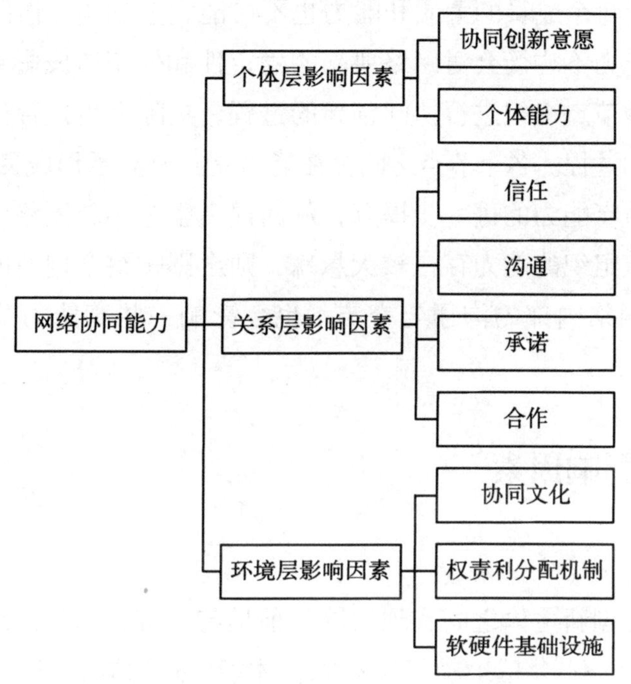

图8－3　网络协同能力的影响因素

一、个体层影响因素

1. 协同创新意愿

协同创新意愿是供应链企业达成网络协同的前提条件和必要基础，一般取决于企业管理层对于协同创新的态度。不一致的企业意愿很有可能会导致供应链企业网络协同的失败。因为，供应链企业的协同创新需要每一个成员企业的参与，作为创新网络的一分子，每一个节点组织都发挥着重要作用。在创新网络之中，各个节点之间的关系既有合作也有竞争，企业是否愿意将自己的创新资源等核心资源共享，是否愿意和其他节点达成合作关系，都取决于企业的协同创新意愿。

2. 个体能力

供应链企业的协同创新网络的建立，离不开每个个体成员自身的素质和能力，这些个体能力包括知识学习能力、创新能力、信息吸收能力、资源搜集能力等。供应链企业协同创新网络的成员具有多样性，每个成员的成长路径也都各有特点，因此每个成员的素质和能力也不可能完全均衡，协同创新网络中各个节点组织的能力不均衡会对网络协同的稳定性和效率造成影响。供应链企业与网络中的其他节点组织进行协同创新的过程，实际上也是合作伙伴之间进行资源优势互补的过程。各个节点之间存在能力差异有利于形成良性竞争的局面，能够促进各个节点能力的进一步提升，从而提高整个创新网络的合作水平。但是如果各个节点组织的能力存在较大悬殊，则会影响整个创新网络之间的合作关系，不利于网络内部的沟通与交流，也会影响一些高能力节点的协同创新意愿。

二、关系层影响因素

1. 信任

相互信任是创新主体之间实现协同的前提与基础，创新网络的建立必须以相互信任为前提，才会越来越稳定牢固，才能促进协同创新活动的顺利开展。协同创新网络中的“相互信任”具体体现在企业会相信其他合作伙伴做出的基本决策是对双方皆有利的，而不是自私地只考虑自身利益进行决策，忽视他人的利益。这种彼此信任的关系源于合作过程中产生的情感和关系，支撑着各个节点的合作。它可以有效地减少机会主义行为的发生，信任程度越高，那么创新网络各个节点的协同创新意愿也会越高，企业会更加积极地参与协同创新，在进行协同创新时积极投入创新资源，共享创新资源，以此推动整个创新网络更加长久稳固的发展，使创新目标早日实现。

2. 沟通

企业之间的沟通指的是企业将有用的信息和知识资源通过各种方式及时共享给合作伙伴。有效的沟通十分重要，不仅有利于信息和知识资源在创新网络中的有效及时传递，还有利于创新网络节点之间良好合作关系的建立和改善，推动协同创新中的网络协同。相反地，沟通不顺畅可能造成节点之间互相猜忌质疑，不利于良好合作关系的建立，不利于长远合作的达成，影响创新网络的发展和网络协同的产生。

3. 承诺

承诺是创新主体之间相互信任、沟通顺畅的结果。只有当创新主体对彼此的合作目标充满信心，拥有强烈的协同创新意愿的时候，才会做出确定的承诺。这代表自身在之后的协同创新过程中会继续维持这种良好的合作关系，甚至愿意加强深化这种关系，打开合作共赢的局面，为实现协同创新目标而一起努力，继续投入和共享创新资源。承诺有利于协同创新网络关系的稳定发展，这种态度不仅仅包括积极地参与协同创新，还包括愿意承担协同创新带来的风险和不确定性，体现的是协同创新网络中“合作共赢，风险共担”的良好合作关系。

4. 合作

合作指两个或两个以上的个体为了共同的目的和利益一起工作。企业创新网络是由众多个体组成的，每个节点组织为了共同利益而合作，也会为了个体利益而产生矛盾和冲突，因此，合作关系不代表没有冲突和矛盾，而是指各个节点组织为了合作关系的维系，愿意和对方化解矛盾和冲突，在不牺牲底线和原则的情况下，尽量包容对方，以推动创新网络更好地协同。合作的好坏也会直接影响到创新主体之间能否相互信任、沟通与承诺，在网络协同中发挥着至关重要的作用。

三、环境层影响因素

1. 协同文化

协同文化指的是创新主体在协同创新过程中逐步形成的，各个主体都愿意遵守的隐形规则，对主体成员的行为具有一定的约束力。它不仅是创新网络中各个节点组织相互交流、沟通的基本准则，也代表了创新网络的整体面貌和文化氛围，可以促进各个创新节点协同意识的形成。虽然协同文化是隐形的规则，不具备强制力，但是创新网络中的各个节点组织都会自觉遵守，有助于矛盾纠纷的缓和和化解。现阶段为国内学术界认可的协同文化的结构是“三层同心圆”结构，其中核心层指的是精神层，包括各个创新节点的共同目标、价值观和创新合作精神。因此，要促进创新网络协同的产生，就要统一各个节点的目标和价值观，这样可以减少各个节点之间不必要的矛盾和摩擦，使创新网络中的各个节点组织的行为更具一致性和效率。

2. 权责利分配机制

权责利分配机制指的是协同创新网络中将权利、责任和义务公平公正的分配给每个节点成员的机制。保持公平公正性是建立权责利分配制度的基本原则。公平感是供应链企业协同创新实现网络协同的重要保障。在整个创新网络中，各个节点成员都是单独的个体，存在异质性，创新目标也不完全相同，这些个体成员在参与协同创新时也扮演着不同的角色，行使着不同的权利和承担着不同的责任，因此在成果分配中要格外注重公平公正。公平公正的权责利分配机制有利于保持合作关系的长久和稳定，减少合作中的冲突，有助于激励各个创新网络节点积极参与协同创新。

3. 软硬件基础设施建设

软硬件基础设施指的是供应链企业在通过创新网络进行协同创新时所利用到的一系列公共资源和为协同创新网络的发展提供媒介的重要信息资源共享平台。良好的软硬件基础设施能够让信息和资源在网络中流动得更加迅速和有效率，有利于各个节点成员相互学习和形成良性竞争，有利于更加充分地吸收整合各类资源，为协同创新的进一步发展提供了良好的平台和发展环境，促进创新主体之间的网络协同。

第三节　变革创新能力形成的影响因素

变革创新能力指的是企业在面对变化的市场环境时，为了提升竞争力而打破传统模式，主动对产品、技术等进行改进和创新的能力。变革创新能力主要包括对市场变化的认知力、对资源的识别能力、信息处理能力和创新活动的执行力。它能够帮助企业快速适应变化的市场环境，对内外部资源和组织结构进行更新和重构，充分开发员工的创新能力，营造浓郁的创新文化氛围，为企业开展协同创新活动提供良好的环境和条件。企业的变革创新能力不仅依靠员工的创新活力，还依靠整个企业的自主研发能力，受企业创新激励制度和文化氛围的影响，同时还要考虑创新风险。作为协同创新能力的核心组成部分，变革创新能力为供应链企业协同创新提供了核心动力。

参考以往研究学者对变革创新能力影响因素的相关研究，本书选取了以往研究学者提及次数最多、认可度最高的影响因素作为研究对象，探究员工创新能力、企业自主研发能力、创新损失容忍度、创新激励制度和创新文化氛围这五个因素对企业变革创新能力的影响（见图8－4）。

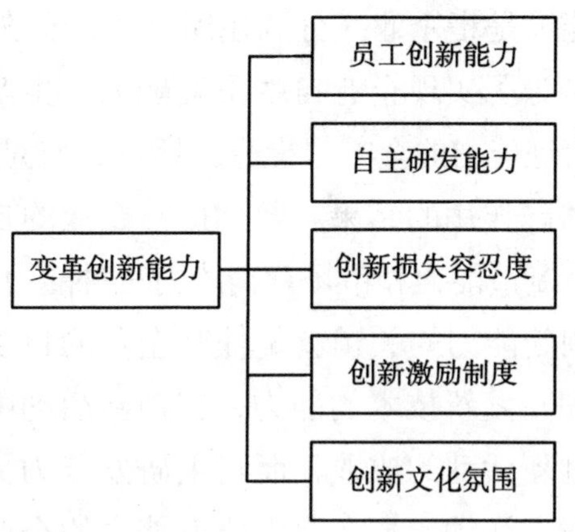

图8－4　变革创新能力的影响因素

一、员工创新能力

在整个企业组织之中，员工作为企业价值的直接创造者，发挥着最基层却也最重要的作用。员工个人的创新能力影响着整个企业的变革创新能力。爱德拉奔驰公司的一名德国生产总监曾将中国工厂的151种浪费总结归纳为了八大类，作为八大类其中之一的创意浪费最显著的表现就是企业没有充分倾听员工提出的建议。企业员工的创新思想来源于他们工作的细节，来源于他们日常工作中遇到的问题，这些看似微不足道的创新想法如果加以重视，往往可以帮助整个企业组织化解诸多危机。一旦员工提出的创意想法或问题建议不被管理层所重视，或者是不假思索地遭到拒绝，员工的创新热情将遭到极大的打压和抑制，如果员工的创意和想法被认真考虑或者得到了管理层的重视，那么员工的创新积极性会得到充分的调动。据美国哈佛大学心理学家威廉·詹姆斯在对员工激励的研究中发现：按时计酬的员工每天只需发挥自己20%—30%的能力，就足以保住个人的饭碗。但若充分调动其积极性、创造性，其潜力可发挥出80%—90%，即如果充分激励员工，其绩效可相当于目前的3—4倍。因此，想要提高企业的变革创新能力，就必须充分调动员工的个人创新积极性。

二、自主研发能力

企业的自主创新能力是指企业充分利用所拥有的内外部创新资源进行创新的一种能力，其目的是为了实现企业自主研发能力、生产制造能力，企业价值实现能力和企业经营管理能力的全方位提升。所以，它是企业的一种综合能力，是多种企业动态能力共同作用的结果。要想提升企业的自主创新能力，必须实现自主研发能力，生产制造能力和市场营销能力三种能力的统一。

提升企业的自主创新能力的关键就是提升企业的自主研发能力。研发能力指企业研究传统技术和开发新技术的能力，在创新活动中发挥着至关重要的作用，有时甚至决定着创新活动的成败，而自主研发能力更加强调自主，指的是不依靠外力进行技术研发活动，拥有自主研发能力的企业掌握着核心技术和产品的知识产权，在市场中具有更加持久的竞争力和生命力。虽然协同创新能力强调的是整个供应链成员的统一协同，但是单个成员的创新能力越强，则协同创新能力也会越强，合作关系会越稳固。

三、创新损失容忍度

创新损失容忍度指的是企业面对创新失败带来的后果和损失的承受能力。因为创新具有不确定性，存在诸多的风险，虽然创新活动对于企业长远发展和核心竞争力的提升尤为重要，但是因其高成本性，需要投入很多人力、物力和资金，一旦创新活动失败，投入的成本付诸东流，会对企业的发展造成巨大负面影响。

创新活动失败的原因一般来说有以下三种：

第一，企业的创新成果无法及时投入使用和实践，无法为企业创造利润；

第二，企业内核心技术人员离职，导致创新成果和技术人才的流失；

第三，缺乏敏锐的创新触觉，忽略了外部更加优秀的创新成果，从而出现“闭门造车”的现象。

因此，企业必须提高自身的创新损失容忍度，只有拥有了包容创新失败的能力，才会拥有更多创新的勇气和毅力。

四、创新激励制度

企业的创新激励制度在创新过程中发挥着重要作用，它直接影响着企业创新的原动力、创新的速度和质量等。企业内部的创新激励主要来源于制度激励，对象以员工为主，特别是技术研发人员和经营管理人员。良好有效的创新激励制度可以激发员工的创新热情，为企业创新提供动力和源泉。员工的创新热情被唤起之后，企业可通过适当的奖励和表扬让这种热情一直保持下去，这样才有利于企业整体变革创新能力的长远发展。这种奖励主要包括产权奖励、晋升奖励和公开的认可或金钱奖励，其中金钱和晋升奖励是最有效和直接的方式，无论哪种奖励方式，都需要一个完整的创新激励制度来维护，这样才能促使员工在日常工作中主动去发掘创新潜力，从而推动整个企业的创新活力。

五、创新文化氛围

企业创新文化指的是企业在生产经营和创新活动中形成的独具企业特色的创新精神财富和创新物质形态的总和，它包括创新理念、创新准则、创新制度和创新环境等。企业的创新文化对企业员工的影响十分巨大，会激发员工的创新热情和活动，为其创新思想的产生和实践提供动力，有助于企业核心竞争力的提升。对于供应链企业来说，如果能形成一种自由开放、信息共享、协同合作的创新文化氛围，不仅有利于企业内部知识的共享和流动，为协同创新提供良好环境，还可以提高创新网络中各个节点组织的凝聚力，推动整个供应链的长远发展，从而推动协同创新活动的深入。

例如，谷歌的“自由式”办公允许工程师将20%的工作时间用来钻研自己感兴趣的项目，这种灵活的办公制度能够鼓励玩家的创新思维，虽然这20%的自由时间并不一定能产生100%的回报，但是这代表了谷歌公司自由开放的创新文化氛围。事实证明，这20%的自由时间为谷歌提供了很多新产品创意，在这种创新文化的带领下，谷歌公司拥有了远超于市场水平的创新活力和生命力。

第四节　转化整合能力形成的影响因素

转化整合能力是企业将搜索、获取和吸收到的资源进行整合转化并投入使用的一种能力。整合的资源不仅包括有形资源还包括知识、技术、信息等无形资源。对于资源的整合也不是机械地整理和集合，而是需要企业根据自身的条件需求和所处的市场环境，运用科学的方法，对企业所拥有的来源不同、效用不同的资源进行有效选择、配置和融合。这是一个创造新资源的过程，这个过程会赋予新资源较强的柔性、更高的价值性，使之更具系统性和条理性。转化整合能力可以使零碎单个的资源变成一个具有凝聚力的整体，充分发挥资源的各种效用，促进资源的有效配置，只有企业内部资源和企业外部动态环境相互适应的时候，企业所拥有的资源才会在最适合的条件下发挥最大效用，才能有效提高企业应对供应链中断风险的能力。当企业面临供应链中断风险时，转化整合能力能够在供应链中断之前充分搜索、获取和吸收相关的信息资源，适应供应链的动态环境以防止中断发生；在供应链中断过程中，充分转化整合所拥有的信息资源，能够及时迅速地采取相应有效的措施来应对供应链中断；中断之后积极采取应急措施，充分利用资源来进行后续的补救和优化。

转化整合能力作为企业协同创新能力的重要组成部分，能够显著提高企业的协同创新能力。资源的转化整合不仅有利于改善企业绩效，还有利于提升企业的竞争力。一方面，转化整合能力通过对企业搜寻吸收的内外资源、新旧资源、单个和整体资源进行转化整合，使企业能够充分发挥这些信息资源应有的效用，利用这些新资源创造出更好的企业绩效。另一方面，转化整合能力可以帮助企业在创新过程中充分利用人力、物力、资金等资源，有效地保证创新活动的投入与产出，有利于创新思想的孕育，有利于企业员工创新主观能动性的发挥，以此提升企业竞争力。

企业转化整合能力的影响因素包括战略预见能力、配置置换能力和激活融合能力（如图8－5），这三个能力因素贯穿着企业协同创新活动的整个过程，影响着企业知识转化整合的各个关键环节。

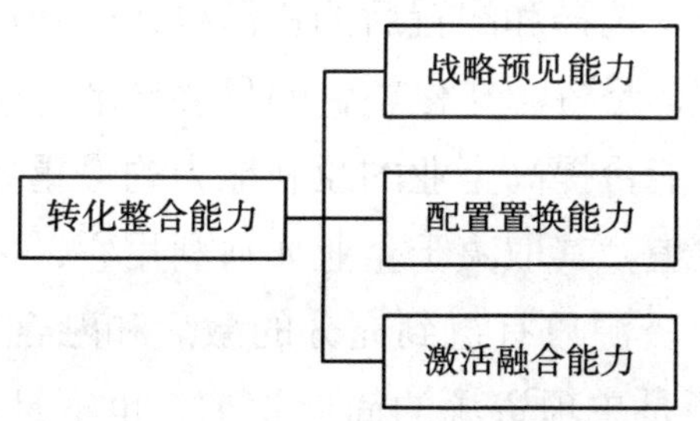

图8-5　转化整合能力的影响因素

一、战略预见能力

战略预见能力指的是企业在面对外部市场环境变化和组织内部存在的潜力和问题时所表现出来的快速应变能力和及时洞察力。战略预见能力强，企业就可以快速及时地预见客户需求和市场环境的变化，能够抓住合作的机遇和竞争的关键，然后有针对性的识别和选择资源的种类、数量和用途，以充分发挥资源的最高效益。这种资源的识别和选择一般从企业战略的宏观角度考虑，它涉及企业全局发展和长远利益，在选择合适的资源时，要充分考虑资源的基本定位和获取资源的风险，要结合产业领域、市场竞争环境和生产需要选择最合适的资源。

二、配置置换能力

配置置换能力指的是企业在提升自己竞争优势的过程中所拥有的对资源的合理使用和配置能力。资源的配置和置换需要充分考虑企业的内部情况和外部环境，主要表现在资源配置的数量、质量和合理性等方面。资源是有限的，任何一个企业都不可能具备所有类型的资源，所以企业在积极获取稀缺资源的同时，也要考虑成本和风险，及时置换获取成本高难度大的资源，合理配置已经拥有的资源，充分促进资源的有效配置，避免资源的浪费和闲置。

三、激活融合能力

激活融合能力是企业如何使用所拥有的资源，充分发挥其效用的一种能力。

资源的激活融合是将科学选择和配置后的资源投入企业产品生产、经营管理和研究开发等领域的过程，是资源转化整合的最终环节，也是决定企业资源能否为企业带来最佳效益，能否提高企业的盈利能力的最重要环节。资源自身的价值和效益并不是一个定值，其取决于企业如何利用它，采取何种方式充分的激活资源的价值和效益。资源只有得到充分的激活和融合才能创造出最佳效益。资源的激活与融合并不是单项资源的简单相加，也不是简单的直接投入使用，在激活和融合的过程中，必须遵循资源之间相互匹配，相互补充，相互增强的原则，充分挖掘资源存在的价值和未来潜能，将企业外部资源和内部资源有机融合，使其相互作用相互影响，创造出“1 +1 >2”的效果。在对资源进行激活与融合的时候还需要考虑资源和企业具体情况之间的适配性，做到具体问题具体分析。

第九章　协同创新能力的培育策略

第一节　基于搜索吸收能力的协同创新能力培育

一、外部知识搜索能力培育策略

1. 设置应急库存，保持适量资源冗余

（1）建立更加开放的系统环境，加快企业进行外部知识搜索活动的效率和速度，提升企业的知识吸收能力，为企业开展协同创新活动提供知识基础和能力基础。

（2）企业要充分利用和合理配置一切已有的资源，以适应变化的外部环境和竞争模式，保持适量的资源冗余，既要积极参与创新发展，又要保持冗余资源以维持基本的生产运作，推动企业的知识搜索吸收活动的开展。

（3）设置应急库存，充分发挥冗余资源作为企业缓冲器的积极作用，分散创新风险，为协同创新活动的开展提供信心和安全保障。

麦当劳的麦乐送外卖模式就是一个体现“冗余资源”创造性利用的鲜活案例，它没有改变传统送餐的要素，而是采取了一种新模式，把各个餐厅的需求进行重新整合，充分利用了内外部资源，建立了专门的外卖平台，创造出了一种新的餐厅商业模式。

2. 采取差异化的竞争战略

差异化战略指的是企业采取的与竞争对手的产品、服务等有明显差别的经营战略，这种战略能凸显企业的核心竞争优势，其独特的产品和个性化的服务能够吸引顾客的目光，赢得目标群体的喜爱，并且很少有替代品。采取差异化的战略，企业为了追求产品、服务、技术等各方面的创新而加快知识搜索活动的步伐，提高外部知识搜索的宽度，从总体上提高外部知识的存量和异质性。

差异化战略一般从产品差异化、服务差异化、营销差异化、人员差异化和竞争者差异化五个方面实施。小米手机就是差异化战略实施的成功案例之一，在产品方面，定位于中高端机市场，走的高性价比路线；在服务方面，坚持“为用户省一点心”的服务理念，积极听取用户反馈；在营销方面，采取新型营销方式，利用了微博、事件等多种媒介手段；在人员方面，团队组成成员多样化，既有经验丰富的优秀软件工程师，又有刚毕业怀揣梦想的年轻人，既专业稳重又充满朝气和活力；在竞争者方面，拥有一大批关联公司，形成了以小米手机为纽带的互联网帝国。小米的差异化战略大大提高了小米的外部知识搜索能力，促进了小米科技和其他关联企业的协同创新。

3. 加强人力资源管理和财务资源管理

组织人力资源管理部门应有计划性和前瞻性，在人员招聘、职责描述、帮助新成员内部化和人员匹配等环节中，明确组织职位对成员知识基础的要求，确保员工具备完成职责所需的基础知识，使全体员工对本企业所需的各种知识有所了解。在注重员工知识基础的同时，还要注重员工的社交能力和知识分享能力，因为员工也是企业知识搜索渠道之一，不同特质的员工可以为企业提供异质性知识，拓宽企业的知识搜索宽度。

在财务资源管理方面，不仅要加强基础设施建设，为财务信息资源的收集、处理提供环境和条件，还要保持财务信息的真实、安全、规范，采用科学合理的方法，充分利用财务信息，发挥其巨大的潜力和作用。要建立一个真正的财务资源管理型组织，组织需要筹措较低成本的资本资源；向投资收益率较高的地方配置资本资源，并对资本资源的使用过程进行核算和监督；处理公司内外的财务关系等。这样才能为企业进行外部知识搜索提供经济基础和设施保障，为企业进行协同创新保驾护航。

4. 建立良好知识产权保护机制，适当保持技术的独占性

（1）建立良好的知识产权保护机制。供应链企业具有高灵活性和高效率性，能为知识产权保护提供丰厚的资源支持，可以弥补以往知识产权协作机制的不足。知识产权保护机制的建立，不能仅仅依靠政府单方面的力量，应该推动多元主体化，充分吸收新鲜血液，让多元主体共同参与知识产权保护，有利于推动知识产权保护水平的提升，有利于推动“政府搭桥，社会协同，公众参与”

的知识产权保护新格局的构建。

（2）适当保持技术的独占性。企业要想取得创新上的巨大飞跃，就需要不断地开发新技术，研究新产品，因此对于技术独占性的保护就显得尤为重要。技术独占性是一把“双刃剑”。一方面，如果创新产权没有得到保护或者保护不力，那么创新者的利益就会受到极大损害，尤其是当创新者在创新阶段投入了大量的心血，耗费了大量财力人力物力，一旦自己研发的新技术遭到了模仿或剽窃，创新者的创新动机和信心会遭受严重打击。另一方面，对新技术的过度保护，虽然维护了创新者的利益，但是这将形成过度垄断，会抑制企业创新的动力，不利于社会长远发展。世界各国的知识产权发展历程和相关学术成果表明，对技术的过度保护可能会抑制经济的进一步发展，而适当的保持技术独占性，合理提高知识产权保护力度才会促进经济长远发展。

（3）提高企业知识产权能力意识，重视知识产权战略规划。企业要提升知识产权能力意识，首先要培育具有创新意识的企业文化，建立学习型组织。其次，对于进入企业的各方面人才都需要进行知识产权方面的知识培训，让企业的每一个人都认识到知识产权对企业竞争优势的重要作用，同时掌握知识产权基本知识。最后，企业的日常运行中也要不间断进行知识产权方面的学习和培训。

二、知识吸收能力培育策略

1. 建立有利于企业内部吸收知识的相关机制

（1）建立高效的沟通机制和知识共享机制。信任是沟通的桥梁，良好的沟通机制是建立在员工之间相互信任的基础之上的，员工之间的知识交流、转移和共享也都需要以相互信任为前提。一方面，知识有效转移的前提条件就是进行知识交流的双方相互信任，尤其是第二类隐性知识的转移，是很难通过正式网络进行有效转移的，只有通过紧密的关系、深刻的信赖和持续的直接沟通交流等非正式网络才能进行有效转移；另一方面，双方相互信任有利于合作效率的提高，可以有效降低任何一方采取机会主义的可能性，也能拉近组织成员之前存在的知识差异，降低知识转移过程中的损失。要建立宽松灵活的知识交流机制和知识交流环境，给予员工自由交流的机会，例如圆桌会议、午餐会议、周末沙龙都是不错的选择。

（2）建立完善的企业集群学习机制。企业集群学习机制是指集群内各个主体之间，以及群内各主体与群外各主体之间的知识流动的渠道和作用方式。企业集群内各主体之间以及群内主体与群外主体之间，通过人际关系、价值链关系和竞争合作关系构成了特殊的网络生态系统，促进了内部核心网络成员企业之间的知识共享和交流，促进了成员企业和辅助网络中其他公共服务机构之间的知识流动，也推动了外围网络中外部技术机构和高校的技术、人才交流。

（3）建立合理的企业组织结构。为了在瞬息万变的竞争环境中取得先机，同时规避传统组织模式所产生的弊端，中国企业迫切需要建立扁平化、柔性化和网络化的组织架构，以减少纵向的层次和流转环节，通过适当的授权，来增加管理幅度，通过运用网络的组织方式来强化组织内部、内部与外部资源之间的协调作用，提高决策的透明度，使组织架构更趋扁平化、合理化。例如：津海集团在引入员工参与组织管理的机制后，基层员工可以与高级管理人员直接沟通，这样使董事长与一线的班组长之间的层级由 14 层简化为 4 层，极大地加快了信息的传递速度，减少了信息的失真度，提高了组织决策的科学性和高效性。在美国，许多跨国公司都成立直接面向全体员工的总裁接待室，直接创造员工与总裁面对面接触的机会，极大地增加了相互间的沟通与交流。

2. 提升员工自身的各种知识和技能

在员工招募方面，要积极招募知识储备和工作经验丰富的员工，尤其要强调员工知识背景的多样化，重视新知识的吸收与运用能力，有利于企业知识吸收能力整体的提升。在员工培训方面，要重视员工学习和消化新知识能力的培养，在企业内部定期组织技能培训、组织学习，通过跨部门跨地区的换岗交流或者流动任职，提高员工全面工作能力，还可以组建跨部门学习团队，推动知识的共享与扩散，增加企业的知识储备，拓宽企业的知识广度。

3. 建立企业外部关系网络

在技术搜索方面，建立企业自己专有的技术情报网络，负责搜集和传递最新最前沿的新技术研究情报，还可以积极与其他技术领先的公司开展合作，派遣人员进行交流学习。在技术转移方面，企业应该积极寻找合作伙伴，参与战略联盟的建立。在创新网络中，除了企业自身，还有供应商、客户、高等院校、科研院所以及大量的企业与政府之间的中介机构，企业需要加强与其他主体的合作关系，尤其是与高等院校和科研院所的合作，这样有利于企业获取外界创新资源，推动企业学习创新进程。

4. 加大企业研发活动的投入

企业的技术研发活动需要耗费巨大的人力物力财力，研发活动的大量投入可以为创新活动的成功提供必要的资金支持。因此，企业需要加大研发活动的投入，改善企业开展研发活动的环境和基础软硬件设施，提高企业进行技术创新的水平和能力，提升知识吸收的效率和水平。企业要综合运用自主研发和技术转移两种策略，充分利用研发活动的资金，在自己开展研发活动的同时，也要积极与其他企业、高校和研究所开展合作。

5. 灵活运用企业先验知识

企业家先前的从业经历影响着企业创新策略的选择，同时也影响着知识吸收的效率。一般来说，很少企业家会一直从事单一的工作，大部分企业家拥有着十分丰富的从业经历，很多企业家在转向管理类或者财务类工作之前都在技术岗位任职过；但是，在法人治理模式下，很多从事技术工作出身的企业家有较大可能在很长一段时期之内主要从事管理类工作，这有利于发挥企业家先前从业经历中蕴含的缄默知识，从而推动企业创新活动的开展。因此，企业管理者在进行创新战略选择时，应该灵活运用企业先验知识尤其是企业家缄默知识，充分考虑企业的治理结构，这样有利于建立高效的知识共享机制和交流渠道，保证知识与信息资源的流通，有利于各类知识在企业创新决策中发挥重要作用。

第二节 基于网络协同能力的协同创新能力培育

一、个体层视角网络协同能力培育策略

1. 培养协同创新知识共享意愿

（1）营造互惠、信任的人际关系氛围。人际关系需要的满足可以让员工个体产生安全感和归属感，可以促进内外部激励的整合，促进外部创新动机内化。互惠、信任的人际关系氛围有助于强化个人的人际关系，促进协同创新知识共享意愿的产生和进一步加强。因此，在实现协同创新的过程中，要增加成员之间的互惠行为以促进成员之间的知识交流和分享，推动网络协同水平的提升。

可以通过正式合作沟通例如工作研讨会和工作经验交流会等方式促进各个成员的交流，还可以通过聚餐等非正式社交活动营造良好的人际关系氛围。

（2）增强个体知识共享的自我效能。个体自我效能可以对协同创新知识共享意愿产生积极影响。当个体的胜任感获得了满足时，内部创新动机就会增强，从而有效地促进协同创新知识共享。在协同创新的过程中，应该让个体成员明白各自在协同创新活动中所扮演的角色，认识到自身的重要地位和作用，对协同创新活动知识共享产生极大的自信和信念，这样才能提高知识共享的效率，推动协同创新活动的顺利开展。

（3）重视奖励的激励效用。在协同创新活动中，奖励不但可以提高个体的自我效能，还可以对其自主感知产生正面影响，能有效提高个体的知识共享意愿，推动个体积极参与协同创新。因此，组织应该充分运用奖励激励这一方式提升个体的知识共享意愿，通过制订有效的奖励制度，用奖励作为知识交换的补偿，创造知识共享动机，提升协同创新知识共享意愿。

2. 提升个体能力

在进行协同创新时，单个企业是重要参与者，单个企业自身能力及协同创新意愿是影响协同创新能否顺利进行的前提及基础，企业自身能力和素质的高低影响着协同创新的结果。

因此，企业可以从以下两个方面对自身能力和素质加以提升：

（1）企业应该对自身的优势与劣势有充分且清醒准确的认识，要扬长避短，充分发挥优势，利用协同创新这种特殊合作关系，利用其他成员的各类资源，例如互补性和异质性资源，全方位提升自己的学习能力、创新能力、知识储备和吸收能力、资源运用能力。

（2）企业领导者应该重视自身领导水平和能力的培育，面对激烈的市场竞争，应该作出符合企业发展方向的战略决策，积极响应市场变化，一改传统思想，努力跟随创新潮流，积极与其他企业开展合作，走“合作共赢”的创新之路，通过知识技术的交流和共享，推动企业技术创新能力的提高。

二、关系层视角网络协同能力培育策略

1. 注重协同伙伴的选择

协同伙伴的选择影响着协同关系的稳定和长远发展。为了满足协同创新的

需要，在协同伙伴之间建立良好的信任关系，选择协同伙伴时，应该充分考虑合作双方的社会环境、企业文化等各个方面存在的差异，尽量选择可以相容或者互补的协同伙伴进行合作，这样有利于减少摩擦和分歧，促进协同关系的稳定发展。在缺乏选择条件时，面对环境、背景、文化难以相容和互补的协同伙伴，可以通过长期的努力和沟通逐步建立信任关系。正式化是维持双方良好协同关系的关键。在协同关系达成之前，各方需要建立正式的契约关系，在合同中需要明确规定双方承担的责任和义务，防止机会主义行为的发生，当任何一方存在违反约定条件的行为，需要对其他合作方进行赔偿。

2. 加强协同过程管理

长期稳定的合作、高频率的业务往来、高水平的可视化行为可以提升合作双方对未来的期望，促进双方合作关系的稳定发展，促进信任水平的提高。在协同创新关系中，企业要加强协同过程管理，收集相关的资料，计算双方进行协同合作可能获得的收益，估算可能遇到的风险，充分了解合作伙伴过去协同合作的声誉和情况，对双方今后合作的前景进行评估和预测。

3. 建立供应链企业内外部的组织承诺

供应链的协同实施涉及诸多环节，具有复杂性，其中最关键的就是关系承诺。关系承诺来源于组织所有层次和关键合作伙伴，而供应链企业内外部的组织承诺指的是企业内外部由上至下的全方位支持，涉及高层管理、跨职能部门，跨企业团队和渠道合作意愿等多个关键点。其中高层管理在供应链整合的启动阶段发挥着重要的意义，否则整合可能会出现纰漏甚至无效的情况。企业内部的跨职能部门主要负责决策的集中与分散，因为供应链合作所需要的信息资源渠道各不相同，跨职能部门可以帮助不同渠道信息更加快速地整合和扩散。合作意愿决定了上下游客户共同进退、共享收益的信念。例如，日本本田汽车的供应商合作意愿较强，领导者负责合作项目的启动和实施，例如新项目的开发，新产品的研究和客户关系管理等，建立了专业的跨企业团队，派遣工程师到其他企业进行学习合作，成为企业合作的保障。因此，加强企业内外部的组织承诺，需要采取有效的统治方法，建立一个基础管理体系以促进合作伙伴之间的协调与交流，这种基础体系不仅能够充分发挥企业自身优势，还能发挥组织合作的竞争力，促进组织之间的流程协同。

4. 合理处理冲突

供应链企业之间的冲突是指合作双方由于目标、利益或理解等方面存在差异而产生的极端行为，这种行为甚至会危及合作关系的延续。例如，国美和格力之间存在的冲突事件，家乐福与康师傅和中粮之间发生的冲突行为。冲突的出现有不同的原因，可能是成员之间目标的差异，决策与行动之间的差距，以及联合决策的感受差异。协同网络中的冲突分为两类：人员冲突和任务冲突。通过研究发现，两种冲突模式都会对成员之间的满意度产生负面影响，因此合理的协同冲突管理可以提高合作成员之间的满意度。根据目前的冲突理论，冲突与合作是同时存在的，可能的原因是关系的终止成本太高，但是存在冲突不一定是坏事，关键在于如何处理冲突。冲突可分为破坏性冲突和建设性冲突。建设性冲突可能暴露出必要的矛盾，早日暴露矛盾便可早日解决，从而为未来进一步发展创造机会。破坏性冲突是从根本上动摇合作伙伴的合作基础，导致效率低下，业绩下降等问题。解决冲突不能盲目地站在持续合作的角度，由于一些企业没有继续合作的基础，因此有必要从各个方面考虑问题，一般可以采取回避，缓冲和正视三种应对战略。对于影响不大或暂时无法缓和的冲突，可以选择暂时的回避它们。对于非实质性冲突，可以先解决比较容易的小问题，缓解冲突和防止问题恶化。对于非常严重的冲突，则有必要清除来源，彻底处理，如进一步明确目标和责任，签订更完美的合同，加强沟通行为，或通过仲裁机构进行调解，甚至诉诸法律。

5. 通过沟通和激励联盟，建立供应链企业间的信任

信任协同在这里指的是双方在信任水平上达成一致。信任是合作关系中的感知因素，双方可能会对此感到不一致，特别是当双方处于不对称的地位时，核心公司给予合作伙伴足够的信任，但合作伙伴一直保持怀疑态度，就会无法跟上合作节奏。要改变这种状况，就要建立合作企业间的信任机制，而关系沟通是唯一的途径。沟通的内涵主要包括沟通质量、形式和范围等多个方面。沟通的形式主要体现在跨文化沟通、文化整合和供应链文化的建设上。加强合作伙伴之间的沟通可以增强彼此的信任程度，同时发现感知信任水平的差距，并采取进一步的沟通来实现信任协同。还可以建立沟通和激励联盟，有助于合作伙伴对预期风险和收益达成共识，从而为信任的产生奠定基础。

6. 建立信任和承诺机制，促进企业间的信息流动和共享

通过建立信任和承诺机制，实现信息共享，使得信息协同供应链中的节点分工合作，独立整合，促进整个链条的运作最优化。信任和承诺机制的建立必须基于每个节点企业之间的信息流动和共享，否则每个节点的企业将成为孤立

不完整的部分。只有实现高质量的信息传递和共享，才能使供应链成为真正意义上的客户需求驱动的供应链，确保客户需求信息在传输过程中不被遗漏或扭曲，有效地解决“牛鞭效应”、委托—代理和欺骗等问题，以提高供应链的整体绩效。大量的研究表明，合作关系的信任水平对信息共享的实现有明显的影响。因此，建立信任机制的前提条件是实现信息协作。而关系承诺的改进，如跨组织团队运作的实施，是合作伙伴实现信息共享的保证。在建立信任机制的基础上，通过信息共享实现业务协作。合作伙伴之间的信任和信息共享是制订同步决策和实现业务协同的基础。一般来说，业务协作是协同操作追求的目标，即同步决策和同步操作，如运营模式，需要供应链中企业之间的点对点业务流程集成，使各个环节的业务“对接”更加紧密，流程更加通畅，更有效地利用资源来响应快速满足客户需求，解决外部挑战和市场机遇。在协作管理中，仅信息共享是不够的，有必要将同步决策与相对完整的利益分配机制相结合，促进企业之间的充分协同。

三、环境层视角网络协同能力培育策略

1. 建立完善的协同学习机制与协同文化

在公司开展协同知识创新之前，通常需要建立一个协作创新团队，而在团队建立之后，有必要考虑如何在短时间内建立团队的协作文化。

协同文化主要有四个主要功能：

第一，引导和激发团队成员的成就欲望，鼓励他们努力实现目标；

第二，缓和和协调成员的关系，如果存在内部矛盾，则需要及时缓和矛盾。推动矛盾向积极方向转化，推动矛盾的解决，以建立彼此的信任；

第三，鼓励成员之间知识分享和交流的行为，实现隐性知识的转移和升华，促进新知识的创造和产生。

在协同知识创新过程中，为了能够探索更多的知识来源，获取更丰富的知识资源，实现知识共享，需要在协同企业之间建立协作学习机制和协作文化。但是，短时间内建立高效的协作学习机制和良好的协同文化并非一件易事，这对团队领导和成员的能力水平构成了严峻的挑战。协作学习机制是企业和员工更深入地获取和分析研究知识的学习机制。它主要通过直接讨论、情景模拟、在线会议等方式吸收知识，使企业的决策更加清晰。企业应创造有利于知识创

新的协同文化，通过改变员工的心理模式和行为，促进协同知识创新活动的有效发展。协同文化有助于合作企业与团队成员建立互信、密切的合作关系，有利于形成开放、自由、宽容的知识创造环境，形成尊重知识、勇于创新的良好氛围。如果协同文化深深扎根于知识型员工的思想中，那么他们就能发挥最大的创新潜力。同时，协同文化也是协同学习的环境和基础，只有依靠良好的协同文化，企业协同学习才能发挥巨大作用，促进协同文化的整合与发展。

例如，东软集团（以下简称“东软”）和飞利浦跨国公司开展协同知识创新，以加强协同学习和文化建设。东软在公司内部积极倡导合作的文化价值，与跨国公司合作的初期，就强调学习的重要性，在学习中逐步提高自身的能力。在能力大大提高的同时，东软也提出了一些新思路，例如，积极与跨国公司进行知识交流和共享，从而促进其协同知识创新。在管理系统中，东软建立了良好的沟通体系，如与日本合作伙伴建立协同工作平台，使双方能够及时全面地了解任何项目的进展，从而大大促进了知识共享和交流。

2. 建立公平公正的权责利分配机制

核心企业选择其所需的节点企业或组织后，如何分配知识创新的利益以及如何分担风险的问题成为关键，换句话说，协同知识创新的最大问题是企业间的利益分配和风险承担，利益关系是阻碍企业知识共享和协作知识创新的关键问题。这个问题涉及各方的重大利益，并将严重影响各方参与协同知识创新的积极性。但是，核心企业往往对这个问题关注不够，在利润分配和风险承担方面并不均衡，导致一些合作企业采取应付态度，最终影响协同创新活动的进程，导致无法实现协同链整体动态能力的全面提升。因此，我们必须推动建立合作博弈机制。企业知识创新本身就是通过创造新知识来减少或消除未来不确定性的过程。作为一个完整的价值体系，知识创新由多个价值活动组成，如创新决策、创新过程、创新市场化和创新管理。然而，协同知识创新如果要兼顾各方的主要利益，就需要博弈论来解决利益平衡问题，并建立博弈保障机制使博弈均衡得到持续巩固。当利益关系通过博弈确定之后，风险承担问题也自然能得到解决。

3. 推动协同创新平台建设

为了促进协同创新，理解供应链企业的协同创新原理，建立协同创新机制，促进协同创新社区的建设是非常重要的。供应链协同创新是指供应链企业通过相关政策和激励机制开展各种形式的合作，实现优势资源的相互整合，协调技术研发，加快成果产业化，提升科技成果转化率。

（1）完善法律法规等政策措施。一是完善与利益协调机制相关的法律、法规、政策和措施。完善的法律、监管政策和措施造就了一个区域协作创新体系，如美国的硅谷。为了促进区域协同创新平台系统的有效运行，需要完善协同创新平台系统的建设。完善协同创新中创新主体协同创新的法律法规，推动法律法规的运行。明确协同创新过程中创新主体的定位和利益分配等政策措施，促进协同创新实体之间的多层次、跨学科合作，促进区域经济和社会发展。二是完善区域协同创新平台运作体系，推动区域协同创新平台市场化运作。区域协同创新平台的建立应制定科学的战略规划目标，完善内部操作系统，有必要阐明创新平台内的工作流程，并推动创新平台流程标准化，在创新平台载体识别、绩效管理、激励补贴、资源共享和大型设备采购等方面形成完善的体系和标准流程。完善创新平台服务范围、服务标准、服务流程和服务收费的实施规则、管理制度和规范，制订创新平台人才队伍建设和知识产权保护的统一配套政策。同时，改进创新平台内的控制程序和流程，科学有效地利用事前、事中和事后控制。

（2）健全管理体制和运行机制，构建协同创新视角下的创新平台决策机制。首先要完善董事会（行政委员会），董事会和高级管理人员相互依存、相互平衡的公司治理结构，以推动区域性协同创新平台的建设，促进该平台系统有效运行并降低运营成本。其次，完善区域协同创新平台的市场化运作机制，区域协同创新平台的市场化运作有利于充分发挥技术研发方向、路径选择、要素价格和各种创新要素的市场导向作用，让市场灵活决定一系列问题，例如技术创新项目和资金分配、评价成果机制、技术转移机制、风险投资机制和商业模式创新。

（3）加快构建多元化市场化的投融资机制。一是完善行业关键技术研发和产业化的引导性财务机制。要积极构建多元化的市场化融资渠道，通过技术许可和成果转让等方式吸引社会资本和风险投资的参与，实现政府资金引导、社会参与和市场运作的技术金融体系。通过预测关键的区域技术和技术发展趋势，抓住区域投资的方向和重点。以政府资金引导、社会资金参与，积极构建多元化的引导资金体系，支持行业关键技术的研发。通过建立科技创新风险投资基金和经营补贴专项资金等激励措施，推动科技创新平台建设。二是完善资本市场引导机制。加快股票市场、债券市场、银行信贷和各种风险投资体系中区域协同创新平台的建设和运营。在政府主导的基金的推动下，鼓励保险机构、银行和私人资本积极参与风险投资基金。要引入相应的政策措施和激励机制，促进民间资本成为区域协同创新的主体，投资和服务于科技创新产业的发展。积极开发买方信贷，卖方信贷和融资租赁等金融衍生品，以支持区域协同创新。有效利用金融风险补偿转移机制，大力支持各类担保机构为协同创新主体提供担保服务，降低协同创新风险。

（4）健全协同创新平台体系发展的人才支撑体系。一是加强人才引进和培养，协同创新平台的建设和运营离不开人才的支持。因此，一方面要加强人才引进，要完善创新型和创业型人才的培养机制，完善科技型人才、高级人才和创新型团队的选拔和培养机制，完善企业与高校共同培养创新型创业型人才的协同机制。加强人才引进模式创新，采用人才刚性和柔性，灵活引入的双轨并行战略，促进资金迁移、项目迁移和技术转移。另一方面，更新概念，构建平台，积极探索多层次和多样化的协同培养模式。要推动国内外大学、科研机构和技术中介组织向同一中心聚集，采取“订单培养”“校企协同培养”“委托培养”“面向市场需求的分类协同培养”等多种人才培养模式。二是加强专业人才队伍建设。完善激励机制，留住人才，让科技人才实现人生价值和社会价值。研发平台应建立一支结构合理、创新水平高的专业研发人才队伍，建立研发平台所需人才分配机制的中长期激励机制，建立多元化的股权激励机制。建立智力方式入股的多元化股权激励的协同创新平台运作所需的管理和技术人才的中长期激励机制，构建研发人才发展的良好生态环境。在公共服务平台上塑造综合型服务人才，注重人才的培养和发展，为研发阶段和产业转型阶段的协同创新平台主体提供公共服务。

第三节　基于变革创新能力的协同创新能力培育

一、员工创新能力培育策略

就个体层面而言，一方面，知识型员工可以通过组织学习提升自身创新能力，把握学习机会，积极参与学习活动，充分利用组织内部提供的优质资源，在学习的过程中要勇敢地发表自己的独特见解，勤于思考，乐于倾听他人的创意，取长补短，不断进步，在思考和学习中培养创新思维，建立竞争优势，才能在激烈的社会竞争中立于不败之地；另一方面，知识型员工应该重视知识分享的积极作用。与同事分享工作经验和知识并不会阻碍自身的发展，反而可以推动双方共同进步，这才是知识分享的积极意义所在，所以应该鼓励员工开展知识共享交流活动，提升员工整体知识水平和创新能力。

就组织层面而言，一方面组织应该为员工学习交流提供优越的学习环境，倡导组织学习文化，鼓励员工参与组织学习；完善有助于学习的相关制度，提高员工组织学习的效率；构建组织学习的专业化平台，如提供在线课程供员工学习，提供咨询热线等帮助员工解决学习问题，使员工能够随时随地提升自己；另一方面，企业应该着重培养员工的知识分享意愿和能力。充分利用企业内部网络、电子邮件和虚拟社区等信息技术，使员工能够更加方便快捷地分享多元化的信息和知识，为员工的知识共享提供全方位的支持，在企业内部营造开放自由、信任和谐的交流氛围，这样可以使员工更加乐于分享知识和经验，促进员工之间的交流沟通，激发员工的创造活力；还可以设置知识分享能力的考核项目，定期对员工的知识分享情况进行考核，使员工重视知识分享能力的自主培养。

二、自主研发能力培育策略

1. 提高企业自主研发资本的利用效率

充足的研发资本投入能够为企业技术创新提供资金支持和保障，目前中国企业研发资本的筹资方式有限，来源渠道数量较单一，企业的研发活动受到了极大限制。企业应该充分利用政府针对高技术产业创新的优惠政策，降低研发成本和风险，充分利用获取到的资金，提高企业自主研发成本的利用效率，将获取的资金转化为技术研发的基石。

2. 提高专利产出的成果转化能力

由于发达国家垄断的核心技术不会轻易转让，再加上内资企业的研发水平不足以及消化吸收能力有限，导致中国的高新技术产业的专利技术商业化程度低。因此。企业应该引进和培养核心技术人才，提高研发人员的研发能力和消化吸收能力，提高专利技术的商业化程度，将专业产出运用到企业产品开发实践之中，推动专利产出成果转化能力的提升。

3. 建立合理的研发组织结构

新产品的研发不仅需要考虑核心技术和壁垒难点技术的研发突破，还需要考虑研发组织结构设计。企业需要借鉴标杆企业，充分考虑研发职能和业务流程的需要，进行研发组织结构设计。为了快速提高研发能力，企业需要建立多层级、多地区、多职能的研发机构，这样有利于企业整合各地甚至全球的资源为我所用，借助各地区的研发人才来帮助企业完成创新研发活动，提升创新研发能力。

4. 建立开放式研发平台

一个企业的产品研发创新如果仅仅依靠企业自身的研发能力，是很难在市场上占据优势地位的。企业需要建立开放式研发平台，培养系统的研发能力，整合全球各地的创新资源，充分利用全球顶级资源来支持企业研发活动的需要，坚持“以我为主，外部为辅”的研发管理新模式，通过全球资源整合，实现产品研发创新的技术同步、开发同步和进入市场同步。苹果公司的研发模式就充分利用了这种开放式的研发平台，中国许多大型企业也纷纷效仿，在世界各地建立了研发分支机构，与各大院校保持着技术上的合作，通过交叉持股和战略同盟的方式推动了开放式平台的建立，促进了资源技术的共享。

三、创新失败可承受能力培育策略

第一，建立创新失败可承受能力，最关键的是要留住核心人才。可以通过对企业内部人力资源管理手段的改善，规范人事规章制度，保持企业内部研发机构的稳定性，减少核心技术人员跳槽或离职等事件的发生，从而防止企业内部核心技术和创意的流失和泄露。

第二，培养企业对研发成果的早期评估能力。企业要充分认识自己的研发成果的商业潜力，对于可以带来巨大预期收益的研发成果要充分利用，面对可能造成企业损失的创新成果需要及时止损，充分评估“流出”和“流入”企业的研发成果的潜在价值，将创新损失降到最低。

第三，为企业创新成果的“流入”和“流出”建立缓冲地带，即在企业内部对创新成果进行投资管理。建立风险投资公司，专门对创新成果进行风险控制和预估，防止那些具有潜在价值的创意流入其他竞争对手企业，同时也可以把控创新失败的风险。

第四，强化知识产权管理。企业处在开放式创新环境下，知识扩散十分快速，企业必须增强对创新成果的保护，降低知识技术泄露风险，还可以通过产权保护、技术转让等手段获取一定报酬和利润。

四、创新激励机制建立策略

企业开展协同创新活动，需要建立高效的创新激励机制，否则难以调动各方积极性。

第一，确立企业的主体地位。从企业外部机制看，企业不仅是自担风险、自负盈亏打的主体，还是研发活动的投资主体、利益和风险主体、决策主体和研发主体等。因此，必须深化企业管理体制改革，实现政企分开。从企业内部机制看，要建立有效的激励、约束和监督制度，充分发挥企业的主体作用，维护企业研发活动的顺利进行。

第二，合理安排研发活动。新活动有多个创新主体的参与，因此，合理安排研发活动就显得尤为重要。应该设立专门的机构或部门来对研发活动进行组织安排和协调，这样才能促进研发活动的有序进行。

第三，注重研发战略的制订。一般来说，企业可以通过制定模仿创新战略、高新技术产业战略、合作创新战略等来促进和提高研发水平，也可以组合运用上述创新战略。

第四，运用经济手段，逐步形成激励研发的调动机制。在企业分配制度上，可以采取研发人员的收入和研发成果的收益挂钩的方式，根据研发成果收益的多少，给研发人员合理分配收入。在企业产权制度上，允许研发人员以技术创新的知识产权入股，之后创新成果取得收益，可以给研发人员分得利润，这种方式可以极大地促进研发人员的创新积极性。

五、良好创新文化氛围培育策略

1. 要重视创新价值观的培育和提炼

按形式划分，企业的群体创新可分为两种：集中群体创新和分散群体创新。

中国的传统文化呈现着一个十分重要的特征，那就是家族团队主义。在一个家族之中，家族利益是最高的追求目标，一切以家族利益为先，努力实现家族利益得到最大化，强调的是团体而非个人。对于企业协同创新而言也是一样的，群体创新重视集体利益，强调的是集体主义精神，需要各方成员共同努力，营造群体创新文化氛围，要重视创新价值观的培育和提炼，建立一致的目标，共同引领各方成员进行协同创新。

2. 要重视企业创新环境的建设

企业的创新环境建设包含两个方面，一方面是硬环境建设，硬环境建设主要指的是创新活动进行时所依赖的各种物质条件，例如开展创新活动必不可少的工具、设备等，创新试验的条件、场所和环境，创新资料的收集渠道和整理方式等。另一方面是软环境建设，具体指的是推动企业创新的无形因素，例如创新文化氛围等。中国企业创新的硬环境不“硬”，软环境不“灵”，严重阻碍了企业创新得到发展。因此，要重视企业创新环境的建设，鼓励员工争先努力的进行创新，领导者应起到表率作用，对员工进行言传身教，给予适当的鼓励和鞭策。

创新文化本身就是营造这种气氛的一个极其重要的方面。在群体创新文化条件下，气氛良好应表现为：企业员工争先努力创新，领导者言传身教作创新示范，对成功者与受挫者给予激励与鞭策等。需要特别强调的是，我国企业有效创新环境的营造，在很大程度上有赖于企业制度的深层次革命。

3. 要注重创新模范的塑造

注重企业创新模范的塑造，这有助于推动企业协同创新文化的建设，而且创新模范可以在企业中发挥很好的带头鼓励作用，鼓励其他员工努力进行创新，与此同时还能展现企业独特的创新文化内涵。但需要注意的是，塑造创新模范需要落到实处，不能搞空洞浮夸的宣传，也不能过分炒作，在创新模范的选择上，应该保持真实和公平公正，要甄选出有利于企业创新氛围营造的创新模范，鼓励员工将创新思想付诸实践，推动整个企业创新活力的迸发。

4. 要加强企业创新制度的设置与完善

创新制度是企业开展创新活动的制度保障。不仅能维护企业创新活动的顺利进行，还能鼓励创新行为的产生。因此，创新制度是影响企业变革创新能力的一个重要因素。企业创新制度的设置与完善包括：创新组织体系设置、创新的行为规范、创新的管理制度、创新的激励制度、创新的考评制度、创新的约束制度等。企业在设置和完善创新制度时，需要充分考虑企业自身创新活动的需要，选择适合自己发展的创新制度模式。

5. 要重视创新准则的制定

创新准则是员工创新行为应遵循的规范和要求。科学合理的创新准则能将员工的创新活动导向企业所需要的创新领域，并引导员工结合自己的工作岗位进行切合实际的创新。创新准则应该至少包括以下内容：创新的具体内涵、创新的领域、创新的动机和目的、创新的渠道、创新的方法等。

第四节　基于转化整合能力的协同创新能力培育

由于战略预见能力、配置置换能力和激活融合能力影响企业转化整合能力的过程具有复杂性，它们是相互交织、相互影响的，所以本节在探讨转化整合能力的培育问题时采用整体视角，针对企业转化整合能力的培育提出总体性方案。

一、优化资源整合的流程设计

就资源整合的实施程序而言，企业应在以下三个层面进行整合。

第一层面：建立外部资源补偿平台，实现产业层面的资源整合。即通过建立资源共享平台和战略联盟，运用同业并购、跨行业并购等方式扩大企业的资源规模。就目前而言，中国企业存在着数量多而规模小的特点，急需通过这样的资源整合，来壮大企业自身抵御风险的能力。

第二层面：资源价值链整合。即企业以自己的核心业务为平台，在理顺内部资源价值链环节后，能够不断延伸资源价值链，将组织内各相关资源整合于一体。在整合的过程中，企业应充分利用现有的优势，不断延伸自身的资源价值链，并借此寻找到新的市场和资源，调整不合理的产业定位。

第三层面：内部整合。这是产业层面与价值链层面资源整合的延续。即在此基础上，企业应在技术、管理、文化和公司治理等方面进行全面的变革，建立共同愿景。这个层面的资源整合是非常重要的，若不能在较短的时间内完成，组织创新将造成文化、管理模式和行为准则等方面的冲突，会消耗企业的资源，影响资源的配置绩效。

二、为有限的内部资源建立外部补偿体系

第一，构筑资源的合作平台。随着市场竞争的日趋激烈，企业要想获取新材料，引进新产品，进入新的行业，避免掠夺性竞争，获取互补的技能、资源和风险资本，以及分担研究和开发费用，都需要合作伙伴的参与，哪怕是非常成功的企业。通过构筑资源合作平台，有利于发挥组织资源的杠杆作用。

第二，造就一个真正开放的资源型组织。国内企业要想真正成为一个创新与发展的组织单元，必须拥有一个属于自己的知识资源库以及将该知识资源库转化为产品和生产工艺的创造力。在有限理性的现实社会里，企业之间创造力的差异是很明显的，这种差异的根本原因来源于企业的资源禀赋，中国企业要想在国际竞争中获得比较优势，其有效途径就是通过组织内部资源与外部资源的不断融合，去创造和开发新的商业机会。

第三，要注重对关系资源和网络资源的维护。关系资源和网络资源是补偿体系中利益相关体在参与资源互换后所获得的独特优势。这些资源往往具有超强得到增值能力，是资源补偿体系内企业独有的异质性资源，其他企业难以模仿和转移。资源补偿体系不仅是对现有资源的整合和分配，而且能够促进新资源的产生，这些新资源一旦产生便具有稳定性和相对独立性，不仅可以被用来单独使用，实现企业的经营目标，还可以在协同创新中被共享使用。

美国的网景公司作为一家新兴的网络企业十分重视资源型组织的建立，它在产品的发展过程中非常重视组织资源的利用，即充分利用整个网络社区对其产品进行测试。当网景打算推出它第一次改进版的网络浏览器时，公司的工程师已完成了大部分设计工作，但仍存在许多瑕疵需要弥补。网迷们通过上网下载了这个版本的软件，并对其进行了测试，提出了很多意见，他们就像网景公司下属的一个维修团队。一个月之后，有150多万人对网景的网络浏览器进行了试用，测试所得到的信息远远超过了任何一个公司技术人员所能预想的结果。网景推出了极具震撼力的一击，公布了网络路由器的源代码。而此前，网景只是在推出半成品的时候才公布。源代码是使软件运行的一种指令，开发者据此可以更改网景的代码，把它装入自己的产品。作为回报，它们被要求将所有被

修改的内容交给网景，这可以帮助企业决定下一代浏览器推出时哪些方面需要修改。运用这种方法，网景希望建立一个世界上最大的开放型组织。另外，网景想胜过微软的策略即免费使用浏览器，那么公开路由代码胜过孤立的防御行为。通过免费提供源代码，网景可以使它的原始版本变成一个开放的、广泛参与的资源平台，有利于其分享整个网络的资源。

三、建立资源优化配置前提下的市场驱动型组织

要保证创新方案的成功，必须做好以下五个方面的工作：

第一，领导核心必须做出创新的承诺，并且承认和支持协同创新，为此领导者需要投入时间和必要的资源，同时在组织中营造一种紧迫感。

第二，设定组织目标和愿景，让组织所有员工都了解组织的发展方向，了解怎样创建优秀的企业价值观，以及如何建立企业的异质性能力。

第三，激发组织内各个层级的积极性，使整个组织成为一个支持创新的统一体，减少创新过程中的阻力。

第四，加强创新过程的有效管理，了解如何启动创新程序，如何监控创新过程，如何寻找创新的基准方案，以保障创新的运行绩效。

第五，管理者应了解创新的需要，调整组织的结构、资源配置方式和激励机制，运用其所掌握的资源制定行之有效的改革方案。

四、有针对性地进行资源配置的动态控制

任何组织的创新过程都蕴含动态的资源转换过程，如果不能对资源进行因势利导，势必造成灾难的发生。研究发现，创新的过程类似于人的生命周期，可分为启动期、成长期、成熟期和衰退期。因此，创新过程中资源配置的动态控制必须充分考虑创新各个阶段的特点，有针对性地对其进行动态的控制。

在创新的启动期，由于组织内在的资源和能量配置系统还没有完全建立起来，因此这个阶段最需要做的就是在组织内部推广创新理念，使之成为组织成员共同的追求目标，接着就是按照创新的思路搭建组织的基本架构，使资源在新的更高的组织平台上进行配置。

在创新的成长期，虽然创新的成果已经逐渐显现，但由于新的组织架构刚

刚形成，还存在着这样或那样的问题待解决，因此，这一时期的主要工作就是根据协同创新实施过程中获得的反馈信息，有针对性地对组织架构和运作方式进行改进，使之在实施—反馈—改进的循环过程中不断完善。

在创新的成熟期，协同创新后所带来的成果及其形成的经营和管理理念，已为组织成员所接受，并深深地植入员工的记忆，成为组织文化的一个组成部分。这一阶段的重要使命是如何充分发挥协同创新后所带来的积极效应，在现有组织机制的基础上激发组织内的各种潜能，最大限度地实现组织资源的优化配置。

事实证明，任何一个创新形态都存在着时效性和阶段性，因此一个创新性的组织变革过程最终都会步入到它的衰退阶段。由于衰退具有无法避免性，组织的决策者与领导者应尽可能地延长成熟期，同时通过资源的重新配置不断追求新的组织创新，从而避免衰退期的持续时间，使之实现良性转化。

第十章 基于协同创新能力的供应链弹性提升路径

本章内容主要研究应对供应链中断的供应链弹性提升路径问题，选取了不同行业中具有代表性的企业，如餐饮巨头麦当劳、手机行业新秀小米、国际电子商务代表亚马逊以及世界知名的汽车生产巨头丰田。通过对这4家公司供应链弹性案例的分析和讨论，提出基于协同创新能力的供应链弹性提升的路径。

第一节 案例分析一

一、企业概况

麦当劳（McDonald's）是全球大型跨国连锁餐厅，1955年于美国芝加哥创立。目前，麦当劳拥有超过36000家快餐厅，分布在全球121个国家和地区，主要售卖汉堡包、薯条、炸鸡、汽水、冰品、沙拉、水果等快餐食品，每天为超过6900万顾客提供用餐服务。

1961年，麦当劳借助全球化的东风，以特许经营的方式向全球快速扩张，并于1968年成立了国际业务部。时至今日，麦当劳已成为世界一流的快餐品牌，是快餐业的领头羊。1980年麦当劳成立25周年，其国际营业额首次突破10亿美元。2001年，麦当劳公司的总收入达到148.7亿美元，净利润为16.4亿美元。2014年，麦当劳被曝出使用“过期肉”，即上海福喜事件，综合市场多种因素的影响，其营业收入和净利润都有所下滑。为了转嫁业务风险，2017年初，麦当劳与中信股份、中信资本控股、凯雷投资集团达成战略合作协议并成立新公司，该新公司将在未来20年内持有麦当劳在中国内地和香港的特许经营权。2018年5月29日《2018年Brand Z全球最具价值品牌100强》发布，麦当劳名列第8位。2018年12月18日，世界品牌实验室编制的《2018世界品牌500强》揭晓，麦当劳排名第10位。

麦当劳将“顾客至上，顾客永远第一”奉为黄金准则。为此，麦当劳提出了为顾客提供一流的产品质量、周到热情的服务、清洁的就餐环境和物有所值的就餐体验的企业理念，即QSC&V原则——质量（Quality）、服务（Service）、清洁（Cleanliness）和价值（Value）。QSC&V原则不是简单的表述，更有详细严格的量化标准，已成为麦当劳餐厅从业人员的行为规范。

麦当劳的成功离不开标准化与本土化的战略管理理念。一方面，麦当劳坚持全世界的麦当劳餐厅拥有一样的菜单，且菜单提供的产品种类有限，并通过训练员工标准化操作，为顾客提供快速的服务。“麦当劳化”——加速、便捷、反智化在高速运转的社会中得到许多企业以及消费者的认可。另一方面，麦当劳在传递自己“快餐”文化的同时，也在积极地融入本土文化。比如，根据各地顾客的喜好调整产品口味、大量聘用本土员工、广告宣传结合当地特点等。

麦当劳积极承担着社会责任。创始人雷·克洛克在去世时，用他的全部财产成立了麦当劳叔叔慈善基金。除此之外，麦当劳公司每年会将一部分营业额用于慈善事业，并鼓励员工积极参与慈善活动。在食品安全方面，2017年麦当劳宣布要求全球的鸡肉供应商于2018年开始逐步停止使用人类抗生素。但是，麦当劳频繁曝出的食品质量安全丑闻也很大程度上引发了消费者担忧，减少消费；此外，高热量、高脂的产品特点也备受社会诟病。

二、麦当劳公司供应链运作

1. 采购管理（如图10－1所示）

2. 库存与配送管理

麦当劳公司通过订单管理以及库存与配送管理来管理外包物流业务，即采取在网上下订单的方式将订单发往配销中心。夏晖公司在接到订单之后，便能够在最短的时间内完成装货、送货等一系列过程。但是光有网上订货的方式还不够。每天，餐厅经理都要把订货量与进货周期进行对照，一旦发现问题，立刻进入紧急订货程序，两个小时后货品就会送达餐厅门口。麦当劳通过对其订

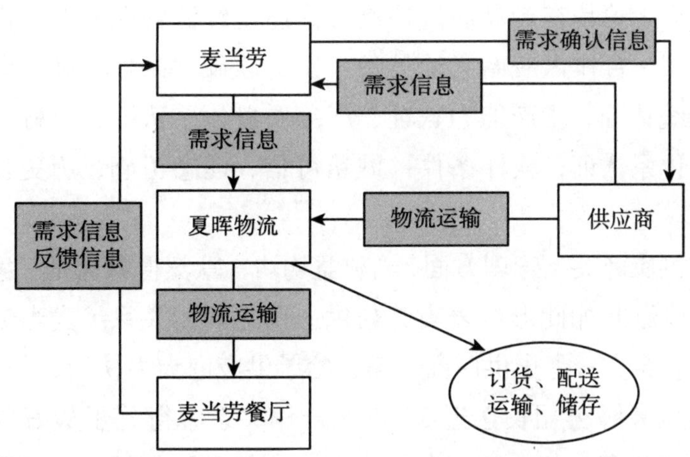

图 10-1　麦当劳公司的采购流程图

单的有效管理，保证了仓库储备的货物总能在安全库存之上，从而实现能够随时满足消费者对食品的任何要求。

夏晖建立了专有的物流中心，与麦当劳供应商及麦当劳各门店一起，构成了覆盖整个国家或地区的配送网络。如图 10-2 所示，麦当劳利用夏晖设立的物流中心，完成了为各个餐厅订货、储存、运输及分发等一系列工作。物流中心高质量的技术管理和分发资讯管理系统，为麦当劳的发展提供了强劲动力。配送网络各环节高效的无缝对接，为麦当劳餐厅的食品供应提供了最佳的保证。

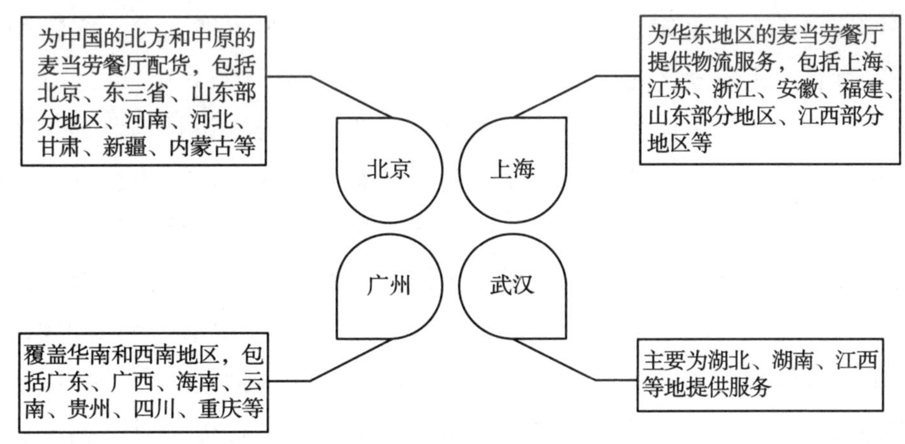

图 10-2　夏晖公司在中国的物流网络图

3. 供应商管理

首先，在供应商选择方面，麦当劳有详细的量化标准，这个标准也是双方遵守的契约。第一，合作供应商必须是行业专家，也就是说要想做麦当劳的合作供应商，那么无论是在产品质量控制方面还是经营管理方面，都必须是行业的佼佼者。第二，合作供应商必须具备一定的软硬件条件。硬件条件：符合麦当劳的物流系统认证、生产能力认证、产品质量体系认证、原材料供应体系认证、食品安全体系认证；软件条件：诚恳可信、理念正确、历史良好、管理出色、财政健康。

其次，在供应商关系管理方面，“利益均沾，默契得就像是一家人”——供应链管理总监张雁儿如此形容麦当劳与供应商之间的关系。麦当劳在严格要求供应商的同时，会充分考虑供应商利益，给予供应商大力扶持，与其共同成长。这点在麦当劳与夏晖公司长达近35年的合作关系中得到了最好的解释。如同自然界中的共生现象一样，麦当劳与供应商之间和睦相处，各取所需。麦当劳的供应商表示，在这种“共生”关系中，麦当劳在利益分配方面会更多地考虑供应商的利益，而供应商也不会因一时的经济压力而改变合作关系及一贯的做法。

4. 质量管理

在麦当劳的发展中，质量永远是被考虑最多的因素。麦当劳对高品质的追求，在每一家餐厅开业之前便可见一斑。在餐厅选址完成之后，其首要工作是在当地建立生产、供应、运输等一系列的网络系统，以确保餐厅得到高品质的原料供应。无论何种产品，只要进入麦当劳的采购和物流链，都必须经过一系列严格的质量检查。比如，土豆要有较长的果型，压眼不能太深，淀粉和糖分的含量必须在一定范围之内。

麦当劳的质量管理体系离不开三条法则：严格的流程设计与监控、严格的产品追溯体系以及强大的执行力。麦当劳对所有产品的生产、流通过程进行了严格的设计，且设计时充分考虑产品的安全系数。这个设计要能达到：只要按照设计流程做，就能确保产品的质量安全以及一致性。除了严格的流程设计与监控，麦当劳还拥有严格的产品追溯体系：一旦发现产品出现质量问题，可以通过产品追溯体系查到产品的批次，要求供应商回收该批次的产品并监督其销毁。麦当劳强大的执行力确保设计好的标准、规则、流程能得以严格实施。麦当劳及其供应商在生产、存储、运输的各个环节，都有具体的操作标准；每个环节有专人负责。此外，麦当劳还经常对员工进行培训，使得维护产品质量、安全潜移默化为员工的自觉行为。

三、麦当劳公司曝出供应链中断风险分析

1. 事件介绍

2018 年 7 月 13 日，麦当劳公司相关负责人在官网发布“麦当劳将从 14 个州的 3000 家店面下架沙拉”的紧急声明。宣布下架沙拉后，麦当劳股价立降 2%。这随即造成不少餐厅产品断货，无餐可卖，客流量锐减。追溯其原因，竟然是和当时美国爆发的环孢子虫病感染疫情有着直接联系。据央视网消息，那段时间，美国多地出现了环孢子虫的感染病例。公开资料显示，环孢子虫病是一种罕见的单细胞寄生虫引发的肠胃疾病，主要通过人类排泄物传播，患者会出现恶心、腹泻等反应。如不及时治疗，病症会持续数天甚至一个月，婴幼儿患病可能危及生命。为什么这类寄生虫会出现在著名洋品牌餐饮当中呢？这是继 2014 年上海福喜食品有限公司被曝出使用过期肉以及随意篡改保质期等涉及食品安全问题后，很多消费者发出的疑问。

经美国食品药品监督管理局（FDA）与美国疾病防预控制中心（CDC）联合调查，发现此次感染事件是由麦当劳出售的沙拉中含有圆孢球虫细菌引起的。更糟糕的是，这批有问题的沙拉已经销往了包括伊利诺伊、印第安纳、爱荷华、肯塔基、密歇根、明尼苏达、密苏里、蒙大拿、内布拉斯加、北达科他、俄亥俄、南达科他、西弗吉尼亚和威斯康星在内的 14 个州。因此，面对这场突发事件，麦当劳一位发言人立即表示，出于谨慎，公司决定在美国中西部地区的约 3000 家餐厅停止销售沙拉，直到他们可以找到另一家合适的供应商。据悉，这些麦当劳沙拉供应商均为同一生菜供应商，即位于伊利诺伊州斯特里姆伍德市的一家名为“德尔蒙特新鲜农产品有限公司”的新鲜速递生产工厂。事实上，麦当劳不止一次被曝出食品供应丑闻。同年 6 月，美国食品药品管理局（FDA）发布消息称，德尔蒙特宣布召回多款受环孢子虫污染的蔬菜，召回菜品包括小胡萝卜、菜花、花椰菜、莳萝酱，原因是这些蔬菜可能与多州出现的环孢子虫疫情有关。更早时期由于食材质量监管而曝出的食品安全丑闻，诸如 2000 年的“炸鸡头”、2006 年的“死老鼠”、2008 年汉堡包里惊现疫苗针头以及 2011 年被发现用牛肉残渣做肉填料等事件。这类危机通常为突发事件，其持续时间与企业的危机管理及应急管理能力直接挂钩，如果处理不当往往会给企业带来巨大的损失。

类似上述不断曝出的食品安全问题给消费者们敲醒了警钟。这也告诉我们未来的食品行业仅仅是做好终端已经不是所要面临的挑战，而是更深更进一步的“链”的挑战，也就是整个供应链的问题。

2. 中断风险

食品供应链是供应链在食品行业的具体应用，它具有一般供应链存在的风险，又由于其自身的特殊性，食品供应链具有不同于一般供应链的特殊风险。下面根据食品供应链风险识别的原则，结合我国食品供应链的特点和发展现状以及国内外的研究成果，对麦当劳食品供应链上潜在的关键风险因素进行分析。

（1）食品安全质量风险。质量风险是在食品行业中发生次数最多，危害性最大，也是最受关注的一类风险。对于麦当劳来说，质量风险仍旧是最受关注的一类风险。作为一家全球大型连锁快餐集团，其供应食品质量的好坏直接影响着消费者的身体健康，进而影响消费者的购买行为。然而由于企业对食品质量问题的不重视、食品质量管理制度的不完善以及食品安全监管机制的不健全，导致食品安全问题频繁发生。例如，汉堡原料曝晒导致食物变质、麦乐鸡被报道含有泥胶和石油成分、鸡翅套餐出现多条活蛆虫、售卖过期甜品以及供应商供应过期肉等事件。除此之外，其原材料的质量安全是麦当劳目前大的风险之一，如生猪和鸡鸭等是否存在疾病，生菜和土豆等蔬菜是否被有害农药、激素等化学药剂污染。

（2）物流运输风险。由于食品具有地域性的特点，为满足消费者的需求，食品需要在不同的地区之间进行流通交易。同时食品保鲜期短、易腐易损的自然属性，对物流过程中的保鲜条件和运输时效提出了很高的要求。麦当劳自身并不拥有一条完整的冷冻加工、冷冻贮藏、冷冻运输与配送、冷冻销售供应链条，而是把这部分的工作完全外包给夏晖公司进行管理。夏晖公司是一家拥有世界领先的多温度食品分支技术的第三方物流公司。在与麦当劳的合作中，夏晖物流不仅扮演麦当劳第三方物流公司的角色，还承担了主要原料供应商的责任，这无疑会造成过度依赖供应商的风险，如 2014 年供应商上海福喜“黑心肉”事件，断交福喜致汉堡断货。并且，物流活动的长期外包会使第三方物流服务商认为企业缺乏专家技术，因此抬高服务价格或提供较差的物流服务，一旦合作关系破裂，供应链上的资金、信息、物流也会失衡，对供应链的正常运作产生影响，甚至会造成供应链中断。最后，在供应链的流通过程中，由于交通、天气、经济危机和政治形势等不可抗力因素而引起的运输中断也会造成食品腐坏或延迟到货。

（3）信息传递风险。信息传递风险是指由于信息在供应链中传递的失真或延时而引起的风险。信息传递风险主要包括信息不对称和“牛鞭效应”。

食品供应链上的成员企业都是独立的经济利益主体，具有不同的经营目标和工作方式。出于自身利益的考虑，企业难免会隐瞒、编造或滞后反馈部分商业信息，造成交易双方信息的不对称，影响了供应链的健康发展。比如，麦当劳在选择供应商时，由于信息的不对称，供应商掌握了一些麦当劳不知道的信息，而这些信息对麦当劳可能是不利的。另一方面，由于麦当劳无法与上游供应商进行有效的实时沟通，或者一些外部变化仅为供应商所观察到，制造商在契约保障之后，可能会采取一些不利于麦当劳的行为。

“牛鞭效应”是指市场的需求信息在沿供应链向上游传递的过程中发生较大失真的现象。“牛鞭效应”造成了用户需求的放大，使得生产商生产的食品远远高于麦当劳用户的实际需求量，加之食品不易保存，从而造成食品的浪费，给企业造成经济损失，同时降低供应链的运作效率。

（4）供应商关系风险。麦当劳的供应商都是老客户，双方在长期的合作中建立起了互信互利的关系。抱着“有钱大家赚”的理念，麦当劳充分让利给供应商，而这些供应商也愿意为麦当劳“打前站”，共同培育市场，维护品牌。甚至发展到如果麦当劳欲拓展新市场，会先和供应商商量，如果供应商不愿意去，麦当劳也不会到当地开店。麦当劳和核心供应商的关系是长期、稳定的。以福喜公司为例，麦当劳和它已经有将近60年的合作历史了。同样，冷冻薯条供应商美国辛普劳公司、冷链物流服务供应商夏晖公司，也与其有数十年的合作关系。麦当劳高度依赖几家一级供应商，优点是基于数十年的合作关系建立了高度的信任，降低了管理成本，保证了标准统一、质量稳定。但短板也很明显，那就是应急响应机制不足，一旦供应商遭遇“黑天鹅事件”，麦当劳势必会受到巨大影响。比如，福喜为麦当劳供应了几十年的肉食原料，是值得充分信任的，但仍然发生福喜“过期肉”事件，随即造成不少餐厅产品断货，无餐可卖，客流量锐减。相反，如果供应商适度分散，一家供应商出事，也不至于连累大局，安全系数大大增加。

（5）市场环境风险。市场环境风险是指用户需求不确定、食品价格波动等市场行情因素以及诸如地震、台风、洪水等外部自然环境因素引起食品供应链供应不足或中断的风险。由于食品的原材料大多来自农业，而农业受自然环境的影响较大，在自然灾害频发的年代，食品原材料的供应就会出现短缺，从而导致食品供应链的中断。另一方面，食品原材料的生产需要一定的自然周期，供应商无法根据用户需求实时调整食品的产量，因此在食品供应链中更容易出现供应风险。

经济环境的不确定性也会给供应链的稳定运行带来风险。市场经济具有周期性，也就是市场的经济繁荣期和衰退期会不断交替。这种不确定性的交替现象，要求供应链在经济繁荣期不能盲目扩张，以免衰退期的到来。经济危机的发生会造成供应链销售渠道的萎缩，甚至会引起供应链的中断。如 2014 年中国春节期间，随着阿根廷经济危机的深入，阿根廷境内麦当劳餐厅的番茄酱在海关被卡住，造成超过 200 家麦当劳餐厅的番茄酱断货。

四、提升供应链弹性的策略

1. 建立食品质量安全保障体系

食品供应链包括从土地到餐桌的全过程，这个过程中的每个环节都可能使食品受到污染，因此，建立食品质量安全保障体系尤为重要。麦当劳公司拥有合作数十年的冷链物流服务公司——夏晖物流公司，其在供应链管理和冷链物流方面具有绝对的领先优势。此外，麦当劳还拥有五大主要供应商：上海莱迪士食品有限公司是麦当劳在中国唯一的蔬菜供应商，隶属于美国 OSI 国际食品集团公司；上海怡斯宝特公司是麦当劳主要的面包供应商；铭基公司是麦当劳主要肉类供应商，由美国基斯顿食品公司、日本伊藤火腿公司、中国粮油进出口公司和美国麦当劳公司合资建立；福喜公司和圣农牧发展有限公司同样是麦当劳主要肉类供应商，同样隶属于美国 OSI 国际食品集团公司。麦当劳的食品供应商都是国际知名的食品公司，管理严格，经验丰富，在与麦当劳的合作中形成了互相信赖关系。但是，公司规模过大容易出现管理不周的弊端，容易造成供应链中断，麦当劳对于供应商的过度信赖也是产生问题的原因之一，例如 2014 年福喜公司“过期肉”事件、2017 年北美蔬菜含李斯特菌事件、2018 年长沙一门店顾客吃出蛔虫事件。频频发生的食品安全问题说明麦当劳的食品质量安全体系还存在许多漏洞，需要和供应商进一步协商解决。

2. 建立健全可视化食品物流

食品物流中鲜活食品的运输一直是一个困扰食品行业的难题，随着顾客需求的扩大和食品质量安全要求的提高，食品冷链物流成为食品供应极其重要的一部分。由于我国的食品冷链物流还处于起步阶段，加之食品冷链物流成本高、专用性强的特点，市场上现存的食品冷链物流服务水平参差不齐。针对麦当劳对其物流供应商过度依赖的状况，建立健全可视化食品物流是一项有效举措。通过在冷链运输车辆上安装摄像头、温度传感器实时监控在途商品的情况等一系列措施，一旦司机做出不当行为或者车厢温度异常时便会自动触发报警装置，将数据上传到系统，通过 GPS 定位确认车辆位置，由物流公司负责部门协调解决。作为客户的麦当劳也可登录冷链监控系统了解物流运输实况，迅速采取响应措施，进行维权，避免被物流公司和上游供应商“牵着鼻子走”的情况。

3. 加快建设信息共享平台

利用飞速发展的信息技术，建设基于食品供应链的信息共享平台。当今市场上的竞争已经不是企业与企业之间的竞争，而是供应链与供应链之间的竞争，而食品供应链的竞争能力越来越依赖于以各种计算机网络技术和智能化识别技术为基础的物流信息技术。建立完善的供应链信息共享平台，可以有效地消除供应链上下游企业的信息不对称性，提高供应链运转效率，严格控制成本，降低经营风险。运用大数据分析技术，整合分析研究过往顾客的需求信息，做出准确的预测，从而实现精准订货，降低原材料的浪费率进而降低成本。此外，通过信息共享提高信息的可获得性和准确性。供应商和企业可以通过信息共享平台上的实时沟通，减少隐瞒和欺骗的情况。企业还可以根据信息共享平台上的信息，与供应商沟通协调制定有利于供应链上下游企业发展的共赢计划，给同一条供应链上的企业提供适当的优惠措施，建立长期的、稳定的友好合作伙伴关系。

4. 采取多源采购

多源采购可以有效分散一个供应商出现供货不足状况时对下游企业造成的风险。麦当劳与长期稳定合作的核心供应商之间拥有着很高的信任度，两者的共赢意识十分强烈，这有利于麦当劳降低生产成本，保持稳定的产量。但是，其弊端是麦当劳对核心供应商的依赖度过高，一旦核心供应商出现问题，麦当劳的供应链将会受到巨大的冲击。选择多家供应商进行多源采购，能降低因一家供应商出现问题时面临的断货风险，同时也能解决需求高峰期产能不足的瓶颈问题。需要注意的是，供应商的数量不宜过多，供应商数量过多造成货源分散，从而降低了供应商努力满足买方需求的意愿，管理难度随之加大，不利于与供应商结成稳固的合作伙伴关系，同时会增加采购成本。

5. 食品标准化生产

基于顾客对食品的需求不稳定、偏好变化快的特点，本书提出食品延迟化生产策略。不同消费者对同一产品的偏好都是不一样的，导致厂商很难准确地预测到顾客的需求。根据零售商的订货单再开始食品的全过程生产则延长了前置期，这与顾客快速变化的偏好是相悖的。利用延迟化生产，可以有效地缩短交货期，节约生产成本。利用延迟化生产，需要企业提前进行标准化生产，如麦当劳汉堡包中的汉堡胚、蔬菜、肉类，最后在销售环节根据客户的需求进行不同的搭配。其他如制作工序复杂的食品，通过设计食品和生产工艺，将差异化的决策尽量延后，做到最大限度地满足顾客的个性化需求。

第二节　案例分析二

一、企业概况

2010 年，雷军带领团队在中关村开始了创业生涯。2018 年 7 月，小米在香港证券交易所正式挂牌上市，其公司旗下的三大核心业务是手机、MIUI 操作系统和米聊。小米公司是第一个采用互联网模式开发手机操作系统的公司，让每一个用户参与手机开发的改进流程，小米粉丝因此被亲切地称为“发烧友”。利用互联网模式干掉供应链上的中间环节，致力让全球每个人享受“超高性价比”的产品，这是小米独特的地方。从创立以来，小米不仅在全球的手机领域取得一席之地，在智能家居产业也取得了成就，打造了覆盖广泛的消费物联网平台，业务扩展至 100 多个行业和 74 个国家，凭借着自身的研发实力成为继苹果、三星、华为之后第四家拥有手机芯片自研能力的科技公司。小米公司自创办以来，保持了令世界惊讶的增长速度。

据统计，2017 年小米收入 1146 亿元人民币，跨过 1000 亿元营收门槛。2017 年，小米收入同比增长 67.5%，2018 年第一季度同比增长 85.7%。小米电商及新零售平台贡献的收入占比达到 63.7%。与其他上市公司相比较，小米的收入增长速度在互联网公司中排名第一，在所有公司中排名第二。2018 年 2 月，Google 发布的《2018 年中国出海品牌 50 强报告》显示，小米的排名仅次于联想、华为和阿里巴巴，位列第四。同年 7 月，在 2018 年中国互联网企业 100 强榜单中，小米排名第十。

小米公司成立至今，其发展历程可概括为以下几个阶段：第一阶段：2010—2013 年，MIUI 首个内测版本的发布和小米手机的问世，成为极受手机发烧友欢迎的 Android 系统 ROM 和“国产神机”；第二阶段：2013—2016 年，发布中端配置手机，完成 2 轮融资，成为第四大互联网公司；第三阶段：2016—2018 年，手机销量遇“滑铁卢”，小米架构调整，雷军亲自接管供应链；第四阶段：2018 年至今，经过两年的调整，小米重新恢复高速增长，并在香港证券交易所正式挂牌上市。

二、小米公司供应链运作

1. 供应链结构

小米的成功可以说是互联网资源整合的成功，其供应链和传统的供应链条相比，在主体部分减少了 2 大主体，分别是代理商和流转环节，只涉及零部件供应商、原始设计制造商（Original Design Manufacturer，ODM）、品牌厂商（小米）、移动运营商和顾客几个环节，如图 10 - 3 所示。小米供应链的特点就是做到了顾客与生产商直接接触。这种供应链设计的形式特别像戴尔的直销模式，这种设计的好处就在于可以减缓牛鞭效应所导致的需求放大问题，使得市场预测需求更加准确。小米科技在供应链中属于核心企业，是原设备制造商（Original Equipment Manufacturer，OEM）的角色，但小米没有自己的工厂，对于最终产品均采用外包的形式承包给 ODM 代工生产，而小米则专注于设计研发、客户体验和销售上，在供应链中扮演好优质零部件的搜寻者、数量需求的传达者的角色。“用最好的原材料、找最可靠的供应商、用最强的加工厂，才能做出最好的手机”，这是小米的经营之道。生产之后要考虑的问题是销售方式，是以专卖店为主还是以互联网为主，小米选择了后者，7 成以上的产品用预售和官网直营的方式输送给消费者，其余的通过第三方平台发货。

2. 采购管理

传统的采购目的在于补充库存，意义在于为库存而采购。传统的采购过程

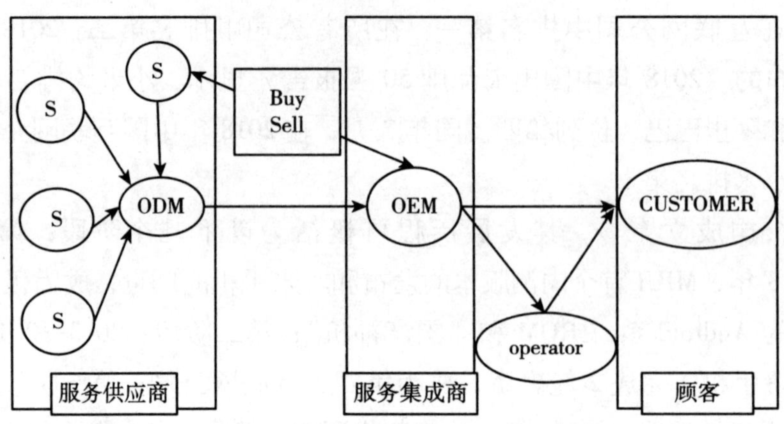

图 10－3　小米公司的供应链结构

缺乏主动性，使采购部门对整个企业的生产计划、生产进程的信息缺乏相应的了解，难以把握生产的进度以及市场需求的变化，从而造成采购的计划与制造需求的变化相互冲突。小米供应链实施的是“拉动式”采购策略，即采购部门的采购计划是随着客户需求订单驱动而产生的。生产订单影响采购订单的确定，供应商再根据采购订单进行相应的零部件供应。准时化的订单模式，对于用户的需求供应链系统能够做出及时的响应，可以极大降低需求的不确定性带来的影响。小米的供应商主要分为几种，一种是关键部件的供应商，比如高通的芯片、触摸屏、电池，这些材料一般为 Buy & Sell，也就是由品牌商直接购买，然后直接提供给 ODM 使用。这样的好处是可以绕开 ODM，将采购权抓在手中。用 Kraljic 矩阵来表示，如图 10－4 所示，一般战略部件和瓶颈部件都为 Buy & Sell 部件。

瓶颈型 部件： 存储芯片/LED 屏/特殊外壳 策略：和厂商签订长期供货合同，研发新品同时确认有 3 到 4 家能提供替代品的供应商	战略型 部件： 高通/伟达手机芯片 策略：结成战略伙伴，保证供应和较为低廉的价格
策略型 部件： 线材/螺丝/金属件/塑胶件/其他 策略：小米统一采购，并不外包给供应商打包采购	杠杆型 部件： 外包制造商（ODM） 策略：采取招标方式确定新产品开发归属，向ODM打包采购，包括整机、物流以及售后服务，目的将成本压到最低

图 10－4　小米公司的采购 Kraljic 矩阵图

3. 生产管理

前文提到，小米没有自己的生产工厂，选择代工生产（ODM）的模式，根据用户需求生产。ODM 作为一个社会分工的典型，广泛存在于 IT 制造行业，包括苹果在内，世界上大部分的手机和电脑品牌制造商都不自己制造，而是外包给有比较优势的台资代工厂。小米主要的代工厂商是廊坊富士康和南京英伟达，小米电视有纬创代工。这些厂商有多年的笔记本和手机代工经验，只要小米对 ODM 管控得力，小米的质量可以达到同类产品的质量，也有充足的生产能力。

手机产品生产较为复杂，涉及的元器件众多，这就注定了小米同供应链利益相关者在生产阶段进行联手。如图 10－5 所示。小米从供应商处采购包括内存卡、手机电池、屏幕、摄像头等零部件，结合研发出来的操作系统，交由富士康、英华达等企业代工组装，同时在生产过程中由小米派出的研发人员监督质检。小米整个产品的出世也有顾客参与，主要的方式是参与测试机的测试。

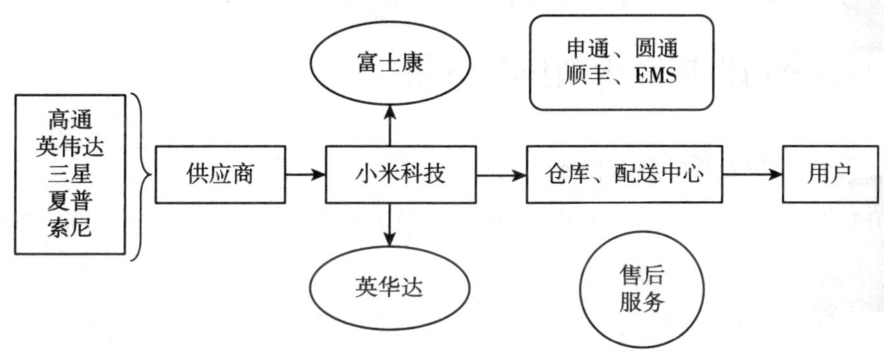

图 10－5 小米公司的供应链合作伙伴

4. 库存管理

对制造业企业而言，降低物料的储存也很重要。小米的成品库存很少，原因在于小米的生产是“订单驱动的拉动式”：只有顾客在官网下订单预定了手机，小米才通知生产商进行相应机型的生产，最终准时配送到顾客手中。这种预售模式也是成品库存较少的一个原因。同时，因为小米做到了先收货款后配送货物，所以小米能够快速回笼资金。小米和戴尔一样，实现了零库存采购。首先，小米手机用户通过网络下单，形成确定的市场需求量，然后小米科技根据这个确定的需求量采购零部件。由于是按需采购、按需生产，零部件等物料的储存和采购成本实现了最低化。

5. 研发管理

小米的产品研发在行业内是比较有特色的，也是其核心竞争力。小米科技的设计紧密地和其供应链相结合。首先，为了更早得到最新芯片的供应，以及缩短中间环节，压缩价格成本，小米直接在上游和核心研发伙伴合作，参与英伟达和高通的参考设计，并且在正式新品发布前和芯片厂商一起调试芯片，这在传统的手机厂商中是不多见的。因为只有一线厂商才有这样的技术和能力参与这些活动。其次，ODM 不光做生产，同时也是为小米做开发。为了满足顾客对小米手机的质量要求，小米自家的工程师和代工厂商一起负责产品的开发环节，这点和其他一线 PC 和手机品牌厂商是相同的，这个过程可以在研发时考虑到物料的供应能力，并且对容易缺货的物料多做一些不同品牌型号的零部件，避免单一供应。最后，小米把最终客户也带到了他的研发链当中，被称为互联网模式。通过早期的用户反馈，对一些由于产品零部件不合格造成的质量问题，及时更新供应商或提升质量，提升用户体验。

三、小米公司供应链中断风险分析

1. 小米供应链中断事件回顾

2011 年 10 月 26 日，小米官网表示，因为小米手机 1 的配套电池在供应和封装上出现了问题，所以该机型近 5 天内停止发货，并表示，原定每日发货 2000 台的计划也随之取消，只能保证 500 台的发货配额。此言一出，小米官网的论坛上立刻“炸开了锅”，“米粉”们纷纷表示质疑：第一，纵然新机受到影响无法准时生产发货，那原来生产好的手机呢？第二，创始人黎万强说电池是泰国产的，但是也有相关负责人说不是泰国制造，到底谁的话可信？第三，这么大的一个公司，日产量不到 8000 台根本无法使人信服。以及很多用户表示“不发就算了，去买别的手机”等言论。面对网上的种种猜疑和质问，联合创始人之一周某给出的解释是因为泰国突发水灾，灾害极其严重，导致生产电池的供应商无法及时顺利交货，除了电池配送受到此次灾害的影响，来电显示灯和 MOS 灯管配送也受到影响。

事实上，小米从成立至今，除了小米 1 的发货出现问题外，相似的供应链中断危机频频发生。比如，2012 年 8 月，小米公司在各大媒体平台高调宣布小米手机 2 正式发布的消息，但在随后的 4 个月之内，小米手机 2 只开放了寥寥几次的购买。这就是当时著名的“断供门”事件。“期货”4 个月后的小米 2 终于发布官网通知，于 11 月 29 日中午 12 点恢复供货，这条消息却引发了众多用户的不满，大量“滚”的留言。再如，2014 年，为了应对紧急的交货需求，小米公司竟不惜以次充好，用低端的 8274 高通芯片替代原本计划的 8974 高通芯片，导致消费者严重不满。小米这一系列供应链危机，凸显了小米供应链管理方面的诸多问题。2016 年小米手机曾一度出现连续 4 个月都处于缺货状态，除此之外，小米还面临着频频地断供、跳票和拖延上市的难题。在这样的情形下，创始人雷军不得不重新接管小米供应链方面的工作。但实际情况显示，小米在供应链方面所做的努力依然不够，“产能不足和产品供不应求”一直是小米面临的难题。

2. 中断风险

（1）供应中断风险。首先，因为采用的是网络预售和直销模式，小米的产成品库存和零配件相比传统手机厂商小得多，实施的是“零库存”战略，其库存周期大约为 10 天，当周的生产量即是下周的销售量，这样做的好处是库存周转率高、仓储的成本低。尤其是当销售量很大时，均摊下来的仓储成本即可忽略。但是“零库存”存在的问题是，由于小米手机的市场需求不是完全可预测的，并且小米产品的更新速度快，其供应能力有限，导致小米一部分客户的需求不能得到及时满足。如果小米保持了一定的低周转库存，在泰国的水灾导致供应中断的危机事件中，就不会招致如此多消费者的不满和怨言。

其次，原材料的来源的单一和不成熟导致小米在销售的过程中存在问题。小米公司供应链中的 MOS 管和来电显示彩灯是由泰国供应商提供，零件的组装服务是由韩国 LG 公司提供，这就造成了供应链的疲软。再如，最初小米推出 69 元 10000mAh 移动电源，采用 LG 和三星进口电芯，但之后长久缺货，且首批产品出现“换芯”事件，就是因为其供应商停止供应。小米公司对供应商的供应出现问题之后缺乏前瞻性和预测性。问题出现之后也缺乏妥善的处理，最终导致了小米手机和移动电源市场供应处于停滞的情况。

（2）需求中断风险。除了供应中断风险外，需求中断也是小米供应链运营上的一大风险。小米手机的生产是根据用户需求进行的，只要顾客在网上下了订单，紧接着小米会通知生产商及时响应顾客需求进行相应机型的生产，当然生产开始前会向各大零部件供应商采购诸如电池、屏幕、芯片和摄像头等相关零部件。但是 IT 行业属于高新技术行业，由于快速发展的科技，IT 行业技术不断革新，直接的影响是产品不断更新、消费者的需求不断改变。小米手机总是不能准时发货，说明其供货没有跟上需求。其次，小米自成立以来，频频遭遇产能危机，即便面对消费者的需求做出了精确预测，保证了产品质量，产能不足依然会导致无法及时提供用户需要的产品。当竞争对手推出同质化的新产品时，生产无法快速响应，从而不能吸引消费者，失去市场。最后，小米采用外包代工的生产方式，若供应链中上游的质量控制存在问题，依然会导致小米手机发生质量危机事件。

四、提升供应链弹性的策略

1. 设立战略库存

通过实施零库存计划和 JIT 来降低库存数量，毫无疑问，可以实现仓储成本和物料管理成本的降低。但不容忽视的是，零库存带来的潜在供应链危机。对于小米来说，零库存也许不是最好的供应链管理方式。

首先，小米的销售模式是官网预售制，通常于特定的日期发布每一阶段可以供货的数量，那么这就引发了一个问题：如果遭遇突发事件，如那次的泰国洪水灾害，加上生产能力有限，小米如何保证供应链的连续性？所以本书认为零库存对小米来说可能不是最好的方式，在企业正常运作过程中必须准备一定量的战略库存来应对突发事件的打击或失效风险的来临。战略库存的存在不仅可以在发生中断危机时及时地补充上游的货物，还可以用这部分库存挽回下游的损失。

其次，用户对小米手机的需求是不完全预测的，且 IT 行业更新迭代的速度快，从这个角度上考虑也要求小米需要保持一定的战略库存。如果需求预测是准确的，就不会发生订单不足导致缺料缺货的问题。但现实往往是充满不确定性因素的，如突发的自然灾害、人为的机器故障、供应商的违约、临时用量的增加，这些因素都有可能造成供应链的疲软。综上，小米应该始终保持一定的战略库存，虽然增加库存会带来成本的上升，但却能够有力地保障小米供应链的连续性。

2. 延迟产品差异化

延迟产品差异化策略是指通过对产品标准化或通用化设计来延迟产品差异化的时间。即待需求明确后再开展相关生产活动，即人们常说的“不见兔子不撤鹰”。这一策略实施的要点在于提前生产好产品的通用部件并进行组装，把顾客对产品的特殊化要求放在生产末端环节。目前，延迟策略已被应用在许多产业，包括消费性电子（如戴尔 DELL、惠普 HP）、汽车产业（如奔驰 Mercedes - Benz）、服务业（如贝纳通 Benetton）及大型零售商（沃尔玛 Walmart）。其中，在供应链管理架构下，延迟策略有助于决定如何平衡产能预测于需求波动的差距，可以决定如何整合精益与敏捷供应链，实现精敏供应链的效率和弹性。例如，戴尔可以在某些原材料无法供应时，可以通过迅速重新配置其产品通用组件，使这些组件可以与供应充足的原材料相匹配。这样的生产灵活性可以让戴尔在一次供应中断中快速恢复过来，并且不会造成重大损失。

3. 保持生产冗余

生产冗余指的是在企业正常运作时保持额外的生产能力。以丰田汽车为例，丰田一贯以精益生产和 JIT 模式著称，但事实是丰田在每一道生产工序中都会准备额外的人员和机器设备以应对工序之间可能发生的中断。除此之外，用户需求也具有季节波动性，需求曲线不是直线性的，而是有着高峰和低谷的曲线。所以，从这个角度上考虑也要求小米可以通过保持一定的生产冗余来应对需求的不确定性。

企业在面对市场需求风险的时候，最简单的应对策略就是在供应链上面保持超能力生产的效率，多余的库存数量和生产力可以满足在物料和产品出现紧急情况时的补给。但是企业在这之前必须对仓库的机械设备和生产力方面进行相对应的资金投入，并且为其空余的能力和工作人员付出相对应的代价。弹性生产的外包方式主要有以下三种：第一种是在产量需求较少的时候，为了避免投资的风险选择外包手段；第二种是产品的需求量太少，完全不符合生产的规模和获得的经济收益；第三种是接单的产品并不是关键部位的零件。如果这个时候市场需求量突然上升的时候，企业可以迅速组织利用应急生产的模式，快速组织企业中的所有人力资源。在增加工作时间的同时，还需要在存货规定时间之前将所有货物制造和整理完毕。

4. 期权合约定价

期权定价是结合金融学知识，将期权的概念引入供应链管理中，是指企业可以运用一个较小的投资即期权费用来获得一项权利，这项权利可以使企业从供应商处获得高于期权成本的冗余能力。企业在面临供货中断时，可以获得供应商的冗余能力来为其提供额外的供应，同时这些冗余能力也可以用来防御日常需求剧烈变动所导致的缺货风险以提高供应链工作弹性。期权缓解中断风险的过程如下：经销商和备份供应商签订期权合约，合约的主要内容就是在经销商缺货的时候，备份供应商必须及时提供之前约定好的商品，且该经销商对备份供应商的商品具有优先获得权。因此，当主要供应商的供货量无法满足零售商的市场需求时，期权合约就能发挥作用了，从备份供应商处预定不大于生产能力的商品。能力期权契约因具有一定的弹性，故其可作为供应链中断风险管理的工具。比如当供应商的物料有限，大家都在抢的时候，究竟是给华为、苹果、OV 还是小米，谁分配多，谁分配少。如果小米和关键供应商签订了期权合约，即使在物料供不应求的情况下，也能避免物料不足对自身的影响。

5. 延迟顾客需求

小米断货危机发生的直接原因在于没有及时向消费者提供所需产品，从而导致小米一部分市场的需求中断。当发生这种潜在中断危机时，为了降低中断的负面影响，可采取两种策略应对。首先，当发生供货中断时，延迟顾客对产品的需求，通过承诺顾客给予一定的产品价格折扣，让顾客接受供货延迟这一事实。这样既可以消除因供货不及时导致的顾客不满意感，也能给企业争取时间恢复生产，提高供应链的弹性。其次，转移顾客对目标产品的注意力，即产品过渡策略。在该策略下新的产品会在顾客完全没有意识到的情况下逐步地推向市场，这样顾客对于新产品的特点和属性也就一无所知，他们也就无法分辨到底哪些是新产品哪些是旧产品，因此，顾客就更可能去选择那些可以大量供应的产品。在供应链的供应和需求发生中断时，该策略都会收到较好的效果。

第三节　案例分析三

一、企业概况

亚马逊位于华盛顿州西雅图，是美国最大的在线电子商务公司，也是网络上首批开展电子商务的公司之一。亚马逊于 1995 年 7 月 16 日由 Jeff Bezos 创立。最初，亚马逊的业务仅包括图书的销售，但如今其业务可谓是“五花八门”，最终以迅雷不及掩耳之势成长为全球第二大互联网公司和全球最大的在线零售商。

2004 年 8 月，亚马逊收购了卓越网，将亚马逊领先的在线零售经验与在中国市场的深厚经验相结合，进一步改善客户服务，极大地促进了中国电子商务的发展。

亚马逊成立至今已经经历过三次定位转变：

1994—1997 年的定位：成为“这个星球上最大的书店”。1994 年夏天，贝佐斯决定创立一家网上书店，一年后，亚马逊网站正式开放。为了与业内巨头竞争，Bezos 使亚马逊成为“地球上最大的书店”。为了实现这一目标，亚马逊快速大规模地扩张，哪怕它已经有了重大的交易损失。由于“快速”，亚马逊仅用 2 年的时间就实现了公司上市交易的目标。

当 Barnes Noble 于 1997 年 5 月推出在线商店时，亚马逊已经在网售市场中获得了巨大的收益。在亚马逊和巴恩斯诺布尔遭遇多次交锋后，亚马逊终于成为最大的书店。

1997—2001 年的定位：成为最大的综合在线零售商。与实体店相比，在线零售的优势在于它可以为消费者提供更多的产品选择。因此，扩大网站类别，建立全面的电子商务以创造规模经济已成为亚马逊的一种战略考虑。1997 年 5 月的亚马逊还没有处于图书网上零售市场的绝对主导地位，它开始扩大商品类别。在之前的供销之后，亚马逊的音乐商店于 1998 年 6 月正式推出。从那时起，亚马逊扩大了其品类和国际扩张。

2001 年至今的定位：成为最以客户为中心的公司。自那时以来，亚马逊不仅推广其为最大的在线零售商外，还建立了“以客户为中心的最大公司”战略作为其努力的目标。为此，亚马逊于 2001 年开始大规模推广第三方开放平台，于 2002 年推出 Web 服务（AWS）、于 2005 年采取会员制度。两年后，它又开始提供第三方物流外包服务。亚马逊不断推出更优质的服务，逐渐渗透在线零售市场，成为一个综合的服务提供商。

二、亚马逊公司供应链运作

1. 供应链运作流程图

如图 10－6 所示，模型图基于 Amazon. com，上游链接出版商、新华书店、品牌公司、实体商家和贸易城市供应商，下游将第三方物流、公司物流和邮政服务与最终客户联系起来。在该模型中，亚马逊的重点是运输货物，因此物流配置非常重要，而它的IT系统为模型的运行提供了强有力的技术支持和信息流通。

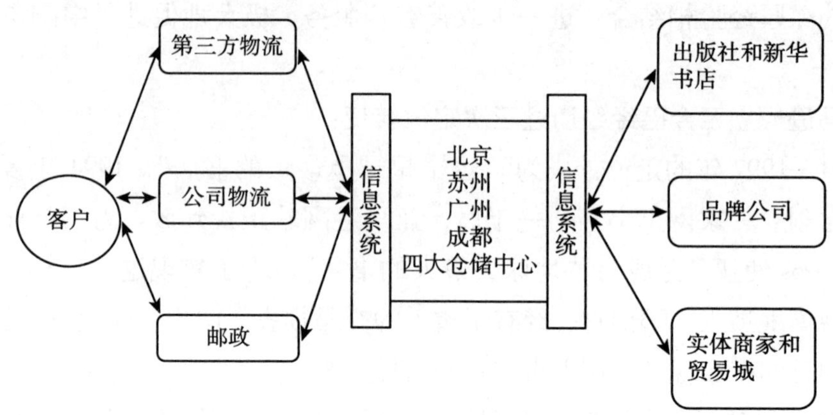

图10－6　亚马逊公司的供应链运作流程

另外，由于亚马逊定位于B2C销售，所以供应商的抉择要素是供应商在产品交易集中领域，即物流密集区域，建立仓库中心的能力。这样做一方面有利于物资和仓库的集中管理，另一方面也可以照顾该地区的客户群。

这样的供应链运作结构设计使得亚马逊可以采用多元化的物流方式，其中与运输成本相结合来选择物流形式，将会使物流环节更加经济有效；并且，在线平台和信息系统的大力支持也可以使得终端客户可以快速了解产品信息。

2. 采购管理

亚马逊在对于商品的采购方面有着其自己的原则，在供应商的选择上，主要有品牌产品公司、新华书店、出版社和实体业务，以及一些相对较大的贸易城市。公司在选择供应商时考虑的因素主要是商品的质量、价格以及商家与他们拥有的仓库之间的距离。因此，就供应商而言，亚马逊经常选择商品集中的地区，物流公司相对集中，并且相对靠近自己的存储中心。这也是亚马逊卓越的“精选品种、全场库存、快捷配送”的模式的一种比较实际的体现。

亚马逊由于有着它自身强大的IT系统，这对其货物采购具有一定的优势。因此，公司可以预测从供应商处购买所需的产品数量。这在很大程度上节省了公司的物流和其他方面的成本，并且还允许客户在最短的时间内获得他们所需的货物。对采购的快速反应也对公司的库存管理产生了相对较大的影响，因此通常不会出现客户想要货物但缺货的情况。

但是，由于供应链中供应商的选择存在供给风险，不利于货物的多样化，也降低了采购的议价能力，增加了成本。

3. 库存管理

亚马逊使用库存系统进行库存管理，该系统用于防止客户有需求但没有货物的风险。物流系统库存中存在合理的盈余，以满足库存短缺，使客户服务水平不会下降。亚马逊通过 JIT 库存系统实施低库存操作，实现库存的有效控制。亚马逊书的库存很少，而且只有 200 种最畅销的畅销书可以维护库存。通常，亚马逊从发布者处获取订单，客户通过信用卡向亚马逊支付账款，亚马逊按客户订单发货而亚马逊在出售图书后 46 天向出版商付款，这使得它比传统书店更顺畅。此外，亚马逊已实现按需印刷，并表示已同意收购 Book Surge。这一举措无疑将有助于减少库存并增加库存周转率。

4. 配送管理

亚马逊物流模式的特点是依靠完善的物流系统，先进的物流设备，以及第三方物流模型和自营亚马逊物流模式的结合。在亚马逊在线书店在不同发展阶段采用不同的物流模式：订货量较小时，采用第三方物流模式；当订单数量足以形成规模效应时，采用自营物流与第三方物流相结合的方式，这种方法是以自营模式为主，第三方物流为辅。通过以上措施，实现亚马逊网上书店物流模式的优势——低成本，并通过低成本的物流环节降低书籍和音像制品的价格，奖励消费者并占领市场，这很符合亚马逊创始人贝佐斯所设想的“以客户为中心”的经营理念。

在分销成本方面，亚马逊通过“邮政注入”降低了运输成本。所谓的“邮政注入”是指使用自己的卡车或独立运营商将整个卡车的订单货物从亚马逊的仓库发送到当地邮局的仓库。这将节省邮局的处理程序和时间，为邮局提供方便的寄送货物，并为自己省钱。

5. 退货管理

亚马逊拥有自己的物流系统，并在货物的在线遣返中心推出了自助返程服务。客户可以通过在线退货中心申请退货和换货服务。具体操作是：当客户访问“我的账户”项目返回时，他们进入在线退货中心并申请。申请成功后，送货人员将在退货后约 4 天收集货物，并要求客户保持手机打开并保持产品和包装完好无损，送货人员不会退还现金。客户的货款将在货物存放后约一天返还给注册账户。亚马逊的退货模式实际上是把亚马逊作为回收货物的在线零售商。在此流程中，客户可以在不联系客户服务中心的情况下退货，这可以减少客户服务繁忙时的等待时间。同时，亚马逊可以根据用户时间随时办理退货。此外，零售商是销售终端，并且退货渠道也将具有比收集退货的制造商相对更大的模型。然而，这种回收方式也有其缺陷，即制造商需要较长的时间来获得反馈信息，这不利于进一步的产品改进。

6. 供应商管理

类别的丰富和规模的扩大基本上是零售商寻求控制产业链的可能性。随着价格变得更加透明，价格战使平均毛利率降低，强大的零售企业将渗透到产品的设计和生产中。创造差异化、自有品牌、高毛利的商品不仅是竞争的武器，而且客观上也加强了对上游的控制。例如，国美和苏宁将买断一些用于独家销售的家用电器，或者使用 OEM 方式生产一些独家产品；沃尔玛是丰富自身品牌并要求产业链有效的成功典范。

亚马逊也做到这一点，许多大品牌将与它建立直接关系，通过亚马逊推出新产品，甚至为亚马逊推出特殊产品。Kindle 和 KDP（Kindle Direct Publishing）是整合供应链和产业链的典型成功案例。亚马逊使用自己的电子阅读器 Kindle 作为移动终端，并使用 KDP 服务打包除了作家和读者之外的行业版本中的所有环节。整个出版供应链的形成改变了原有的传统出版业模式和规则，现在出版商、印刷商、书店都和它有仇。毫无疑问，Kindle 和 KDP 取得了巨大的成功，并受到了全世界的广泛欢迎。除了 KDP 之外，亚马逊的 FBA、AWS 和其他服务是扩展整个供应链并在整个电子商务产业链中建立竞争优势的体现。

三、亚马逊公司供应链中断风险分析

1. 供应链中断事件回顾

2018 年 7 月 17 日，美国当地时间 16 日，亚马逊会员日在上线当天就遭遇了宕机事件。根据事后报道，消费者在社交媒体平台 Twitter 和 Facebook 上表示“无法按照商品折后价格结算”，或称“点击各种促销窗口，但只返回主页”，或指出“无法打开网站和 APP”。大约一小时后，这一问题才得以解决。

根据 CNBC 外国媒体获得的内部文件，亚马逊使用 Aurora PostgreSQL 远离甲骨文数据库是 Prime Day 推广日宕机的主要原因。在推广日黄金时段，亚马逊忙于处理导致销售过程放缓的主要网站故障，同时忙于处理在俄亥俄州最大的仓库之一遇到的技术问题。这个技术问题导致数千个包装的运输延迟。该报告显示，由于数据库迁移后缺少功能，亚马逊正试图查明会员日问题的根本原因。该文件显示，如果刚刚安装的数据库（名为 Aurora PostgreSQL）发生错误，亚马逊也没有提供应急计划。

亚马逊网站虽一向以稳定性著称、优于业内平均水平，但在其发展历程中也多次发生过宕机事件。例如，2016 年 3 月 11 日，美国时间大约 2：20，亚马逊的官方网站出现停机，时间长达 20 分钟，这包括世界上最强大的亚马逊云计算服务和一些数字内容服务出现问题，这对亚马逊来说是一个巨大的意外，并且这一事故将造成巨大的经济损失；例如，2013 年 8 月 20 日，亚马逊网站当天宕机了大约 30 分钟，从美国东部时间 8 月 19 日下午 2：45 开始，一些用户首先发现亚马逊网站已关闭，大约 20 分钟后恢复正常。这种停机导致亚马逊每分钟损失近 67000 美元，总损失近 200 万美元；例如，2008 年，停机时间近 90 分钟，2006 年 1 小时，1999 年 30 分钟，诸如此类。

由于大规模的宕机，顾客们无法进入网站主页购买购物车中的商品，由此产生巨大的挫败感，影响顾客体验度；也导致亚马逊的很多品牌商们所做的促销广告投资基本被浪费。对于亚马逊来说，这不仅影响了它预期的销售额，也使很多卖家和品牌商们感到不满，恶化客户关系。在媒体的大肆报道下，股民们对亚马逊公司的信心也开始下滑，亚马逊股价在会员日开盘后立即从盘中高点下跌。这是由公司主营业务中的问题引起的供应链中断的风险，称为运营中断的风险。

2. 供应链中断风险分析

对于亚马逊供应链的运营中断事故，此次会员日宕机事件正是一个契机，反映出了亚马逊供应链网络中存在的供应链中断风险问题。

（1）需求中断风险分析。此次亚马逊网络故障问题阻止了许多品牌访问卖方中心以管理订单和响应客户查询。然而，在 Prime Day，品牌商需要专门响应客户、监控促销和处理大订单。对于卖家而言，只有少数买家会在订单失败时与他们联系，但大多数未联系的买家都会放弃购买。这导致亚马逊上诸多卖家的销售损失和客流损失十分大。

此外，网络故障也会影响品牌的库存。许多卖家和卖家根据销售预期将额外的库存运送到物流中心。然而，这些库存的销售机会现在变小，这可能导致亚马逊物流中心存储过多库存并产生长期存储费用。

（2）供应中断风险分析。供应中断风险的原因通常是安全库存设置不合理。

为了实现对库存的有效控制，亚马逊通过实施JIT库存系统来运营低库存业务。JIT（准时生产方式）基本思想可概括为“根据需要生产所需产品”，本质就是一种追求“零库存”的生产系统。以亚马逊以前的图书类别为例，亚马逊公司其实只有很少的图书库存，维持库存的基本只有200种最受欢迎的畅销书；此外，亚马逊已实施按需印刷，并表示已收购Book Surge。这些措施无疑将有助于减少库存并增加库存周转率。

然而，与此同时，高库存周转率将不可避免地导致供应中断风险的急剧增加。对于亚马逊来说，它的安全库存约等于零，一旦消费者的需求增长超出预测量过多，亚马逊就需要向上游供应商发出紧急订单。这导致对上游供应商的依赖性增加，议价能力降低，成本增加；另外，如果供应商的库存也不足，生产速度也跟不上，就会导致脱销情况的发生，这对于亚马逊公司形象的影响很大。

（3）生产中断风险分析。在此网络故障事件中，为了转到Oracle，亚马逊将其内部业务迁移到自行开发的云数据库Aurora。这次搬迁导致在Prime Day业务出现了问题。在亚马逊自己的调查报告中，有人声称这次失败导致15000个包裹延迟，浪费了9万美元的人工成本。尽管亚马逊努力查明Prime Day问题的根本原因，但刚安装的数据库Aurora出现错误，最终的结果就是亚马逊也无法给出应急方案。

亚马逊完整的物流系统运作是它的优势，但同时也凸显了它的供应链信息系统中断问题：一旦亚马逊前端购物系统出现故障，后续运输系统就无法对整个供应链起到任何作用。这是亚马逊运营中断的主要风险。

四、提升供应链弹性的策略

1. 提升网络协同能力

亚马逊Prime Day促销日陷入瘫痪的主要原因是亚马逊使用Aurora PostgreSQL，从Oracle的数据库中撤离。这是亚马逊管理层的决定，这个决定应该在实施过程中预先控制风险；加强Aurora数据库承受或暂时延迟数据库转换的能力。据亚马逊方的说法，由于会员日当天的流量超出预期导致预判失误。一则，这可能是由于企业内部协同水平不足，管理人员的决策没有与技术人员的实际水平向协同，致使结果与预期不符；二则，宕机事件多次出现仍然没能解决，这也说明了亚马逊员工的创新能力不足，技术不够突破，做不出其他解决措施。

那么，加强亚马逊公司的协同创新能力就是一个很有必要的决策了。

首先，由于亚马逊是在电子商务和网络技术下，由此产生的在线购物供应链模型，其中对模型起到主要作用的是亚马逊强大的IT系统不断发展和多样化其物流形式。所以强大的信息技术水平为构建协同创新资源分享平台提供了坚实的基础，这对亚马逊公司的协同创新能力的培育起到了事半功倍的作用。

其次，亚马逊还需要以会议讨论和情景模拟的形式建立一些协作机制，这将有助于充分吸收知识，使企业的决策问题更加清晰；同时，还应加强公司价值观的完善以及传递，使企业成员具有更一致的协同认知与目标。

2. 激发员工创造性

松下电器创始人松下幸之助曾说过“企业最大的资产是人”，员工作为企业价值的直接创造者，发挥着最基层却也最重要的作用。员工个人的创新能力影响着整个企业的变革创新能力。因此，激发员工的创新创造的积极性成为重要的一个任务。

首先，培养员工的社交能力。亚马逊可以通过正式的方式，如举办各部门研讨会、交流会，或是非正式的方式，如聚餐、沙龙等，提高员工的社交能力。这种社交能力不仅为了企业内部员工与员工之间的交流，也有利于员工与企业外部的人员的交流，以获取不同的知识和信息。其次，是开展“参与式管理”计划。公司在增强员工参与管理的过程中通常包含了对他们沟通和集体解决问题能力的训练。通过“参与式管理”，亚马逊可以培育一种尊重信任的氛围，从而激发了员工的创造性。最后，培育员工创造创新的意识和能力，培训公司内部的跨部门学习团队，促进组织内部知识的传播和分享，以增加公司基本知识储存备用的种类和数量。还可以通过运用公司电子邮件与虚拟社群等信息技术，使员工更方便分享多元化信息和知识，在组织内营造开放和谐的氛围，鼓励员工与同事沟通、分享知识和经验。知识分享不仅可以让员工在分享中提升自我，也利于企业获得丰富的信息和知识，更重要的是知识分享能激发员工之间思维的碰撞，在企业内部形成创新的氛围。

3. 增加供应链复杂度

供应链是由很多链中企业组成的网状链式结构。从传统定义来说，供应链复杂度的提升依靠于多源供应、多渠道供应等。此处我们延伸一下，将供应的多源应用到销售渠道上，预防突发的渠道崩塌导致的供应链中断。比如亚马逊线上客户端的系统崩溃，可以立刻加强线下实体店的援助效应，将线上吸引顾客的促销优惠转移到实体店中，实现引流到其他渠道，缓解线上系统的压力；或者设计不止一个线上入口，多预设一些入口源，多源分摊系统入口流量，对于主系统，可以适时设计一些附属系统，将一些低频次商品转移到附属系统，减轻主系统压力。

在以往的观念中，供应链过于复杂是一个弊端，不仅导致供应链内部成本大幅度提高，还引起可变性和不确定性；由于网络内各机构和实体之间存在如此多的相互作用，还易于引起累积效应和组合效应，导致无法预测这些相互作用造成的影响。但这些弊端不完全是由于复杂导致的，更主要的原因是企业对供应链的控制程度不足，把控不住过于复杂的供应链网络，致使供应路径混乱，各节点协调不足。所以当企业业务扩张、供应链变得复杂后，企业常常砍掉很多供应步骤，通过外包、单一供应等手段来降低供应链复杂度，但有时会过犹不及，引起很多供应中断风险的发生。因此，适当增加供应链的复杂性有助于降低供应中断的风险。

4. 提高企业适应能力

供应链适应性是供应链适应外部环境变化的能力。在这次亚马逊宕机事故中，很多品牌商们都有所损失，但还有一些品牌能够转祸为福。

例如，Perfect Bar，当品牌的粉丝无法在广告上获得40%的折扣时，他们在社交媒体上发布了对亚马逊的批评。而这给 Perfect Bar 带来了意想不到的关注度和提升。这是因为稀缺和独特的评论在亚马逊粉丝群中创造了一种“FOMO（错失恐惧症)”般的热情。这种热情超出了品牌商的期望，使他们得到的远远超出预期。

这样的意外给了亚马逊新的启发，他们开始将注意力从解决系统技术问题转移到公共媒体上。在会员日后第二天，亚马逊便出具报告说明：作为亚马逊的年度促销活动，Prime Day 今年的表现仍然不错，预计销售额将超过 34 亿美元。尽管网络故障阻碍了卖方对该平台的信任并影响了亚马逊后期的广告收入，但促销仍然有增无减。据报道，Prime 日仅持续了 25 个小时，全球中小型电子商务公司的销售额超过 10 亿美元。这样的报告说明明显安慰了股民们的心，亚马逊股价由一开始的下跌，开始回转。截至周二收盘，亚马逊股价涨至 1841.93 美元，接着创下 1851.69 美元的历史新高。从年初至此，该股累计上涨了将近 58%。统计数据显示，当年亚马逊的股价已上涨近 60%，市值超过 890 亿美元，而苹果的市值超过 935 亿美元。这说明企业适应能力在供应链中断事件中有时候能够起到逆风翻盘的作用，而这种能力需要企业提高创新能力与市场灵敏度。

5. 打造信息共享平台

信息共享是加强信息沟通效率的一种策略，其中涉及的信息有生产供给信息、市场需求信息和流程协作信息等。涉及信息传递问题，实现供应链企业之间完整的信息共享是理想的。因此，我们只能说加强供应链企业之间的信息共享是尽可能重要的。

在亚马逊这次的宕机事故中，加强亚马逊和供应商们的信息共享，可以使亚马逊在努力实现自己的高库存周转的同时，将供应商的库存和生产能力考虑进来，尽可能避免缺货和脱销导致的供应中断损失；同时，对于供应商来说，亚马逊也能将电商平台的销售量及时反馈到上游供应商手中，降低供应链整体库存水平。

有三种方法可以加强供应链的信息共享：第一，建立共享平台是一个很好的方式，但推进阻碍很大，需要一个核心企业牵头。但一家企业一般都身处多个供应链环节，在企业内部推进一个新的信息传递系统已经非常困难，更何况是多个企业一同推进。况且其中还要考虑成本因素；第二，建立新的信息传递流程分析目前的信息传递流程，打破原有流程，根据现有需要重新构建新的信息传递流程。在新的信息传递过程中，供应链中的每个节点都要立即反馈；第三，用现有工具实行信息传递使用即时沟通软件，比如企业微信、钉钉、纷享销客等。

第四节　案例分析四

一、企业概况

丰田汽车是一家知名的日本汽车制造公司，公司于 1937 年成立，创始人是丰田喜一郎，他是三井财阀，公司总部位于日本爱知县丰田市都文京区。目前，丰田公司是日本国内最大的汽车生产企业，也是世界上第三大汽车生产企业，仅次于美国的通用公司和福特公司。丰田公司在国内外都设立了许多工厂，除了在国内拥有 10 家工厂外，还在海外如美国、巴西、澳大利亚等十几家国家设有装配厂。TOYOTA之所以能够顺利打入美国等发达国家的市场，主要依靠其产品的高品质、低成本和低油耗，并且相比于其他国家的汽车制造企业丰田拥有着较大的竞争优势，其核心原因在于丰田采用先进的生产经营观念和供应链管理机制，以及企业内部形成的优秀的企业管理文化，即如今被许多企业借鉴效仿的“丰田生产方式”（TPS），又被称为“精益生产”（LPS）或“准时生产制”（JIT）。作为世界知名的汽车生产巨头，截至2018年，丰田汽车公司的总资产达到4731.332亿美元，营业收入达到2651.72亿美元，员工人数达到369124人，在财富500强排行榜中位于第6位。

丰田汽车公司成立至今，其发展历程可以概括为以下几个阶段：

缓慢发展期：19世纪30—40年代，1937年丰田公司汽车工业部从丰田自动纺纱厂独立出来，正式成立丰田汽车公司，主要生产AA型轿车，并对新车型进行开发和设计。

高速发展期：19世纪50—60年代，第二次世界大战后，丰田通过引进学习欧美技术，再与日本自身的民族特点相结合，创造了著名的丰田生产管理模式，并不断加以完善和提高，大大提高了工厂生产效率，产品大量涌入北美市场。

黄金发展期：19世纪70—80年代，从1972—1976年仅仅4年时间，丰田汽车公司的汽车生产总量就达到1000万辆，年产汽车达到200多万辆。进入80年代，丰田汽车公司的产销量仍然直线攀升。

平稳发展期：19世纪90年代至今，丰田汽车公司做出开始全面走向世界国际战略的决定。90年代初的汽车产量高居世界第二，并且先后在美国、英国等发达国家和东南亚、南非等多各地建立独资或合资企业。

二、丰田公司供应链运作

1. 库存管理

丰田汽车公司采用“零库存”管理模式，“零库存”作为精益生产中一种重要的物流管理理念，并不是指公司的实际库存为零，它的真正含义是没有多余的库存，只有在极其罕见的情况下，如自然灾害导致运输中断，中转站才会保留一到两天的库存，以维持丰田汽车的正常生产。丰田汽车的“零库存”管理模式源于其“精益生产”的理念，即在适当的时间生产出适当数量的产品，这种以订单和需求为主导的生产方式，以降低成本为最终目的，致力于消除供应链上下游一切形式的浪费，包括劳动力的浪费、机器设备的浪费、库存的浪费和物流的浪费。丰田生产方式改变了传统生产方式下生产全面而精细的特点，建立了一条由核心企业领导的精益化生产供应链，供应链上下游企业之间经过深入合作，实现了优势互补，形成了良好的战略联盟关系。其带来的优势显而易见：一方面可以保证获得高质量低成本的零部件；另一方面可以大大降低零部件供应上的不确定性。

丰田生产的供应链系统能够提供精确的生产数量和交付时间。这不仅使丰田系统比美国公司更有效，而且统计数据显示，丰田供应链耗费比全球金融危机前美国汽车公司的供应链便宜8%，同时，准确的交付时间和数量也帮助丰田达到了“零库存”。

2. 采购管理

据了解，丰田汽车的零部件有70%是通过外部采购的，丰田汽车的制造从开发到生产，都是与外包企业共同协作完成的。因此，严格科学的配件采购体系和高水平的配件供应企业成就了如今已经具备强大国际竞争力的丰田汽车公司及其高质量的汽车产品。为生产满足顾客需要的高品质汽车，丰田汽车公司的零部件采购遵循如下3个原则：一是实行开放公平的竞争，采取全球采购战略；二是建立长期稳定、相互依赖和互惠互利的合作关系；三是作优秀企业市民，积极推进海外整车的现代化生产，优先选择当地的零部件供应商。为适应国际化需要，丰田汽车公司的零部件采购在遵循上述3个原则的基础上力求建立世界最佳采购体系，其中丰田汽车公司零部件采购体系的核心组成部分是国际价格比较系统，该系统用以比较分析世界范围内采购零部件的价格竞争力。国际价格比较系统的核心是在日本丰田汽车公司总部的情报部门建立的“国际价格比较数据库”。通过与该数据库中的收录数据的对比分析，建立世界最优竞争力价格体系和丰田公司价格目标值体系，持续采取改进措施，实现降低价格的最终目标。

3. 配送管理

在丰田，零件会通过以下两种方式发货：一种为海外生产，在日本生产的零部件通过海运，再通过铁路运输将零部件送达当地的装配厂。二为当地生产，在北美生产的当地零部件通过协议物流公司的货车进行运输。丰田的“准时到货”理念，对零件库存输入物流的准确性有着很严格的要求，这就决定了它必须全权负责供应商提货和将货物运输至工厂的全部过程。首先，丰田公司会将供应商按照地理位置进行分组，通过地理位置的分布设计货车的行车线路，随后，零件又被运到地区性的交叉转运处再运往不同的工厂。通常，一辆货车会负责多级供应商的零部件运输，再按要求运向不同的丰田工厂。为了提高运转效率，货车的停车时间极短，车上的空集装箱也会被及时送回回收站进行再利用。

4. 生产管理

在丰田，所有订单都会转换成平准化的生产计划。普通传统制造业最大的特点之一就是订单数量的不稳定性。比如月初和月末订单数量的差异非常大，一般而言，订单会在月初大量涌入，厂商根本来不及生产，到了月末前面的生产任务已经完成，又没有收到新的订单，机器设备和劳动力闲置，造成资源的浪费。具有季节性特征的企业更是如此，就像旅游业一样，它分为生产的旺季和淡季，生产旺季时企业资源不足以供应订单的生产，生产淡季时又造成了生产上的空窗期。汽车制造业也不例外，每一年的销售旺季跟淡季差异很大，自然而然就必须要根据整个需求的最高峰来配置设备资源和人力资源，丰田汽车公司采用的就是平准化的生产计划。简单来说，就是将公司每个月的生产任务平均分给每一天，那么每一天生产的数量假如都能维持非常稳定的数量，代表每天给一级供应商、二级供应商的需求指令也非常的平均，所以下级供应商被平准化了以后，抛弃了传统的集中化的生产方式，整个资源利用率提升到最高。首先选定要平准化生产的产品，确定生产数量，再进行平均分配，“缓冲库存”建立完成后，只要保证每天平均下来的生产任务能够顺利完成，就可以填补原来的库存，当市场需求出现波动时，可以利用“缓冲库存”及时弥补。平整化生产不需要生产链的运作达到高峰值，又能解决供货不足和库存积压的问题，避免了企业人员和资源等方面的浪费。

三、丰田公司供应链中断风险分析

1. 事件介绍

丰田最近一次重大供应链危机的发生于 2018 年 9 月，日本北海道发生 6.7 级大地震，地震引起山体滑坡、房屋烧毁、电力中断和交通瘫痪等问题。可以说，此次地震也给丰田汽车带来“强震”。丰田汽车表示，由于供应链中断，自 9 月 8 日开始停止工厂生产，影响波及丰田 18 家总装厂中的 16 家。其中位于北海道地区苫小牧市的丰田工厂影响最为严重，该工厂主要生产 AT、CVT 变速箱等核心部件，其他工厂则由于零部件供应问题，被迫关停。还有位于九州市、田原市的工厂和车身工厂也将暂时关停，这些工厂主要生产雷克萨斯汽车和丰田兰德酷路泽越野车，其中一些销往美国市场。丰田汽车发言人表示，这次停产将影响日本的所有丰田和雷克萨斯生产线。

然而，丰田公司的停产绝非首次。2016 年 2 月，丰田旗下爱知制铁厂一座钢铁厂爆炸起火导致钢材供应短缺，丰田安排日本工厂停产一周，使其 2016 年前两个月全球产量按年率计算下跌约 4%。2016 年 4 月，日本南部九州岛的熊本县发生地震，丰田汽车公司因其主要零部件供应商爱信精机子公司（Aisin Seiki）受损严重，原本在灾区进行生产的零部件供应中断，将从周一开始在大部分日本汽车组装厂进行分阶段停产，为期近一个星期。2011 年，日本发生地震与海啸引发核泄漏，位于日本东北部的半导体工厂瑞萨电子公司在地震中受到破坏，使其面向消费者的全球供应链延迟了数月，同时地震中供应链中断也导致了汽车工厂产量大幅度削减。

丰田汽车公司采取相应措施尽量减少自身在自然灾害中遭受的损失，对其“准时制生产”系统进行了改进，使更多的零部件实现标准化生产，以便在紧急突发事故发生时利用代用工厂进行内部生产，但是仍未额外储备库存进行风险管理。

2. 中断风险

（1）供应中断风险分析。安全库存设置不合理导致整车输出受阻是主要的问题来源。丰田公司采用的“零库存”——无须储存大量成本高昂的存货，只需从供应商手中获取所需的少量零部件便可进行生产，力求消除一切浪费。但是在大地震发生情况下，零部件供应商灾后受损停产，导致零部件供应发生中断，丰田公司采用的“准时制生产”系统失灵。没有零部件来源，整车组装无法进行，加之“零库存”生产准备的安全库存量过少，无法应对大地震带来的供应商大面积供应中断造成的整车输出问题，丰田公司在短时间内恢复正常生产存在困难。

（2）生产中断风险分析。总装厂地理位置过于集中，供应链中断分散能力差，由此引发的生产中断也是丰田汽车公司供应链运营上的一大风险。据了解，丰田生产线大多集中在日本国内，日本国土面积小，地震频发。2016 年日本南部地震后由于两家供应商工厂停产，丰田汽车决定关闭全国范围内的 26 条汽车装配线，这显示出丰田公司的系统容易受到自然灾害的严重冲击。丰田公司的主要供应商是爱信精机株式会社，其零部件供应种类繁多，数量庞大，一旦爱信精机株式会社受损停产，可以直接导致丰田公司国内数十条生产线停工，可见丰田公司对爱信精机株式会社的依赖度极高，这也就决定了在供应链中断情况下该节点的风险不容易转移。生产不及时，成品供应不足导致顾客满意度降低，客源流失。其次，丰田公司的现代化生产方式主要依赖于信息系统支持下的大数据处理分析生产，地震、海啸等自然灾害引发的电力中断会对信息系统依赖的硬件造成损害，可能导致部分信息丢失，信息的不全面、不完整对丰田汽车公司的“精准化”生产模式造成的影响是不可估量的，严重者可直接到时供应链系统瘫痪。

四、提升供应链弹性的策略

1. 设置合理冗余度

供应链的冗余是指在供应链保持超出正常需要的库存或生产能力。当供应链遇到突发事件中断时，冗余的库存就可以临时替代原有的生产力，达到使供应链正常运行的最终目的。

实现冗余的主要途径包括：

（1）建立原材料和最终产品的安全储备。这是一种应对不确定性的传统方式。一旦中断发生，安全储备可作为缓冲为企业争取恢复正常生产的时间。

（2）保持额外能力和作业人员。由于顾客需求的不稳定性和波动性较大，保持额外能力和作业人员可使激剧上升的需求得到一定程度的满足，减少缺货损失。

基于上述认识，保持冗余策略允许工厂生产能力和配送中心运转能力维持在一个较低的水平上，那么在出现突增的需求时将生产能力和运转能力迅速提高到一个较高的水平，比同行业的其他企业更快地作出响应。但是，使用该策略在前期需要对设备、人员、库存的冗余作出额外的投资，这与丰田公司奉行的“精益生产”和“六西格玛”管理理念是相悖的，它会大量耗费资金且导致资源的浪费。因此，运用这种“以防万一”的方法提高供应链弹性时应把握一个适当的度。

2. 设计预嵌弹性

预嵌是指供应链在设计时就充分考虑未来可能面临的风险而将弹性作为一

项设计性功能预先嵌入。随着生产经营环境的变化，供应链中断风险增加，传统的以成本和服务为主的供应链设计已经不能满足现代市场发展对企业供应链的要求。弹性已经成为一个很重要的考虑因素，为了使供应链适应市场发展，将弹性作为一项设计嵌入其中。丰田公司的“零库存”生产可以降低产品储存成本，提高产品周转率，但同时具有供应链中断情况下货源供给不足的风险，通过仿真供应链模拟系统在供应链的瓶颈处和关键路线上预设风险，预先就算出供应链中断情况下恢复正常生产所需要的安全库存量，保持合理的冗余度可以在增加尽量低的储存成本条件保证供应链的快速恢复。

3. 合理选择供应商

一是合理选择供应商数量。据了解，丰田汽车公司大约有70%的零部件产品实行外部采购，如果它的零部件供应商数量较多，甚至同一种零部件也会有几个供应商，那么一个供应商如果自身出了问题，它对丰田公司的影响是微乎其微的，因为丰田可以要求其他供应商增加供应量，给出问题的供应商进行自我调整的时间。但如果成员数量过于庞大，对于供应商的管理就会成为新的问题，管理不周会导致供应商品的质量得不到保证。因此需要考虑供应链弹性的最佳成员数量，达到平衡状态。

二是合理选择供应商地理位置。由于供应商所处地理位置不同，每个供应商提供的零部件到达装配工厂的时间会相差很久。当地供应商可能只要一到两天就能送货到装配工厂，而海外供应商则要在运输途中耗费几周时间。过多选择当地供应商在发生地域性灾难时受到的影响会加倍，严重的会导致生产线完全瘫痪，过多选择海外供应商会大量增加物流成本，因此，需要对中断风险和成本领先两方面进行客观的评估，找到两者的平衡，合理地选择不同地理位置供应商的数量。

4. 产品丰富化

供应链上的最终用户需求多种多样，为了顺应这种顾客要求，以前的标准化、大批量的生产现在并不适用，取而代之的是多品种、小批量的生产。根据供应链中断一端客户的需要生产更多品种的产品，丰富客户的选择，通过产品之间的替代或互补关系，分散客户的注意力，降低客户对某一特定产品的过量需求。那么遭遇某种产品的供应中断，损失资金时，通过将客户的需求转移到其他产品进行弥补，使产品流、资金流顺畅流动，从而恢复整个供应链的运行。随着大众消费市场的到来，针对汽车普及率不断攀升的中国市场，丰田公司根据不同年龄段的用户和不同用途的功能需求匹配了相应的车型，高级车有雷克萨斯，较高级的车有普拉多、兰德酷路泽，商务车有柯斯达，中级车有锐志、卡罗拉、凯美锐，比中级车高级一些的还有皇冠，供年轻人使用的有威驰，消费者总能找到一款适合自己的汽车。

5. 分析和可视化工具的利用

在现代化生产的大背景下，对电子信息系统的依赖是不可避免的，企业在不断提高生产效率和销售业绩的同时，也要重视对电子信息系统的开发和完善，利用分析和可视化工具将恢复时间缩短。丰田汽车公司对分析和可视化工具的利用也帮助它巧妙地避免了一些危机。

2011 年 3 月，日本发生大地震，迫使丰田停止了大部分生产，公司的供应链及丰田生产系统被意外摧毁，丰田花了半年时间才恢复生产。为了弥补供应链上的漏洞，提高供应链的灵活性，丰田启动了野心工程。利用分析和可视化工具，丰田将供应链中断恢复时间从 6 个月缩短至两周乃至更短时间，确定了三项具体行动，提升供应链的灵活性和弹性。首先，通过分析和可视化工具映射供应链，确定属于最“危险”级别的供应商，即是材料的唯一来源或者极易受地震影响，帮助他们制订应急措施。其次，利用供应商分析和可视化工具获取供应基地的地理构成以及各种中断情况的建模，提高供应链灵活性确保零部件应急来源，从而在未来可以更加有效地应对地震带的地理集中中断。最后，公司整合不同模型的类似零件，从而降低组件成本，激励供应商增设工厂。

第十一章　结论与展望

第一节　研究结论

随着经济全球化的发展，商业环境的不确定性和复杂性日益增加，因难以抗拒之力而引发的供应链中断越来越多，已成为组织间突出的风险，面对风险时供应链弹性的强弱将严重影响到供应链整体绩效。虽然近年来对供应链弹性的研究有很多，从中断的事前如何预防、事中怎样控制、事后如何应对等方面都提供了一些思路，但是以往的研究都只是从单边的视角进行考虑。现在，随着信息技术的发展，再加上资源的有限性，单个企业在复杂的市场环境中很难生存，跨组织之间的信息资源共享成为常态，为了从整体的角度研究供应链企业协同创新能力对供应链弹性的影响机理，本书主要从企业的探索吸收能力、转化整合能力、变革创新能力和网络协同能力四个维度出发，分别研究多源供应、战略库存、产品替代和延迟制造四种模式在协同创新能力和供应链弹性之间的中介作用。最终得出如下结论：

（1）供应链弹性受到企业协同创新能力的正向影响。其中探索吸收能力、转化整合能力和网络协同能力对供应链弹性的影响显著。

（2）多源供应模式、战略库存模式、延迟制造模式和产品替代模式均是保持或者恢复供应链弹性的有效行为模式，这些行为模式在一定程度上均能提升供应链的柔性和增加冗余。

（3）企业能力的不同会影响企业行为模式的选择，探索吸收能力和网络协同能力强的企业在供应链中断的时候更倾向于选择探索吸收模式和战略库存模式；转化整合能力强的企业更倾向于选择产品替代模式和延迟制造模式；变革创新能力在中断时在行为模式的选择没有表现出很强的倾向性。

（4）行为模式在协同创新能力和供应链弹性之间表现出部分中介作用，协同创新能力可以通过选择有效行为模式来应对供应链中断，来维持供应链的弹性。

（5）在供应链中断严重的时候，企业一般会采取颠覆式创新的行为，而颠覆式的创新行为会受到很多因素的制约，并且是一个比较漫长的过程，所以效果体现得不很明显，这也是变革创新能力对供应链弹性的影响不是特别显著的原因。

第二节　管理启示

本书旨在从动态能力的视角研究企业在复杂的商业环境中如何与变化的市场环境做好实时匹配，帮助企业更好地应对供应链中断的风险。本书主要通过对企业的实证分析，研究协同创新能力对供应链弹性的影响机制，根据研究结论，为企业的经营管理提供有效的建议。

（1）企业应该有针对性地提高自身的协同创新能力。协同创新能力作为一种组织动态能力对企业的供应链弹性有明显的促进作用，同时由于资源的有限性和稀缺性，企业应该有针对性地提升自身的能力。探索吸收能力和网络协同能力主要侧重于企业与外部供应链中断环境的匹配契合，而转化整合能力和变革创新能力侧重于企业内部要素间的匹配协同，但是变革是一个漫长的过程，一般很难立即发挥作用，所以企业需要结合自身的情况选择变革创新。

（2）建立鲁棒供应链，注重柔性管理的思想。多源供应、战略库存、延迟制造和产品替代模式都是应对供应链中断的有效措施，企业应该有风险管理的意识，在企业生产经营的每个关键节点都应该注重风险的防范，不断提升企业自身风险的应对能力，找到适合企业自身的行为模式，做到柔性供应、柔性生产、柔性物流、柔性信息等，从而增加企业的柔性和敏捷性，提升企业的响应性水平。

（3）面对供应链中断，企业应做到能力和行为的匹配。能力影响行为进而影响企业的绩效，但是能力和行为的匹配是很重要的，面对供应链中断，企业应该选择自身能力适合的行为模式，企业应该尽自己最大可能把有用的资源做到合理配置，并且不断地优化生产经营的各个环节，根据市场的变化来调整生产线，调整资源的整合和配置，通过产品创新、技术创新等方式来增强企业的供应链弹性。

附录 1

尊敬的女士/先生：

您好！本次问卷主要是调查供应链中断情境下协同创新能力对供应链弹性的影响机制研究。本次问卷完全出于学术研究的目的，并且对您填写的信息进行绝对保密，请根据企业的经营状况如实填写。最后，感谢您对本学术的支持与合作！

第一部分　基本信息

1. 您所在公司的性质：

□国有企业或国有控股　□民营企业　□中外合资　□外商独资企业

□其他

2. 您所在公司主营业务所在的行业：

□机械制造　□石油化工　□服装加工　□电子通信　□家用电器

□生物医药　□食品加工　□建筑材料　□其他

3. 您所在公司的员工总数是：

□100 人以下　□100—300 人　□300—500 人　□500 人以上

4. 您所在公司的年销售额：

□500 万元以下　□500 万—＜1000 万元　□1000 万—＜2000 万元

□2000 万—＜5000 万元　□5000 万—＜1 亿元　□1 亿元及以上

5. 您在公司的职位：

□总经理　□副总经理　□部门经理　□部门主管　□其他

6. 您在供应链当中的职能角色（在下列中选一个）

□研发　□计划　□采购　□生产　□仓储　□营销　□财务　□其他

7. 您的工作年限：

□3 年以下　□3—5 年　□5 年以上

第二部分　协同创新能力、供应链弹性的测量量表

说明：请您结合所在单位的情况根据自己的判断进行选择，选项打分为 5

分制，随着数值的增大同意程度随之提升。例如：很不同意、不同意、一般同意、很同意。

题项	很不同意↔很同意
探索吸收能力（EA）	
1. 我们公司经常通过频繁的交互从合作伙伴处获得信息、技术和资金	□1 □2 □3 □4 □5
2. 我们公司能够较快地认识到市场环境（如竞争、政策、法规）的变化	□1 □2 □3 □4 □5
3. 我们能够较快地分析和解释变化的市场需求	□1 □2 □3 □4 □5
4. 我们经常关注变化的市场需求背后的新产品和服务	□1 □2 □3 □4 □5
5. 我们公司能够较快地识别有用的外部信息、技术等资源	□1 □2 □3 □4 □5
6. 我们员工会记录和保存新获取的信息、技术等，作为未来使用和参考	□1 □2 □3 □4 □5
转化整合能力（TIA）	
1. 我们公司能随时对现有信息、技术、资金等资源进行调整	□1 □2 □3 □4 □5
2. 我们公司能针对环境变化合理进行企业和产品服务定位	□1 □2 □3 □4 □5
3. 我们公司能够针对环境变化，快速、合理和协调配置企业资源	□1 □2 □3 □4 □5
4. 我们公司很容易把新的资源组合在一起	□1 □2 □3 □4 □5
5. 我们公司总能够用有创意的新方法对资源进行组合	□1 □2 □3 □4 □5
6. 我们公司一般能创造性地对新资源与现有资源进行组合	□1 □2 □3 □4 □5
变革创新能力（CI）	
1. 我们公司对有创新能力的员工给予充分的激励	□1 □2 □3 □4 □5
2. 我们公司的组织结构简单，条例清晰，程序少	□1 □2 □3 □4 □5
3. 我们公司对创新所带来的损失的容忍度高	□1 □2 □3 □4 □5
4. 我们公司每季度都会研发出一些新产品，新产品产值占销售总额的比重很高	□1 □2 □3 □4 □5
5. 我们公司的员工经常提出有创意的设想和建议	□1 □2 □3 □4 □5
6. 我们公司的员工敢于冒险、富有首创精神	□1 □2 □3 □4 □5
网络协同能力（NE）	
1. 供应链网络中合作企业的数量	□1 □2 □3 □4 □5
2. 供应链网络中企业之间文化有很大的相似性	□1 □2 □3 □4 □5
3. 供应链网络中企业的产品有很大的相似性或者是关联性	□1 □2 □3 □4 □5
4. 公司与合作者之间经常交流信息和资源	□1 □2 □3 □4 □5
5. 公司与合作者之间经常开展合作项目，解决关键问题	□1 □2 □3 □4 □5

续表

题项	很不同意↔很同意
6. 公司与合作者保持良好的信任关系和合作机制	□1 □2 □3 □4 □5
7. 公司与跨区域、跨行业的企业保持广泛的联系	□1 □2 □3 □4 □5
供应链弹性（SCR）	
1. 我们企业的供应链能够快速恢复产品流来充分应对意外中断	□1 □2 □3 □4 □5
2. 我们企业的供应链在受到中断时能快速回到原有状态	□1 □2 □3 □4 □5
3. 我们企业供应链在中断恢复后能运营得更好	□1 □2 □3 □4 □5
4. 我们企业的供应链能够充分应对供应链中断造成的财务损失	□1 □2 □3 □4 □5
5. 我们企业的供应链在中断发生时能够维持原有供应链结构和功能	□1 □2 □3 □4 □5
6. 我们企业的供应链有能力从中断和意外事件中提取有意义和有用的知识	□1 □2 □3 □4 □5

第三部分　面对中断供应链企业行为模式的测度

通过设置供应链中断的情景，来测度企业应对中断所采取行为模式，进而分析企业根据自身的能力选择合适的行为模式对供应链弹性的重要作用。

假设在一次大地震中，供应链企业由于大地震而发生中断，丧失供应、生产或需求能力，且在一定时间内无法恢复至正常水平。在此情况下，结合自身的能力，企业所采取的行为模式的倾向性进行判断。问卷同样采用Likert量表，请被调查者依据公司情况对其行为模式进行测度。

题项	很不同意↔很同意
多源供应模式（MSS）	
1. 关于核心产品我们公司有多个供应源	□1 □2 □3 □4 □5
2. 我们公司会经常更新供应商信息库	□1 □2 □3 □4 □5
3. 当一个供应商不能及时供货时，公司会首先想到找其他供应商	□1 □2 □3 □4 □5
战略库存模式（SI）	
1. 我们公司在关键节点上通常留有冗余	□1 □2 □3 □4 □5
2. 我们愿意为这些冗余承担一定的费用	□1 □2 □3 □4 □5
3. 当需求或者供给变动的时候，公司会首先用这些库存来应急	□1 □2 □3 □4 □5
延迟制造模式（DIM）	
1. 我们公司一般会先生产通用的基础产品/零部件	□1 □2 □3 □4 □5
2. 我们公司生产线相对灵活	□1 □2 □3 □4 □5

续表

题项	很不同意↔很同意
3. 当一种产品/零部件需求或者供给发生变动的时候，我们会首先利用基础产品进行重新配置生产	□1 □2 □3 □4 □5
产品替代模式（ALP）	
1. 我们公司生产多种同类别的产品	□1 □2 □3 □4 □5
2. 这些同类别的产品在功能上具有一定的相似性	□1 □2 □3 □4 □5
3. 当一种产品/原材料发生中断时，我们会首先找到替代产品	□1 □2 □3 □4 □5

附录 2

定理 1 的证明

为了证明这一命题，首先引入一个模型及若干引理：

模型

$$\max_u E_{t_0}\left\{\int_{t_0}^{T} g^i[s,x(s),u(s)]ds + q(x(T))\right\} \tag{A－1}$$

$$dx(s)=f[s,x(s),u(s)]ds+\sigma[s,x(s)]dz(s),x(t_0)=x_0 \tag{A－2}$$

其各参数的假设同模型（1）、模型（2）。

引理 1　控制集 $u^*(t)=\phi^*(t,x)$ 形成了模型（A－1）、（A－2）的一个最优解，如果存在一个连续的微分函数 $W(t,x)$：$[t_0,T]\times R^m\to R$ 满足下列偏随机微分方程：

$$-W_t(t,x)-\frac{1}{2}\sum_{h,\zeta=1}^{m}\Omega^{h\zeta}(t,x)W_{x^h x^\zeta}(t,x) = \max_u\{g^i[t,x,u]+W_x(t,x)f[t,x,u]\}$$

$$W(T,x)=q(x)$$

证明：将最优控制 $\phi^*(t,x)$ 代入（A－2），获得最优状态动力学

$$dx(s)=f[s,x(s),\phi^*(s,x(s))]ds+\sigma[s,x(s)]dz(s),x(t_0)=x_0 \tag{A－3}$$

公式（3）的解，记为 $x^*(t)$，可以表达为

$$x^*(t) = x_0+\int_{t_0}^{t} f[s,x^*(s),\psi_1^{(t_0)*}(s,x^*(s)),\psi_2^{(t_0)*}(s,x^*(s))]ds + \int_{t_0}^{t}\sigma[s,x^*(s)]dz(s) \tag{A－4}$$

定义在时间 t 及对应现状 x_t^* 的最大收益为如下的价值函数

$$W(t,x_t^*) = \max_u E_{t_0}\left\{\int_{t_0}^{T} g^i[s,x(s),u(s)]ds + q(x(T))\mid x(t) = x_t^*\right\}$$
$$= E_{t_0}\left\{\int_{t_0}^{T} g^i[s,x^*(s),\phi^*(s,x^*(s))]ds + q[x^*(T)]\right\}$$

满足边界条件 $W[T,x^*(T)]=q[x^*(T)]$。

我们可以将 $W(t,x_t^*)$ 表示为

$$W(t,x_t^*) = \max_u E_{t_0}\left\{\int_{t_0}^{T} g^i[s,x(s),u(s)]ds + q(x(T)) \mid x(t) = x_t^*\right\}$$
$$= \max_u E_{t_0}\left\{\int_{t_0}^{t+\Delta t} g^i[s,x(s),u(s)]ds + W(t+\Delta t, x_t^* + \Delta x_t^*) \mid x(t) = x_t^*\right\} \tag{A-5}$$

其中

$\Delta x_t^* = f[t,x_t^*,\phi(t,x_t^*)]\Delta t + \sigma[t,x_t^*]\Delta z_t + o(\Delta t)$

$\Delta z_t = z(t+\Delta t) - z_t$

及 $E_t[o(\Delta t)]/\Delta t \to 0 \quad as \quad \Delta t \to 0$

当 $\Delta t \to 0$ 时，利用伊藤公式，公式（5）可以表示为

$$\begin{aligned} W(t,x_t^*) = \max_u E_{t_0}\{ & g^i[t,x_t^*,u]\Delta t + W(t,x_t^*) + W_t(t,x_t^*)\Delta t \\ & + W_{x_t}(t,x_t^*)f[t,x_t^*,\phi^*(t,x_t^*)]\Delta t + W_{x_t}(t,x_t^*)\sigma[t,x_t^*]\Delta z_t \\ & + \frac{1}{2}\sum_{h,\zeta=1}^{m}\Omega^{h\zeta}(t,x)W_{x^h x^\zeta}(t,x) + o(\Delta t)\} \end{aligned} \tag{A-6}$$

当 $\Delta t \to 0$ 时，对式（6）两端取期望，得到

$$-W_t(t,x) - \frac{1}{2}\sum_{h,\zeta=1}^{m}\Omega^{h\zeta}(t,x)W_{x^h x^\zeta}(t,x) = \max_u\{g^i[t,x,u] + W_x(t,x)f[t,x,u]\} \tag{A-7}$$

及边界条件 $W(T,x^*(T)) = q(x^*(T))$。

考虑下列 n 人合作博弈模型（A－8）—（A－9）：

$$E_{t_0}\left\{\int_{t_0}^{T} g^i[s,x_i(s),u_i(s)]\exp\left[-\int_{t_0}^{s} r(y)dy\right]ds + \exp\left[-\int_{t_0}^{T} r(y)dy\right]q^i(x_i(T))\right\},$$

对于 $i \in [1,2,\cdots,n] \equiv N$ （A－8）

$$dx_i(s) = f^i[s,x_i(s),u_i(s)]ds + \sigma_i[s,x_i(s)]dz_i(s), x_i(t_0) = x_i^0 \tag{A-9}$$

其各参数的假设同模型（1）、模型（2）。

引理 2 对随机控制问题 $\Gamma[K;t_0,x_0]$，控制集 $\{u_K^*(t) = \psi_K^{t_0K*}(t,x_K)\}$ 提供了其最优解，如果存在一个连续微分函数 $W^{(t_0)K}(t,x_K):[t_0,T]\times\Pi_{j\in K}R^{m_j}\to R$，满足下述的偏随机微分方程。

$$-W_t^{(t_0)K}(t,x_K) - \frac{1}{2}\sum_{h,\zeta=1}^{m}\Omega_K^{h\zeta}(t,x_K)W_{x^h x^\zeta}^{(t_0)K}(t,x_K)$$
$$= \max_{uK}\left\{\sum_{j\in K} g^j[t,x_j,u_j]\exp\left[-\int_{t_0}^{t} r(y)dy\right] + \sum_{j\in K} W_{x_j}^{(t_0K)}(t,x_K)f_j^K[t,x,u]f_j^K[t,x_K,u_j]\right\} \text{和}$$

$$W^{(t_0K)}(T,x_K) = \sum_{j\in K}\exp\left[-\int_{t_0}^{T} r(y)dy\right]q^j(x_j)$$

其中 $\Omega_K(t,x_K)$ 是一个元素为对角线和零元素意外的 $\Omega_i(s,x_i(s))$ 构成的矩阵，$i\in K\subseteq N$，$\Omega_K^{h\zeta}(t,x_K)$ 是矩阵 $\Omega_K(t,x_K)$ 的 h 行 ζ 列的元素。

证明：

定义　对于所有的 $v_i(s)\in U^i$，$i\in N$，策略集 $\{v_1^*(s),v_2^*(s),\cdots,v_n^*(s)\}$ 被称为 n 人微分博弈（A－8）—（A－9）的最优解，如果下述不等式成立。

$$
\begin{aligned}
&\int_{t_0}^{T} g^1[s,x^*(s),v_1^*(s),v_2^*(s),\cdots,v_n^*(s)]ds+q^1(x^*(T))\\
\geqslant&\int_{t_0}^{T} g^1[s,x^{[1]}(s),v_1(s),v_2^*(s),\cdots,v_n^*(s)]ds+q^1(x^*(T))\\
&\int_{t_0}^{T} g^2[s,x^*(s),v_1^*(s),v_2^*(s),\cdots,v_n^*(s)]ds+q^2(x^*(T))\\
\geqslant&\int_{t_0}^{T} g^1[s,x^{[2]}(s),v_1^*(s),v_2(s),\cdots,v_n^*(s)]ds+q^2(x^*(T))\\
&\cdots\cdots\\
&\int_{t_0}^{T} g^n[s,x^*(s),v_1^*(s),v_2^*(s),\cdots,v_n^*(s)]ds+q^n(x^*(T))\\
\geqslant&\int_{t_0}^{T} g^1[s,x^{[n]}(s),v_1^*(s),v_2^*(s),\cdots,v_n(s)]ds+q^n(x^*(T))
\end{aligned}
\tag{A－10}
$$

则在时间区间 $[t_0,\ T]$ 上，有：

$$
\begin{aligned}
&\dot{x}^*=f[s,x^*(s),v_1^*(s),v_2^*(s),\cdots,v_n^*(s)],x^*(t_0)=x_0,\\
&\dot{x}^{[1]}=f[s,x^{[1]}(s),v_1(s),v_2^*(s),\cdots,v_n^*(s)],x^{[1]}(t_0)=x_0,\\
&\dot{x}^{[2]}=f[s,x^{[2]}(s),v_1^*(s),v_2(s),\cdots,v_n^*(s)],x^{[2]}(t_0)=x_0,\\
&\cdots\cdots\\
&\dot{x}^{[n]}=f[s,x^{[n]}(s),v_1^*(s),v_2^*(s),\cdots,v_n(s)],x^{[n]}(t_0)=x_0
\end{aligned}
\tag{A－11}
$$

现在考虑引理2中的第 i 个方程，其状态 $v_i^*(s)=u_i^*(s)=\zeta_i^*(s,x_0)$ 使得下面模型最大化

$$
\int_{t_0}^{T} g^i[s,x(s),u_1^*(s),u_2^*(s),\cdots,u_{i-1}^*(s),u_i(s),u_{i+1}^*(s),u_n^*(s)]ds+q^i[x^*(T)]
\tag{A－12}
$$

上述选择 $v_i(s)\in U^i$ 对应状态动力学

$$
\dot{x}(s)=f[s,x(s),u_1^*(s),u_2^*(s),\cdots u_{i-1}^*(s),u_i(s),u_{i+1}^*(s),\cdots,u_n^*(s)],
$$

$x(t_0)=x_0$ 的约束。

对于博弈者 i，这是一个标准的动态最优规划，对于所有的 $i\in N$，$j\neq i$，$u_j^*(s)$ 不依赖于 $u_i^*(s)$ 的开环控制器。利用引理 1，可以直接得到引理 2。

现在证明定理 1：

利用引理 1 和引理 2，我们可以直接得到下述结论：

$$W^{(t_0)K}(t,x_1,x_2,\cdots,x_k) = \left\{\sum_{j=1}^{k}[A_j^K(t)x^{1/2} + B_j^K(t)x^2 + C_j^K(t)x + D_j^K(t)]\right\}\exp[-r(t-t_0)] \quad (A-13)$$

其中，$A_i^K(t)$，$B_i^K(t)$，$C_i^K(t)$，$D_i^K(t)$ 满足

$$\dot{A}_i^K(t) = \left(r+\frac{\sigma^2}{8}+\frac{\delta}{2}\right)A_i^K(t) + 2B_i^K(t)A_i^K(t) - \frac{1}{2}\sum_{j=1,j\neq i}^{k}[b_j^{[j,i]}A_i^K(t)]$$

$$\dot{B}_i^K(t) = \left\{r-2\delta+\delta^2-2\sum_{j=1,j\neq i}^{k}[b_j^{[j,i]}A_i^K(t)]\right\}B_i^K-\beta_i^1+4(B_i^K)^2-\sum_{i=1}^{k}\left\{\frac{\alpha_i^2}{16}[A_i^K(t)]^2\right\}$$

$$\dot{C}_i^K(t) = r[\beta_i^2+C^K(t)] - \sum_{i=1}^{k}\left\{\frac{\alpha_i^2}{16}\left(\frac{1}{2c_i}-\frac{1}{4c_i}\right)[A_i^K(t)]^2\right\} + \left[\sum_{j=1,j\neq i}^{k}b_j^{[i,j]}A_i^K(t) - \delta\right]C_i^K(t) + 4B_i^K(t)C_i^K(t)$$

$$\dot{D}_i^K(t) = \beta_i^3 - rD_i^K(t) - [C_i^K(t)]^2$$

$$\dot{A}_i^K(T) = q_i,\ \dot{B}_i^K(T) = \dot{C}_i^K(T) = \dot{D}_i^K(T) = 0$$

定理 2 的证明

从定理 1 直接可以得到

$$\begin{aligned}
&W_t^{(\tau)\{1,2,\cdots,n\}}(t,x_{\{1,2,\cdots,n\}}^{\tau *})\big|_{t=\tau}\\
&= \left\{\sum_{i=1}^{n}[\dot{A}_i^{\{1,2,\cdots,n\}}(\tau)\ (x_i^{\tau *})^{1/2}] + \dot{B}_i^{\{1,2,\cdots,n\}}(\tau)(x_i^{\tau *})^2 + \dot{C}_i^{\{1,2,\cdots,n\}}(\tau)x_i^{\tau *} + \dot{D}_i^{\{1,2,\cdots,n\}}(\tau)\right\} - r\left\{\sum_{i=1}^{n}[A_i^{\{1,2,\cdots,n\}}(\tau)\ (x_i^{\tau *})^{1/2}] + B_i^{\{1,2,\cdots,n\}}(\tau)(x_i^{\tau *})^2 \right.\\
&\quad \left. + C_i^{\{1,2,\cdots,n\}}(\tau)x_i^{\tau *} + D_i^{\{1,2,\cdots,n\}}(\tau)\right\}\times\exp[-r(t-\tau)] \qquad (A-14)
\end{aligned}$$

$$\begin{aligned}
&W_t^{(\tau)K}(t,x_K^{\tau *})\big|_{t=\tau}\\
&= \left\{\sum_{i=1}^{n}[\dot{A}_i^K(\tau)\ (x_i^{\tau *})^{1/2}] + \dot{B}_i^K(\tau)x^2 + \dot{C}_i^K(\tau)x + \dot{D}_i^K(\tau)\right\}
\end{aligned}$$

$$-r\left\{\sum_{i=1}^{n}\left[A_i^K(\tau)\ (x_i^{\tau *})^{1/2}\right]+B_i^K(\tau)x^2+C_i^K(\tau)x+D_i^K(\tau)\right\}\exp[-r(t-\tau)]$$

（A－15）

其中，$i\in K$

$$W^{(t_0)i}(t,x_1,x_2,\cdots,x_n)=\{[A_i^{\{i\}}(t)x^{1/2}]+B_i^{\{i\}}(t)x^2+C_i^{\{i\}}(t)x+D_i^{\{i\}}(t)\}\exp[-r(t-t_0)] \quad (A-16)$$

重新考虑模型（1）、模型（3），综合（A－14）—（A－16），利用 Shapley 分配法，我们可以知道：

$$\begin{aligned} v^{(\tau)i}(\tau,x_N^{\tau *}) &= \sum_{K\subseteq N}\frac{(k-1)!(n-k)!}{n!}[W^{(\tau)K}(\tau,x_K^{\tau *})-W^{(\tau)K\backslash i}(\tau,x_{K\backslash i}^{\tau *})] \\ &= \sum_{K\subseteq N}\exp[-r(t-\tau)]\frac{(k-1)!(n-k)!}{n!}\Bigg(\Bigg\{\sum_{i=1}^{k}[\dot{A}_i^K(\tau)\ (x_i^{\tau *})^{1/2} \\ &\quad +\dot{B}_i^K(\tau)\ (x_i^{\tau *})^2+\dot{C}_i^K(\tau)x_i^{\tau *}+\dot{D}_i^K(\tau)]\Bigg\}-r\Bigg\{\sum_{i=1}^{k}[A_i^K(\tau)\ (x_i^{\tau *})^{1/2} \\ &\quad +B_i^K(\tau)\ (x_i^{\tau *})^2+C_i^K(\tau)x_i^{\tau *}+D_i^K(\tau)]\Bigg\} \\ &\quad -\Bigg\{\sum_{i=1}^{k-1}[\dot{A}_i^{K\backslash i}(\tau)\ (x_i^{\tau *})^{1/2}+\dot{B}_i^{K\backslash i}(\tau)\ (x_i^{\tau *})^2+\dot{C}_i^{K\backslash i}(\tau)x_i^{\tau *} \\ &\quad +\dot{D}_i^{K\backslash i}(\tau)]\Bigg\}+r\Bigg\{\sum_{i=1}^{k-1}[A_i^{K\backslash i}(\tau)\ (x_i^{\tau *})^{1/2}+B_i^{K\backslash i}(\tau)\ (x_i^{\tau *})^2 \\ &\quad +C_i^{K\backslash i}(\tau)x_i^{\tau *}+D_i^{K\backslash i}(\tau)]\Bigg\}\Bigg),i\in N=\{1,2,\cdots,n\} \end{aligned}$$

（A－17）

其中 $K\backslash i$ 是集合 $\{i\}$ 的补集。

从式（A－17）不难看出，这一利润分配不仅依赖于初始时间 τ 的选择，而且依赖于各个联盟瞬间与未来一段时间的利润以及联盟中 $\{i\}$ 之外其他各个企业的利润大小，实际上就是与各个企业及其形成联盟的努力水平有关。

重排式（A－17），有

$$\begin{aligned} v^{(\tau)i}(\tau,x_N^{\tau *}) &= \sum_{K\subseteq N}\frac{(k-1)!(n-k)!}{n!}[W^{(\tau)K}(\tau,x_K^{\tau *})-W^{(\tau)K\backslash i}(\tau,x_{K\backslash i}^{\tau *})] \\ &= \sum_{K\subseteq N}\exp[-r(t-\tau)]\frac{(k-1)!(n-k)!}{n!}\Bigg\{\Bigg[\sum_{i=1}^{k}\dot{A}_i^K(\tau)\ (x_i^{\tau *})^{1/2}\Bigg] \\ &\quad -r\Bigg[\sum_{i=1}^{k}A_i^K(\tau)\ (x_i^{\tau *})^{1/2}\Bigg]-\Bigg[\sum_{i=1}^{k-1}\dot{A}_i^{K\backslash i}(\tau)\ (x_i^{\tau *})^{1/2}\Bigg] \end{aligned}$$

$$+ r\left[\sum_{i=1}^{k-1} A_i^{K\backslash i}(\tau)(x_i^{\tau *})^{1/2}\right] + \left[\dot{B}_i^K(\tau) - rB_i^K(\tau) + \dot{B}_i^{K\backslash i}(\tau) - rB_i^{K\backslash i}(\tau)\right](x_i^{\tau *})^2 + \left[\dot{C}_i^K(\tau) - rC^K(\tau) + \dot{C}_i^{K\backslash i}(\tau) - rC_i^{K\backslash i}(\tau)\right]x_i^{\tau *} + \dot{D}_i^K(\tau) - rD_i^K(\tau) + \dot{D}_i^{K\backslash i}(\tau) - rD_i^{K\backslash i}(\tau)\Big\}, i \in N = \{1,2,\cdots,n\}$$

定理 2 得证。

定理 3 与定理 4 的证明

这一定理的证明需要引入一下几个引理。

对于式（A－3）、式（A－4），以及条件（3）—（5）来说，我们有

引理 3　博弈者 $i \in N$ 在时间 $\tau \in [t_0, T]$ 所或得到暂静态补偿后的收益为

$$\mathscr{B}_i(\tau) = -\sum_{K \subseteq N} \frac{(k-1)!(n-k)!}{n!}\Big\{\left[W_t^{(\tau)K}(t, x_K^{\tau *}\mid_{t=\tau})\right] - \left[W_t^{(\tau)K\backslash i}(\tau, x_K^{\tau *}\mid_{t=\tau})\right] + \sum_{j \in K}\left[W_{x_j^{\tau *}}^{(\tau)K}(\tau, x_K^{\tau *})\mid_{t=\tau}\right] f_j^N\left[\tau, x_N^{\tau *}, \psi_j^{(\tau)N}(\tau, x_N^{\tau *})\right] + \frac{1}{2}\sum_{h,\zeta=1}^{n}\Omega_K^{h\zeta}(\tau, x_\tau^*)\left[W_{x_t^h x_t^\zeta}^{(\tau)K}(t, x_t^*)\mid_{t=\tau}\right] - \frac{1}{2}\sum_{h,\zeta=1}^{n}\Omega_{K\backslash i}^{h\zeta}(\tau, x_\tau^*)\left[W_{x_t^h x_t^\zeta}^{(\tau)K\backslash i}(t, x_t^*)\mid_{t=\tau}\right]\Big\}$$

其中，$x_N(\tau) = x_N^{\tau *} \in X_N^{\tau *}$

时，将完全吻合条件（3）、条件（4）。

证明：通过上述分析，易知

$$\begin{aligned} v^{(\tau)i}(t_0, x_N^{t*}) &= v^{(t_0)i}(t, x_N^{t*})\exp\left[-\int_{t_0}^{\tau} r(y)dy\right] \\ &= \sum_{K \subseteq N}\frac{(k-1)!(n-k)!}{n!}\left[W^{(\tau)K}(\tau, x_K^{t*}) - W^{(\tau)K\backslash i}(\tau, x_{K\backslash i}^{t*})\right] \\ &= E_\tau\left\{\int_t^T \mathscr{B}_i(s)\exp\left[-\int_{t_0}^{\tau} r(y)dy\right]ds \mid x_N(t) = x_{t_N}^{t*}\right\} \end{aligned} \quad (A-18)$$

由于价值函数 $W^{(\tau)K}(t, x_K^{t*})$ 在时间 t 和 x_K^{t*} 两阶连续可微，因此 $v^{(\tau)i}(t, x_N^{t*})$ 也时间 t 和 x_K^{t*} 两阶连续可微。

易知

$$\exp\left[\int_\tau^t r(y)dy\right]W^{(\tau)K}(t, x_K^t) = W^{(t)K}(t, x_K^t), t_0 \leqslant \tau \leqslant t \leqslant T \quad (A-19)$$

$$\psi_K^{(\tau)K*}(t,x_K^t)=\psi_K^{(t)K*}(t,x_K^t)\text{，其中 } t_0\leqslant\tau\leqslant t\leqslant T \tag{A-20}$$

对于给定的微分属性 $v^{(\tau)i}(t,x_N^{t*})$，当 $\Delta t\to 0$ 时，利用式（A－16）、式(A－19）与式（A－20)，我们可以得到

$$v^{(\tau)i}(\tau,x_N^{\tau*}) = E_\tau\left\{\int_\tau^{\tau+\Delta t}\mathscr{B}_i(s)\exp\left[-\int_\tau^s r(y)dy\right]ds+\exp\left[-\int_\tau^{\tau+\Delta t}r(y)dy\right]v^{(\tau+\Delta t)i}\right.$$
$$\left.(\tau+\Delta t,x_N^{\tau*}+\Delta x_N^{\tau*}\mid x_N(\tau)=x_N^{\tau*})\right\} \tag{A-21}$$

$i\in N$，$\tau\in[t_0,T]$及 $x_N^{\tau*}\in X_N^{\tau*}$。

这里

$\Delta x_N^{\tau*}=[\Delta x_1^{\tau*},\Delta x_2^{\tau*},\cdots,\Delta x_n^{\tau*}]$

$\Delta x_j^{\tau*}=f^N[\tau,x_N^{\tau*},\psi_j^{(\tau)N*}]\Delta t+\sigma_j[\tau,x_j^{\tau*}]\Delta z_j^\tau+o(\Delta t),j\in N$

$\Delta z_j^\tau=z_j(\tau+\Delta t)-z_j(\tau)$，与 $E_\tau[o(\Delta t)]/\Delta t\to 0,\Delta t\to 0$

利用式（A－16)—(A－18)，我们将式（A－21）展开，即

$$E_\tau\left\{\int_\tau^{\tau+\Delta t}\mathscr{B}_i(s)\exp\left[-\int_\tau^s r(y)dy\right]ds\mid x_N(\tau)=x_N^{\tau*})\right\}$$
$$=v^{(\tau)i}(\tau,x_N^{\tau*})-\exp\left[-\int_\tau^{\tau+\Delta t}r(y)dy\right]v^{(\tau+\Delta t)i}(\tau+\Delta t,x_N^{\tau*}+\Delta x_N^{\tau*})$$
$$=v^{(\tau)i}(\tau,x_N^{\tau*})-v^{(\tau)i}(\tau+\Delta t,x_N^{\tau*}+\Delta x_N^{\tau*}),\text{for all } \tau\in[t_0,T] \tag{A-22}$$

当 $\Delta t\to 0$ 时，条件（5）可以表示为

$$\begin{aligned}\mathscr{B}_i(\tau)\Delta t = E_\tau\{&-[v_t^{(\tau)i}(t,x_N^{t*})\mid_{t=\tau}]\Delta t\\&-\sum_{j\in N}[v_{x_j^{t*}}^{(\tau)i}(t,x_N^{t*})\mid_{t=\tau}]f_j^N[\tau,x_N^{\tau*},\psi_j^{(\tau)N}(\tau,x_N^{\tau*})]\Delta t\\&-\frac{1}{2}\sum_{h,\zeta=1}^n\Omega_N^{h\zeta}(\tau,x_\tau^*)[v_{x_t^h x_t^\zeta}^{(\tau)i}(t,x_t^*)\mid_{t=\tau}]\Delta t\\&-\sum_{j\in N}[v_{x_j^{t*}}^{(\tau)i}(t,x_N^{t*})\mid_{t=\tau}]\sigma_j[\tau,x_\tau^*]\Delta z_j^{\tau*}-o(\Delta t)\text{，其中 } t\in[\tau,\end{aligned}$$

$T]$，及 $x_N^{t*}\in X_N^{t*}$。 (A－23)

利用式（A－18）与式（A－23)，引理 3 得证。

引理 4 博弈者 $i\in N$ 在时间 $\tau\in[t_0,T]$所或得到暂静态补偿后的收益为

$$\begin{aligned}\mathscr{B}_i(\tau) = -\sum_{K\subseteq N}\frac{(k-1)!(n-k)!}{n!}\Big\{&[W_t^{(\tau)K}(t,x_K^{\tau*}\mid_{t=\tau})]-[W_t^{(\tau)K\backslash i}(t,x_K^{\tau*}\mid_{t=\tau})]\\&+\sum_{j\in K}[W_{x_j^{\tau*}}^{(\tau)K}(\tau,x_K^{\tau*})\mid_{t=\tau}]f_j^N[\tau,x_N^{\tau*},\psi_j^{(\tau)N}(\tau,x_N^{\tau*})]\\&-\sum_{h\in K\backslash i}[W_{x_h^{\tau*}}^{(\tau)K\backslash i}(\tau,x_{K\backslash i}^{\tau*})\mid_{t=\tau}]f_h^N[\tau,x_N^{\tau*},\psi_h^{(\tau)N}(\tau,x_N^{\tau*})]\end{aligned}$$

$$+\frac{1}{2}\sum_{h,\zeta=1}^{n}\Omega_{K}^{h\zeta}(\tau,x_{\tau}^{*})\left[W_{x_{t}^{h}x_{t}^{\zeta}}^{(\tau)K}(t,x_{t}^{*})\mid_{t=\tau}\right]$$
$$\left.-\frac{1}{2}\sum_{h,\zeta=1}^{n}\Omega_{K\backslash i}^{h\zeta}(\tau,x_{\tau}^{*})\left[W_{x_{t}^{h}x_{t}^{\zeta}}^{(\tau)K\backslash i}(t,x_{t}^{*})\mid_{t=\tau}\right]\right\}$$

其中 $x_N(\tau)=x_N^{\tau *}\in X_N^{\tau *}$。

暂静态瞬间补偿向量 $\mathscr{B}(\tau)$ 确保在整个博弈过程中按照 Shapley 值进行合理分配。其中，博弈者 i 在时间 τ 上，按照当前时间 τ、当前状态 $x_N^{\tau *}$ 所对应的分配到的暂静态利润 $\mathscr{B}_i(\tau)$。

证明 由于 $W^{(\tau)K}(\tau,x_K^{\tau *})$ 依赖于 x_j，其中 $j\notin K$，利用引理 2，并且将其拓展为其精确形式，也就是引理 3。

现在证明定理 3 和定理 4。

证明 利用引理 3，考虑模型（1）—(4)，可以得到定理 3 和定理 4。

参考文献

[1] Azad, N., G. K. D. Saharidis, H. Davoudpour, H. Malekly, and S. A. Yektamaram. Strategies for Protecting Supply Chain Networks against Facility and Transportation Disruptions: an Improved Benders Decomposition Approach [J]. Annals of Operations Research, 2013, 210 (1): 125 - 163.

[2] Ajax Persaud. Enhancing Synergistic Innovative Capability in Multinational Corporations: An Empirical Investigation [J]. Journal of Product Innovation Management, 2005, 22 (5).

[3] Abroms L C, Padmanabhan N, Thaweethai L, et al. iPhone Apps for Smoking Cessation: A Content Analysis [J]. American Journal of Preventive Medicine, 2011, 40 (3): 279 - 285.

[4] Bstieler L. Trust Formation in Collaborative New Product Development [J]. Journal of Product Innovation Management. 2005, 23 (1): 56 - 72.

[5] Bhaskaran S R, Krishnan V. Effort, Revenue, and Cost Sharing Mechanisms for Collaborative New Product Development [J]. Management science. 2009, 55 (7): 1152 - 1169.

[6] Bode, C., Wagner, S. M., Petersen, K. J. and Ellram, L. M., Understanding Responses to Supply Chain Disruptions: Insights from Information Processing and Resource Dependence Perspectives [J]. Academy of Management Journal, 2011, 54 (4): 833 - 856.

[7] Boehe D M, Pongeluppe L S, Lazzarini S G. Natura and the Development of a Sustainable Supply Chain in the Amazon Region [M]. Multinationals in Latin America. 2014.

[8] Buhrmester M, Kwang T, Gosling S D. Amazon's Mechanical Turk [J]. Perspectives on Psychological Science, 2011, 6 (1): 3 - 5.

[9] Campbell, Sajad, Goold, Ambika, O'Loughlin, Andrew. Developing an

Analytical Framework to Assess the Uncertainty and Flexibility Mismatches across the Supply Chain [J]. Business Process Management Journal, 1998, 20 (3): 362 - 391.

[10] Cao, Erbao. Coordinating a Supply Chain under Demand and Cost Disruptions [J]. International Journal of Production Research. 2015 (12): 3735 - 3752.

[11] Cheng, Liang - Chieh, Cantor, David E. , Grimm, Curtis M. , Dresner, Martin E. Supply Chain Drivers of Organizational Flexibility - a study of U. S. Manufacturing Industries [J]. Journal of Supply Chain Management, 2014, 50 (4): 62 - 75.

[12] Chopra S, Sodhi M. Managing Risk to Avoid Supply Chain Breakdown [J]. MIT Sloan Management Review. 2004, 46 (1): 53 - 61.

[13] Christopher M. , Mena, C. , Khan, O. and Yurt, O. Approaches to Managing Global Sourcing Risk [J]. Supply Chain Management: An International Journal, 2011, 16 (2): 67 - 81.

[14] Clifford Defee C, Fugate B S. Changing Perspective of Capabilities in the Dynamic Supply Chain Era [J]. The International Journal of Logistics Management, 2010, 21 (2): 180 - 206.

[15] Camarinha - Matos L M, Abreu A. Performance Indicators for Collaborative Networks based on Collaboration Benefits [J]. Production planning and control. 2007, 18 (7): 592 - 609.

[16] Chesbrough H W. Open Innovation [M]. Harvard Business School Press, Boston, MA, 2003.

[17] Folke C. , Carpenter S. , Walker B. , et al. Regime Shifts, Resilience, and Biodiversity in Ecosystem Management [J]. Annual Review of Ecology Evolution and Systematic, 2004 (35): 557 - 581.

[18] Gao, Long. Collaborative Forecasting, Inventory Hedging and Contract Coordination in Dynamic Supply Risk Management [J]. European Journal of Operational Research. 2015 (1): 133 - 145.

[19] Gerald Hills, Robert P. Singh. Research at the Marketing/Entrepreneurship Interface [J]. Social Science Research Network, 2000: 124 - 132.

[20] Giri B C, Bardhan S. Coordinating a Supply Chain under Uncertain Demand and Random Yield in Presence of Supply Disruption [J]. International Journal of Pro-

duction Research, 2015, (ahead - of - print): 1 - 15.

[21] Giri BC, Sarker B. R. Improving Performance by Coordinating a Supply Chain with Third Party Logistics Outsourcing under Production Disruption [J]. Computer & Industrial Engineering, 2017 (103): 168.

[22] Giovanni Schiuma, Antonio Lerro. Knowledge - based Capital in Building Regional Innovation Capacity [J]. Journal of Knowledge Management, 2008, 12 (5): 2 - 15.

[23] Garrett R D, Lambin E F, Naylor R L. The New Economic Geography of Land Use Change: Supply Chain Configurations and Land Use in the Brazilian Amazon [J]. Land Use Policy, 2013, 34 (12): 265 - 275.

[24] Hayes. Failure is not An Option [J]. Engineering and Technology, 2014 (5): 41 - 44.

[25] Helfat C, Peteraf M. Understanding Dynamic Capabilities: Progress Along a Developmental Path [J]. Strate - gic organization, 2009, 7 (1): 91.

[26] Hu, Hui, Shi, Lei, Ma, Hai, Ran, Bin. Stability of the supply chain based on disruption classification [J]. Tehnički vjesnik, 2017 (24): 1187.

[27] Ismail G, Serhiy YP. Does Firm Innovativeness Enable Effective Responses to Supply Chain Disruptions? An Empirical Study [J]. Supply Chain Management: An International Journal, 2013, 18 (6): 604 - 617.

[28] Juttner U., Maklan S. Supply Chain Resilience in the Global Financial Crisis: An Empirical Study [J]. Supply Chain Management - An International Journal, 2011, 16 (4): 246 - 259.

[29] Knemeyer AM, Zinna W., Eroglu C. Proactive Planning for Catastrophic Events in Supply Chains [J]. Journal of Operations Management, 2009, 27 (2): 141 - 153.

[30] Lee, H. Mitigating Supply Chain Risk through Improved Confidence [J]. International Journal of Physical Distribution and Logistics Man - agement. 2004 (5): 388 - 396.

[31] Lewis, Brian M. Lewis. Inventory Control with Risk of Major Supply Chain Disruptions [J]. School of Industria land Systems Engineering Georgia Institute of Technology. 2005 (6): 8.

[32] Matsuo H. Implications of the Tohoku Earthquake for Toyota's Coordination Mmechanism: Supply Chain Disruption of Automotive Semiconductors [J]. International Journal of Production Economics, 2015 (161): 217-227.

[33] Noel J, Dominic E., Paul D. Exploring the Role of Social Capital in Facilitating Supply Chain Resilience [J]. Supply Chain Management: An International Journal, 2013, 18 (3): 324-336.

[34] Kırılmaz O, Serpil Erol. A Proactive Approach to Supply Chain Risk Management: Shifting Orders among Suppliers to Mitigate the Supply side Risks [J]. Journal of Purchasing and Supply Management, 2017, 23 (1): 54.

[35] Paul R. Kleindorfer, Gemaine H. Saad. Managing Disruption Risks in Supply Chains [J]. Production and Operations Managment. 2005 (14): 53-68.

[36] Pettit T J, Fiksel J, Croxton KL, Ensuring Supply Chain Resilience: Development of a Conceptual Framework [J]. Journal of Business Logistics, 2010: 1-21.

[37] Ponomarov S Y, Holcomb M C. Understanding the Concept of Supply Chain Resiliences [J]. The International Journal of Logistics Management, 2009, 20 (1): 124-143.

[38] Persaud, A., Kumar, U., Kumar, V. Coordination Structures and Innovative Performance in Global R&D Labs [J]. Canadian Journal of Administrative Sciences, 2002, 19 (1): 57-75.

[39] Rosell D, Lakemond N. Collaborative Innovation with Suppliers: A Conceptual Model for Characterising Supplier Contributions to NPD [J]. International Journal of Technology Intelligence and Planning, 2012, 8 (2): 197-214.

[40] Sang M. L., Jin S. R. Ambidextrous Supply Chain as A Dynamic Capability: Building A Resilient Supply Chains [J]. Management Decision, 2016, 54 (1): 2-23.

[41] Sawik T. Selection of Supply Portfolio under Disruption Risks [J]. Omega, 2010, 39 (2): 86-99.

[42] Seebacher, Gottfried, Winkler, Herwig. A Capability Approach to Evaluate Supply Chain Flexibility [J]. International Journal of Production Economics, 2015 (167): 177-186.

[43] Schmitt A, Mahender S. A Quantitative Analysis of Disruption Risk in a Multi - echelon Supply Chain [J]. International Journal of Production Economics, 2012, 139 (1): 22 - 32.

[44] Seebacher, Gottfried, Winkler, Herwig. A Citation Analysis of the Research on Manufacturing and Supply Chain Flexibility [J]. International Journal of Production Research, 2013, 51 (11): 3415 - 3427.

[45] Sheffi Y. Supply Chain Management under the Threat of International Terrorism [J]. The International Journal of Logistics Management. 2001 (12): 1 - 11.

[46] Shijie Ye. Identification of Supply Chain Disruptions with Economic Performance of Firms using Multi - category Support Vector Machines [J]. International Journal of Production Research, 2015 (10): 3086 - 3103.

[47] Sunil, C., Man Mohan S. Managing Risk to Avoid Supply - Chain Breakdown [J]. MIT Sloan Management Review, 2004: 53 - 61.

[48] Dou Y, da SILVA R F B, Yang H, et al. Spillover Effect Offsets the Conservation Effort in the Amazon [J]. Journal of Geographical Sciences, 2018, 28 (11): 1715 - 1732.

[49] Syed M., Rahman H, Tumpa TJ et al.. Examining Price and Service Competition among Retailers in a Supply Chain under Potential Demand Disruption [J]. Journal of Retailing and Consumer Services, 2018 (40): 40.

[50] Silva D L D, Corrêa P L P, Najm L H. Requirements Analysis for a Traceability System for Management Wood Supply Chain on Amazon Forest [C]. Fifth International Conference on Digital Information Management. 2010.

[51] Takahiro Fujimoto, Young Won Park. Balancing Supply Chain Competitiveness and Robustness through "Virtual dual Sourcing": Lessons from the Great East Japan Earthquake [J]. International Journal of Production Economics, 2014 (12): 429 - 436.

[52] Tang C S, Tomlin B. The Power of Flexibility for Mitigating Supply Chain Risks [J]. International Journal of Production Economics, 2008: 12 - 27.

[53] Tang C. Perspectives in Supply Chain Risk Management [J]. International Journal of Production Economics, 2006, 11 (2): 455 - 488.

[54] Teece D J, Pisano G, Shuen A. Dynamic Capabilities and Strategic Man-

agement [J]. Strategic management journal, 1997, 18 (7): 509 – 533.

[55] Tipu, Syed Awais Ahmad, Fantazy, Kamel A. Supply Chain Strategy, Flexibility, and Performance A Comparative Study of SMEs in Pakistan and Canada [J]. International Journal of Logistics Management, 2014, 25 (2): 399 – 416.

[56] Tomlin B. On the Value of Mitigation and Contingency Strategies for Managing Supply Chain Disruption Risks [J]. Management Science, 2006, 52 (5): 639 – 657.

[57] Tsai K H, Wang J C. External Technology Sourcing and Innovation Performance in LMT Sectors: An Analysis based on the Taiwanese Technological Innovation Survey [J]. Research Policy, 2009 (38): 518 – 526.

[58] Xiao, Yuming. Flexibility Measure Analysis of Supply Chain [J]. International Journal of Production Research, 2015, 53 (10): 3161 – 3174.

[59] Vickery S K, R Calantone, C Droge. Supply Chain Flexibility: An Empirical Study [J]. The Journal of Supply Chain Management, 1999: 325 – 331.

[60] Wildgoose Nick. Understanding your Supply Chain to Reduce the Risk of Supply Chain Disruption [J]. Journal of Business Continuity & Emergency Planning, 2012, 6 (1): 55 – 67.

[61] 安贵. 知识整合能力对企业自主创新能力的影响研究 [D]. 西安工业大学, 2011: 22 – 24.

[62] 毕洁胜. 供应链物流风险研究综述 [J]. 中国储运, 2016 (9): 109 – 112.

[63] 蔡赕赕. 跨界搜索、吸收能力与协同创新能力 [D]. 浙江工商大学, 2018: 32 – 33.

[64] 曹策运. 供应链会计信息共享困境分析及对策研究——基于丰田供应链知识共享网络解决方案的启示 [J]. 山西能源学院学报, 2016, 29 (2): 175 – 178.

[65] 曹晓. 食品供应链危机, 非一日之寒 [J]. 现代包装, 2014 (8): 1 – 1.

[66] 曹勇, 程前, 杜蔓. 外部知识搜索策略对企业吸收能力的影响研究 [J]. 情报杂志, 2017, 36 (7): 182 – 187.

[67] 曹勇, 向阳. 企业知识治理、知识共享与员工创新行为——社会资本的中介作用与吸收能力的调节效应 [J]. 科学学研究, 2014, 32 (1): 92 –

102.

[68] 常欢．知识吸收能力对企业突破性创新绩效的影响研究 [D]．中南大学，2013.

[69] 陈爱早．供应链中企业财务风险传导要素分析 [J]．武汉理工大学学报（社会科学版），2009，22（5）：14－16.

[70] 陈光．企业内部协同创新研究 [D]．西南交通大学，2005.

[71] 陈杰．重“芯”出发：完善产业链的小米在成就伟大 [J]．中国科技财富，2017（3）：36－37.

[72] 陈劲，蒋子军，陈钰芬．开放式创新视角下企业知识吸收能力影响因素研究 [J]．浙江大学学报（人文社会科学版），2011，41（5）：71－82.

[73] 陈劲，阳银娟．协同创新的理论基础与内涵 [J]．科学学研究，2012，30（2）：161－164.

[74] 陈静．基于过程视角的知识整合能力形成机理 [J]．科技管理研究，2010，30（22）：186－189.

[75] 陈忠乾，李冬琴．企业协同创新能力的内涵、影响因素、作用及提升路径研究 [J]．特区经济，2014（1）：227－228.

[76] 邓可．小米模式的本质 [J]．二十一世纪商业评论，2018，203（6）：14－17.

[77] 底真真．福喜事件引发麦当劳供应链“蝴蝶效应” [J]．农村．农业．农民（版），2014（8）：20－22.

[78] 董敏，倪卫红．供应链的文化整合：动因、模式、原则、风险及对策 [J]．工业工程，2005，8（6）：21－25.

[79] 段圣贤．供应链风险探源与对策研究 [J]．市场论坛，2006（4）：120－121.

[80] 樊星，邵举平，孙延安．基于模糊理论的跨国农产品供应链风险识别与评估 [J]．科技管理研究，2016（6）：210－215.

[81] 冯海红，曲婉，孙启新．企业家先验知识、治理模式与创新策略选择 [J]．科研管理，2015，36（10）：66－76.

[82] 冯晓青．企业知识产权战略、市场竞争优势与自主创新能力培养研究 [J]．中国政法大学学报，2012（2）：32－46，159.

[83] 耿殿明，刘佳翔．供应链风险的系统识别与评价模型研究 [J]．物流

技术，2011 (9)：157－160.

[84] 郭飞，孟志青，蒋敏. CVaR准则下的双层供应链风险决策模型 [J]. 管理工程学报，2013，27 (2)：142－147.

[85] 郭茜，蒲云，李延来. 供应链中断风险管理研究综述 [J]. 中国流通经济，2011 (3)：49.

[86] 过蕾. 80后创业梦想家——王廷芳：从“小”餐饮到“大”事业 [J]. 创新时代，2017 (9)：38－41.

[87] 何姗. 亚马逊入侵餐饮——从生鲜供应链到自有品牌 [J]. 中国连锁，2016 (7)：54－55.

[88] 黄战. 依托电子商务平台的供应链流程教学应用——以亚马逊公司为例 [J]. 经营管理者，2017 (16)：401.

[89] 迦南. 麦当劳的企业物流管理 [J]. 物流与供应链，2011 (9)：60－63.

[90] 贾良梁. 加拿大麦当劳对其鸡肉实行抗生素新政策 [J]. 国外畜牧学(猪与禽)，2015 (11).

[91] 焦芳敏，蒙少东. 供应链风险的识别与度量体系 [J]. 物流科技，2006，29 (6)：135－139.

[92] 金丽. 知识吸收能力维度构成及内涵分析 [J]. 合作经济与科技，2017 (9)：124－125.

[93] 李彬，季建华，孟翠翠. 基于降低供应中断风险的供应链管理研究 [J]. 现代管理科学，2011 (9)：5－7.

[94] 李冰漪. 共享才能共赢——麦当劳（中国）供应链物流和溯源系统总监韩蒙玲 [J]. 中国储运，2016 (5).

[95] 李冰漪. 开创第三方物流的新征程——专访郑明现代物流研究所所长储雪俭教授 [J]. 中国储运，2016 (6)：32－35.

[96] 李军力. 我国企业知识产权能力影响因素及提升路径研究 [D]. 黑龙江大学，2015.

[97] 李雷鸣，刘丙泉. 供应链中断风险管理研究现状综述 [J]. 科技管理研究，2010，30 (14)：236－239，298.

[98] 李瀑玮尔. 小米是否辉煌不再 [J]. 全国流通经济，2017 (16)：6－7.

[99] 李霞，宋素玲，穆喜产. 协同创新的风险分摊与利益分配问题研究 [J]. 科技进步与对策，2008，25 (12)：15－17.

[100] 李小米，龚花，刘培军等．中央厨房：餐饮供应链的困惑［J］．中国储运，2015（8）：55－58.

[101] 李新军，李彬．基于供应中断的供应应急运作模式决策分析［M］．北京：经济科学出版社，2013.

[102] 李新军．供应中断情况下基于双源采购的供应链协调与优化［J］．管理工程学报，2014，28（3）：141－147.

[103] 李艳飞．创新联盟互动机制、知识整合能力与创新绩效［J］．科学管理研究，2016，34（3）：84－87.

[104] 李咏梅，陈婧钰．环境不确定性、供应链集成与企业财务绩效［J］．会计之友，2019（6）：119－124.

[105] 凉月．2015年度中国跨境零售类电子商务排行榜［J］．互联网周刊，2016（3）：52－53.

[106] 刘璠．企业创新性、创新程度、中断严重度和供应链弹性的关系研究［J］．宏观经济研究，2015（4）：114－122.

[107] 刘浩华．供应链中断风险及其防范［J］．中国市场，2009（23）：8－10.

[108] 刘浩华．打造弹性供应链［J］．中央财经大学学报，2007（5）：63－68.

[109] 刘浩华．供应链风险管理［M］．北京：中国物资出版社，2009.

[110] 刘家国，施高伟，卢斌等．供应链弹性三因素模型研究［J］．中国管理科学，2012，11（20）：528－535.

[111] 刘家国．供应链弹性：跨越冲击　赢得竞争［M］．北京：经济科学出版社，2014.

[112] 刘希龙，季建华．基于应急供应的弹性供应网络设计研究［J］．控制与决策，2007，22（11）：1223－1227.

[113] 刘小玲，施国洪．供应链中断风险评价体系构建［J］．商业时代，2012（19）：18－20.

[114] 刘永胜，等．企业物流风险研究［M］．北京：中国财富出版社，2012.

[115] 龙勇，潘红春．供应链协同对企业创新的影响效应研究——基于知识共享视角［J］．科技进步与对策，2014，31（3）：138－143.

[116] 罗军．有关供应不稳定性问题的几则案例分析［J］．科技视界，2017（25）：19.

[117] 吕璞，林莉．基于开放式创新的供应链企业协同创新模型研究［J］．科技管理研究，2014，34（1）：197－200.

[118] 吕铀，孙婧，李先军．创新视角下企业吸收能力、冗余资源与企业绩效的实证研究［J］．中国市场，2016（33）：167－171.

[119] 马柯航，赵振．开放式创新视角下冗余资源的双元性［J］．未来与发展，2013，36（3）：29－32.

[120] 马士华．供应链管理［M］．北京：机械工业出版社，2010.

[121] 马士华．如何防范供应链风险［J］．中国计算机用户，2003，3：34－41.

[122] 马卫民，李彬，徐博，张发动．考虑节点中断和需求波动的可靠供应链网络设计问题［J］．系统工程理论与实践，2015，35（8）：2025－2033.

[123] 倪自银，熊伟．企业外部知识搜索能力影响因素研究——一个交互效应模型［J］．科技进步与对策，2016，33（4）：84－90.

[124] 潘文安．关系强度、知识整合能力与供应链知识效率转移研究［J］．科研管理，2012，33（1）：147－153，160.

[125] 彭纪生，王秀江．技术学习与企业技术能力链条：知识转化整合的作用［J］．科技进步与对策，2014，31（20）：121－125.

[126] 秦津娜，丁慧平，邓超．基于资源协同的企业能力提升机理研究［J］．北京交通大学学报（社会科学版），2012，11（2）：66－71.

[127] 邱伏生，李志强．中国供应链发展30年［J］．物流技术，2011（9）：64－68.

[128] 尚林．企业协同创新网络构建与网络效率影响因素研究［J］．科学管理研究，2015，33（3）：72－75.

[129] 石丹．走进亚马逊　探秘赋能未来商业升级的“最强大脑”［J］．商学院，2017（9）：97－98.

[130] 舒彤．基于期权与回购合同的供应链中断协调研究［J］．科技管理研究，2015（7）：169－173.

[131] 孙琦．基于快速恢复的供应链突发事件演化过程分析［J］．软科学，2012（11）：58－62.

[132] 唐纳德·沃特斯．供应链风险管理——物流的脆弱性和弹性［M］．北京：中国物资出版社，2010.

[133] 汪秀婷，程斌武．资源整合、协同创新与企业动态能力的耦合机理[J]．科研管理，2014，35 (4)：44－50.

[134] 王丹．餐饮连锁企业供应链管理分析 [J]．管理观察，2017 (8)：75－76.

[135] 王道平，覃荔荔，弓青霞．供应链企业知识资源配置主要模式研究[J]．科学管理研究，2012，30 (5)：80－83.

[136] 王丽杰，宋福玲．供应链风险预警及风险防范控制研究 [J]．经济视角（下），2010 (10)：40－42.

[137] 王文婕．基于 OWA 算子的供应链风险评估方法 [J]．物流技术，2011，30 (7)：110－113.

[138] 王勇，姜意扬，邓哲锋．不确定环境下的物流服务供应链风险分析[J]．商业研究，2011 (7)：179－184.

[139] 王宇奇，高岩，滕春贤．扰动下的供应链弹性研究回顾与拓展 [J]．管理评论，2017，29 (12)：204－216.

[140] 王湛．亚马逊：决战生鲜杂货市场 [J]．农经，2017 (5)：70－71.

[141] 王志敏．基于冗余资源的企业创新行为特征分析 [J]．企业经济，2008 (3)：11－14.

[142] 魏云凤，阮平南．企业创新网络协同的影响因素及形成路径研究[J]．技术与创新管理，2018，39 (4)：359－364，385.

[143] 吴航，陈劲．企业外部知识搜索与创新绩效：一个新的理论框架[J]．科学学与科学技术管理，2015，36 (4)：143－151.

[144] 吴军，李健，汪寿阳．供应链风险管理中的几个重要问题 [J]．管理科学学报，2006，9 (6)：1－12.

[145] 吴天魁，王波，顾基发，周晓辉．基于贝叶斯网络的供应链风险模糊综合评判 [J]．经济数学，2014，31 (2)：69－75.

[146] 吴一帆．中断风险与供应链绩效模型研究 [M]．上海：上海交通大学出版社，2013.

[147] 夏德，王林．供应链风险识别与风险管理杠杆选择 [J]．企业经济，2012，7：24－27.

[148] 夏木．农机企业应学习丰田供应链管理 [J]．农机市场，2016 (5)：23－25.

[149] 夏云波，张建国．拉动式采购管理在企业中的应用 [J]. 江苏科技信息，2018，35 (2)：30－32.

[150] 肖开红．供应链突发事件风险预警模型研究 [J]. 河南工业大学学报（社会科学版）．2012，8 (1)：54－57.

[151] 肖颖．跨界搜索、吸收能力与企业技术创新能力提升 [D]. 山东大学，2017.

[152] 解学梅，吴永慧，赵杨．协同创新影响因素与协同模式对创新绩效的影响——基于长三角316家中小企业的实证研究 [J]. 管理评论，2015，27 (8)：77－89.

[153] 解学梅．企业协同创新影响因素与协同程度多维关系实证研究 [J]. 科研管理，2015，36 (2)：69－78.

[154] 许骏．我国科技企业自主研发能力的提升途径研究 [J]. 经济研究参考，2011 (71)：75－80.

[155] 许庆瑞，蒋键，郑刚．各创新要素全面协同程度与企业特质的关系实证研究 [J]. 研究与发展管理，2005，22 (3)：327－332.

[156] 闫红彩．丰田生产方式的生产物流系统研究 [J]. 中国市场，2017 (13)：222－223.

[157] 颜波，石平，王凤玲．基于CVaR的农产品供应链风险评估与控制 [J]. 软科学，2013，27 (10)：111－115.

[158] 杨宝华．供应链中断风险管理的博弈分析 [J]. 统计与决策，2011 (18)：173－175.

[159] 杨丽伟．供应链企业协同创新的内部影响因素研究 [J]. 中国市场，2011 (15)：55－56.

[160] 杨喜瑞．供应链中断风险下考虑转运的零售商订货策略研究 [D]. 湖南大学，2016.

[161] 姚晓霞．企业供应链审计应用探讨——以一汽丰田汽车有限公司为例 [J]. 财会通讯，2017 (10)：83－86.

[162] 叶中俊，夏姗．高新技术企业知识型员工激励机制研究 [J]. 现代经济信息，2016 (11)：77.

[163] 游静．损失厌恶对协同知识创新的影响研究 [J]. 科研管理，2016，37 (1)：92－100.

[164] 于建红，马士华，周奇超．供需不确定下基于 MOI 和 VMI 模式的供应链协同比较研究 [J]．中国管理科学，2012，20 (5)：64 –74.

[165] 禹献云，周青．外部搜索策略、知识吸收能力与技术创新绩效 [J]．科研管理，2018，39 (8)：11 –18.

[166] 詹勇飞，和金生．基于知识整合的知识网络研究 [J]．研究与发展管理，2009，21 (3)：28 –32，49.

[167] 曾德明，贾曙光，禹献云．吸收能力视角下联盟企业关系资本对创新能力影响研究 [J]．中国科技论坛，2011 (5)：21 –26.

[168] 曾文杰．基于合作伙伴关系的供应链协同影响因素研究 [D]．华中科技大学，2011.

[169] 张炳轩，李龙洙，都忠诚．供应链的风险及分配模型 [J]．数量经济技术经济研究，2001 (9)：92 –95.

[170] 张存禄，黄培清．供应链风险管理 [M]．北京：清华大学出版社，2007.

[171] 张景琛．企业知识吸收能力对创新绩效的影响机理研究 [D]．中国海洋大学，2013.

[172] 张可军．团队氛围、吸收能力对团队绩效影响机制研究 [D]．华中科技大学，2009.

[173] 张路蓬．基于创新网络的协同创新机制研究 [D]．哈尔滨工程大学，2016.

[174] 张鹏．大数据背景下企业创新能力提升研究——基于知识吸收能力视角 [J]．山东社会科学，2018 (3)：130 –135.

[175] 张庆普，单伟．企业知识转化过程中的知识整合 [J]．经济理论与经济管理，2004 (6)：47 –51.

[176] 张珊珊．解读小米如何变成“大米” [J]．市场周刊（理论研究），2016 (5)：19 –20.

[177] 张悟移，马源．供应链企业间协同创新的影响因素指标筛选研究 [J]．科技与经济，2016，29 (5)：20 –24.

[178] 张喜征，谢悦，曹帅，梁家莉．契约条件下服务外包供应链知识共享协调及影响因素分析 [J]．科技管理研究，2018，38 (13)：163 –169.

[179] 张以彬，陈俊芳．供应链的风险识别框架及其柔性控制策略 [J]．

工业工程与管理，2008（1）：47－52.

［180］张以彬，龙静．供应链中断风险控制与应急管理［M］．上海：上海财经大学出版社，2015.

［181］张玉利，田新，王晓文．有限资源的创造性利用——基于冗余资源的商业模式创新：以麦乐送为例［J］．经济管理，2009，31（3）：119－125.

［182］张长征，王硕．基于组织冗余视角的合作创新企业间知识转移研究综述［J］．研究与发展管理，2012，24（6）：34－45.

［183］张振刚，李娟娟，李云健．知识型员工创新行为：组织学习与知识分享的作用研究［J］．科技进步与对策，2014，31（20）：126－131.

［184］赵波，蔡特金，张志华，杜万恒．企业协同创新网络、资源整合与创新绩效的关系研究——基于160家物联网企业的调查数据［J］．科学与管理，2019（1）：19－26.

［185］赵宏霞，杨皎平．供应链的可靠性管理研究［J］．现代管理科学，2007（3）：55－57.

［186］赵皎云．薛小林：我看好“亚马逊物流＋”的市场前景［J］．物流技术与应用，2016，21（4）：76－79.

［187］赵琨，刘永胜．供应链风险评价研究［J］．物流技术．2009，28（7）：192－193.

［188］赵林度，王新平．供应链弹性研究进展［J］．东南大学学报（哲学社会科学版），2013，15（4）：21－27.

［189］赵文平，王安民，徐国华．组织内部知识共享的机理与对策研究［J］．情报科学，2004（5）：517－519.

［190］甄清岚．小米在香港上市依旧伴随争议融资发力三方面［J］．通信世界，2018，777（19）：14.

［191］郑湛，郑小京，徐绪松．供应链风险管理研究综述——信息风险管理［J］．技术经济，2013，32（6）：120－127.

［192］钟玉洁，薛云建．基于弹性供应链的供应中断风险应对［J］．中国物流与采购，2012（16）：72－73.

［193］周南洋．供应链风险源分析［J］．财务与金融，2008（6）：69－72.

［194］朱传波，陈畴镛，包兴．供应中断风险下供应链恢复能力投资决策及协调［J］．工业工程，2014，17（3）：27－32.

[195] 朱顺爱，王金荣．企业经营风险分析与防范［J］．中国集体经济，2017（32）：33－34.

[196] 朱新球．突发事件对供应链的影响分析［J］．物流工程与管理，2014，36（4）：61－64.

[197] 朱新球，苏成．应对供应链风险的弹性供应链机制研究［J］．北京工商大学学报（社会科学版），2010，25（6）：45－55.

[198] 庄梦梦，徐树杰，徐耀宗．我国汽车行业绿色供应链管理思路研究［J］．科技广场，2016（8）：168－171.